高水平高职院校建设导引

主　编　周建松
副主编　郭福春　孔德兰　陈正江

浙江工商大学出版社 | 杭州
ZHEJIANG GONGSHANG UNIVERSITY PRESS

图书在版编目(CIP)数据

高水平高职院校建设导引/周建松主编.—杭州:
浙江工商大学出版社,2018.7
　ISBN 978-7-5178-2864-8

　Ⅰ.①高… Ⅱ.①周… Ⅲ.①高等职业教育-学校管
理-中国 Ⅳ.①G718.5

中国版本图书馆CIP数据核字(2018)第152304号

高水平高职院校建设导引
GAOSHUIPING GAOZHI YUANXIAO JIANSHE DAOYIN

周建松主　编　　郭福春 孔德兰 陈正江 副主编

责任编辑	张　玲
封面设计	许寅华
责任印制	包建辉
出版发行	浙江工商大学出版社
	(杭州市教工路198号　邮政编码310012)
	(E-mail:zjgsupress@163.com)
	(网址:http://www.zjgsupress.com)
	电话:0571-88904980,88831806(传真)
排　　版	杭州朝曦图文设计有限公司
印　　刷	虎彩印艺股份有限公司
开　　本	710mm×1000mm　1/16
印　　张	18.5
字　　数	240千
版 印 次	2018年7月第1版　2018年7月第1次印刷
书　　号	ISBN 978-7-5178-2864-8
定　　价	58.00元

前　言

展开在各位面前的将是一本关于高水平高职院校建设的导读书——《高水平高职院校建设导引》(以下简称《导引》),是作者近三年来出版的第三个标志性作品,前两个分别是《高等职业教育创新发展行动计划精解》(2016年,以下简称《精解》)和《优质高职院校建设指南》(2017年,以下简称《指南》),想必关心的同行会有所了解,这些作品表明我们对高等职业教育创新发展行动计划、优质高职院校建设和中国特色高水平高职院校建设的关注、重视、认知和决心。

这前后系列三本书关注的是同一个主题,但编写采用的是三种不同思路和体例,《精解》以收集他人材料为主,兼顾作者观点;《指南》以介绍作者思路为主,兼顾他人观点;而《导引》则站在党的十九大精神高度和领导宽广视野的基础上,收录了作者的思考和探索。

《导引》分为两个部分,即专论和本论。专论主要收录教育部主要领导和职业教育主管领导关于高等职业教育创新发展和优质重点高职院校建设的思路;本论主要收录本书主编周建松等撰写的关于高等职业教育改革与发展的文章与工作学习体会。两者加起来,希望对推进中国特色高水平高职院校建设有所启发和帮助。

在这里,我要特别介绍和说明的是,本书主编撰写的6个专题24篇作品,具体包括总体思考、正确定位、专业建设、师资建设、文化建设、领导力建设等6个方面,我以为大致体现了高水平建设的方方面面尤其是重点环节,这些文章分析了开展高水平高职院校建设的必要性,分析了正确合理定位对于高水平高职院校的重要性,分析了专业建设、师资建设、文化建设、领导力建设等高水平高职院校建设的重点内容。当然,由于这是一本以作者文集为主的导读书,虽然希望给大家以新的启迪和思考,但难免挂一漏万,失之偏颇,敬请读者审视和指正。

按照《高等职业教育创新发展行动计划(2015—2018 年)》(教职成〔2015〕9 号)文件精神,以创新发展为主题的高等职业教育改革与建设,至少应包括 5 个领域 32 个大的方面,而其中任务和项目则更多,为此,教育部详细设计了指导方案,更建设了工作平台。如果按政策实施进程,2018 年是收官之年,但我们以为,这项工作才刚刚开始,我们的工作和实践还意犹未尽,创新发展永远在路上……

本书提出的高水平高职院校建设导引,应是创新发展高职教育的高级阶段,它源于创新发展,根基于优质高职院校建设,代表着高等职业教育发展的方向。我们是否可以这样认为,建设中国特色高水平高职院校,是新时代推进教育现代化的新要求,也是全体高职人的新使命。经历过新高职起步、示范校建设、骨干校建设、优质校建设的高职人,一定会一张蓝图绘到底,一茬接着一茬干,为建设中国特色且具备世界水平的高职教育而不懈奋斗。

周建松

2018 年立春

导　言:党的十九大报告关于教育的论述

　　优先发展教育事业。建设教育强国是中华民族伟大复兴的基础工程,必须把教育事业放在优先位置,加快教育现代化,办好人民满意的教育。要全面贯彻党的教育方针,落实立德树人根本任务,发展素质教育,推进教育公平,培养德智体美全面发展的社会主义建设者和接班人。推动城乡义务教育一体化发展,高度重视农村义务教育,办好学前教育、特殊教育和网络教育,普及高中阶段教育,努力让每个孩子都能享有公平而有质量的教育。完善职业教育和培训体系,深化产教融合、校企合作。加快一流大学和一流学科建设,实现高等教育内涵式发展。健全学生资助制度,使绝大多数城乡新增劳动力接受高中阶段教育、更多接受高等教育。支持和规范社会力量兴办教育。加强师德师风建设,培养高素质教师队伍,倡导全社会尊师重教。办好继续教育,加快建设学习型社会,大力提高国民素质。

目　录

Contents —————————————

专　论

本　论

专　　论

把握教育历史定位　办好人民满意的教育

教育部党组书记、部长　陈宝生

党的十九大开启了加快教育现代化、建设教育强国的历史新征程。教育战线要深入学习、全面贯彻十九大精神,把握教育历史定位,明确教育根本任务,理解教育本质要求,突出教育中国特色,推动教育事业优先发展,办好人民满意的教育,为决胜全面建成小康社会,夺取新时代中国特色社会主义伟大胜利,实现中华民族伟大复兴的中国梦提供有力人才支撑。教育战线要重点在七个字上下功夫、做文章。

一是"新"。全面学习、深入研究习近平新时代中国特色社会主义思想特别是习近平教育思想,用新思想武装全体教育工作者,指导今后教育事业的改革发展。对照新思想找到目前工作中存在的差距、问题和薄弱环节,提高契合度,用新奋斗、新措施、新成效书写新时代中国特色社会主义教育史。

二是"变"。全面梳理教育事业发展新变化,提炼进入新时代的主要标志,特别是对照"全方位、开创性""深层次、根本性"的标准,找准突出问题。深入研究社会主要矛盾新变化在教育工作中的表现形态,从供给侧、需求侧和思想认识三个层面进行分析,找到解决措施。准确把握决胜全面建成小康社会、全面建设社会主义现代化强国对教育提出的新要求,统筹建设教育强国的方向和任务。认真分析教育本身历史使命发生的新变化,以此确定今后工作的重点领域和关键环节。

三是"正"。要坚持中国特色社会主义办学方向,全面落实党的教育方针,为人民服务,为中国共产党治国理政服务,为巩固和发展中国特色社会主义制度服务,为改革开放和社会主义现代化建设服务。在党的旗帜下,按党的主张、意志和使命,办中国特色社会主义教育,办人民满意的教育,办世界一流的现代教育。

四是"公"。要坚持以人民为中心的发展思想,以更大的力度、更实的举措,在新的层次上、更高水平上,把教育公平推上新台阶,不断增强人民群众的获得感、幸福感。

五是"好"。要全面提高教育质量,实现内涵发展。尽全战线之力,为决胜全面建成小康社会、建设社会主义现代化强国培养更多人才,积累更多人力资本,提供更强人力支撑。

六是"强"。要按照十九大提出的"两个阶段"奋斗目标,超前规划、超前实现由教育大国迈向教育强国。重点是根据十九大新部署新要求修改完善《中国教育现代化2030》,做好顶层设计。要全面加强教师队伍建设,使工作母机强起来。

七是"严"。要全面加强党的领导,加强党的全面领导,坚持全面从严治党。把政治建设摆在首位,把思想建设作为根基,加强基层组织建设,切实提高教育战线党建质量和水平,为推进教育现代化、建设教育强国提供根本保证。

(来源:2017年12月9日,紫光阁网)

新时代　新目标　新作为

教育部职业教育与成人教育司司长　王继平

党的十九大报告提出,完善职业教育和培训体系,深化产教融合、校企合作,为我国新时代职业教育改革发展指明了方向,明确了任务。我们要深入贯彻党的十九大精神,以习近平新时代中国特色社会主义思想为指导,奋力办好新时代职业教育,为实现教育现代化,建设教育强国做贡献,为全面建成小康社会,全面建设社会主义现代化强国做贡献。

一、职业教育进入新时代

党的十九大是在决胜全面建成小康社会、夺取新时代中国特色社会主义伟大胜利的关键时期召开的一次十分重要的会议,会议做出了中国特色社会主义进入新时代的科学判断。职业教育作为中国特色社会主义事业的重要组成部分,同时也进入了新时代。

1.职业教育站在新的历史起点上。党的十八大以来,我国职业教育在统筹推进"五位一体"总体布局和协调推进"四个全面"战略布局中快速发展、不断壮大,实现了历史性的新跨越,进入"黄金时期",建成了世界上规模最大的职业教育体系,形成了中国特色现代职业教育体系的基本框架,服务了区域经济发展,彰显了职业教育促进社会公平的作用,扩大了职业教育国际影响力,站在了新的历史起点上。

2.职业教育主要矛盾发生变化。我国社会的主要矛盾已经从人民日益增长的物质文化需要同落后的社会生产之间的矛盾转化为人民日益增长的美好生活需要和不平衡不充分的发展之间的矛盾。职业教育的主要矛盾也在发生变化,表现为人民群众和经济社会对于优质、多层、多样职业教育的需要与职业教育发展不强、不优、不活之间的矛盾。职业教育应从比较关注规模和速度的发展转化为更加注重质量和公平的发展。

3.职业教育面临新的机遇挑战。虽然职业教育取得了重要进展,但由于多种因素制约和历史欠账,职业教育仍然是我国教育体系的薄弱环节。一是体量大而不强;二是产教合而不深;三是体系不够完善;四是职教吸引力有待增强。让职业教育香起来、亮起来、忙起来、强起来、活起来、特起来,已成为新时代办好职业教育的重要任务。

二、新时代职业教育新目标

党的十九大报告清晰地描绘了中国教育发展的目标蓝图,明确指出进入了历史交汇期,规划了两个阶段。交汇期是指从十九大到二十大期间,即2017年到2022年,这五年要全面建成小康社会,同时还要开启全面建设社会主义现代化国家新征程,故称之为历史交汇期。两个阶段是指两个十五年,从2020年到2035年,在全面建成小康社会的基础上,再奋斗十五年,基本实现社会主义现代化。从2035年到2050年,在基本实现现代化的基础上,再奋斗十五年,把我国建成富强民主文明和谐美丽的社会主义现代化强国。

如何确定新时代职业教育的新目标?党的十九大报告指出:"建设教育强国是中华民族伟大复兴的基础工程,必须把教育事业放在优先位置,深化教育改革,加快教育现代化,办好人民满意的教育。"党的十九大提出的一系列新论断新要求新部署,是指导职业教育阔步迈向现代化,进而立于世界教育中心的战略指南和根本遵循。职业教育必须贯彻落实习近平新时代中国特色社会主义思想,特别是习近平教育思想,确定新时代职业教育新目标。把基础工程、优先发展落到实处,为决胜全面建成小康社会、开启全面建设社会主义现代化国家新征程提供有力的人才支撑,教育就要先行一步,这是国家全局的战略部署。

一是到 2020 年,教育要实现《教育规划纲要》中关于"基本实现教育现代化,基本形成学习型社会,进入人力资源强国行列"的战略目标。职业教育要形成现代职业教育体系,满足人民群众接受职业教育的需求,满足经济社会对高素质劳动者和技术技能人才的需要。

二是到 2035 年,教育要建成教育强国,为中华民族伟大复兴注入强劲的不竭动力。职业教育要实现更高水平的现代化,真正成为国际事务的参与者、国际标准的建设者、国际资源的提供者和中国企业国际化的协同者。

三是到 21 世纪中叶,教育要稳稳地立于世界教育的中心,引领世界教育发展的潮流。职业教育要走在世界前列,为促进全球经济社会发展和构建人类命运共同体贡献更多中国元素、中国智慧和中国方案。

三、新时代职业教育新作为

中国特色社会主义新时代赋予职业教育新使命、新目标,这要求新时代职业教育要有新作为。

1. 完善体系。一是做强职业教育实施机构和载体。职业教育不仅仅是指职业学校的教育,职业教育的机构、产业界的机构必须做强。特别是要做强中职、做优高职、做大培训、做好职业启蒙,全面提高基础能力。二是做好职业教育内部各要素之间、职业教育与其他教育之间、职业教育与职业生涯之间的沟通、衔接,为学生多次选择、多样选择以及校园和职场之间灵活转换提供更加便捷的通道。

2. 提高质量。一是让人民群众接受好的职业教育。办人民满意的职业教育的一个具体体现就是质量,既要有用也要便利。二是让社会认可我们的职业教育。探索区域专业布局围绕国家战略和对接区域重点产业规划、发展动态调整的机制,不断适应经济社会对技术技能人才结构、数量、规格和质量的要求。

3.深化改革。一是健全德技并修、工学结合的育人机制,出台职业院校制定人才培养方案指导意见,推进现代学徒制试点。二是改进产教融合、校企合作的办学模式,制定出台促进产教融合意见和校企合作的办法。三是突出问题导向,启动新一轮职业教育试点试验工作,形成中央决策部署与地方实践探索上下联动的良好工作格局。

4.强化服务。一是服务中国制造2025,实施好《制造业人才发展规划指南》,把建设制造业强国"三步走"战略细化为人才培养培训的五项工程,增强人才有效供给能力。二是服务脱贫攻坚,实施好职业教育东西协作行动计划,充分发挥职业教育在实施"五个一批"工程中的重要作用,以教育促产业、以产业助脱贫,实现"造血式"扶贫。三是服务学习型社会建设。重视做大职业培训,服务学习型社会建设,大力提高国民素质。

5.扩大开放。一是服务"一带一路"建设和国际产能合作,推动中国职业教育与企业协同"走出去",更好展示中国职业教育发展成果,以更加自信的姿态迈向世界舞台中心。二是推动学校开展更多的国际交流与合作,我们在编制"特高"计划时,特别强调国际可交流。职业教育光在自己家里搞不行,还要跟各国加强联系,既学习借鉴其他国家的经验,也与其他国家分享我们的发展成果和经验,实现开放办学。

中国特色职业教育进入了新时代,新时代的职业教育前景更加广阔。要深入学习贯彻党的十九大精神,以习近平新时代中国特色社会主义思想为指导,开创新时代中国特色职业教育的新局面,为实现"两个一百年"奋斗目标和中华民族伟大复兴的中国梦提供坚实人才保障。

(来源:《中国职业技术教育》2017年第34期)

本　论

第 一 篇 —————————————————————————

总体思考

基于类型特色的高等职业教育高水平建设方略研究

周建松

摘　要:高等职业教育作为高等教育发展中的一个类型,肩负着培养面向生产、建设、服务和管理第一线需要的高技能人才的使命。在国家推进"双一流"建设的背景下,基于类型特色开展高水平建设是高等职业教育创新发展的战略选择,这既能发挥其在优化高等教育结构中的基础作用,又能发挥其在现代职业教育体系建设中的引领作用。将高等职业教育高水平建设纳入国家教育发展战略,实施高水平学校和高水平专业即"双高"建设计划是高等职业教育高水平建设的现实路径。

关键词:高等职业教育;类型特色;创新发展;高水平建设

一、引言

《教育部关于全面提高高等职业教育教学质量的若干意见》（教高〔2006〕16号）文件明确指出："高等职业教育作为高等教育发展中的一个类型，肩负着培养面向生产、建设、服务和管理第一线需要的高技能人才的使命。"[1]高等职业教育是适应经济社会发展需要而出现的培养高素质技术技能人才的一种高等教育类型，职业性与专业性相融合决定了高等职业教育的类型特色。作为我国高等教育的重要组成部分和重要类型，高等职业教育在国家1998年实施高等教育大众化政策后取得了长足的发展，对提高我国高等教育毛入学率，实现我国高等教育从精英教育到大众化教育进而向普及化教育转变起到了不可或缺的作用。随着我国高等职业教育制度特征的进一步明确，高等职业教育的价值将进一步彰显。与此同时，国家在政策导向上也明确了高等教育规模增量主要用于发展高等职业教育等领域的院校。在国家推进"双一流"建设和高等职业教育创新发展的背景下，基于类型特色开展高水平建设是高等职业教育发展的战略选择，本文拟对此展开分析。

二、高等职业教育作为一种教育类型的功能与价值

（一）满足适龄青年就读高等教育和提升就业技能的双重功能

有专家分析指出，高等职业教育这一教育制度是我国的首创，是中国对世界教育的突出性贡献。而职业教育其重要性和价值在习近平总书记对于职业教育发展的指示中体现得最为明显，即职业教育是我国国民教育体系的重要组成部分，也是人力资源开发的重要环节，还是青年成才成功的重要渠道。对于适龄青年而言，进入高等职业学

校学习,是实现上大学、接受高等教育梦的重要途径。高等职业院校贯彻党中央国务院关于高等教育的方针政策,按照教育部的工作部署,按照高中后教育的要求,贯穿立德树人主线,坚持德才兼备、以德为先的要求,努力培养中国特色社会主义建设者和接班人。与此同时,高等职业院校从市场需求和行业企业需要出发,系统开设技术技能课程,训练学生动手能力,积极组织学生参加各类双证书考核,参与职业院校技能大赛,从而较好地促进了学生的发展和增强了就业创业的能力,落实了以就业为导向的培养原则,高等职业教育的社会吸引力不断增强和提高。

(二)大众化乃至普及化背景下高等教育结构优化的必由之路

随着我国高等教育大众化的推进和逐步向普及化迈进,规模不再像过去二十年间那么重要,而结构问题却越来越成为制约高等教育大发展的重要因素。一方面,在过去很长一段时期,我国高等教育的结构不尽合理[5];另一方面,大众化乃至普及化背景下,高等教育已经从急需的质量观转变到适需的质量观。我们所说的结构,不仅包括层次结构、类型结构,也包括区域结构、专业结构等,而高等职业教育作为一个新的类型确有其重要结构价值,它的基本特征是以服务为宗旨、以就业为导向,走产学研相结合的道路,主要承担为生产建设管理服务第一线培养高素质技术技能型人才的任务,正因为这样,高等职业教育不仅继承了中专教育行业办学、企业办学的优点,坚持了开放办学、开门办学的特征,彰显了产教融合、校企合作的办学模式和"工学结合、学做统一"的人才培养要求,特别是其注重专业设置与产业需求对接,课程内容与职业标准对接,教学过程与生产过程对接,重视职业资格证书和毕业证书的双证书培养标准,较好地提高了学校和毕业生适应经济发展、适应产业升级、适应技术进步、适应岗位需求、适应人生进阶的能力。

从结构角度看,高等职业教育具有三大优势,一是面向优势,高等职业教育培养的人才直接以面向本行业、本地区的中小企业和三农为服务对象,从事基本工种、熟悉基本业务、适应基础岗位,能够适应一线工作要求,成为安心于基层一线工作的大学生。二是服务优势,一般而言,高等职业教育毕业的学生大多在本地区、本区域,能够坚持本土化特色,具有较强的适应和服务本土工作的能力,更好地体现和提高服务水平。三是专业优势,高等职业教育在专业设置上较少受传统高等教育束缚,主要为现代农业、现代制造业、现代服务业,又具有一定的灵活性,比起传统高等教育而言,它更能满足专业急需,更为专业适需。

通过进一步的分析和论证,笔者认为,教育部、国家发改委、财政部联合发布的《关于引导部分地方普通本科高校向应用型转变的指导意见》中的指导思想、基本原则和具体任务,特别是国家示范性高等职业院校建设的一些理念,如坚持需求导向、服务地方,加快融入区域经济社会发展,建立行业企业合作发展平台,建立紧密对接产业链、创新链的专业体系,加强实验实训实习基地建设,加强双师双能型教师队伍建设,深化人才培养和课程体系建设等等,彰显出高等职业教育的结构效应和旺盛生命力。

(三)促进高等职业教育在现代职业教育体系建设中发挥引领作用

《国务院关于加快发展现代职业教育的决定》(国发〔2014〕19号)及随后印发的教育部等六部门关于印发《现代职业教育体系建设规划(2014—2020年)的通知》(教发〔2014〕6号),明确要经过七年的努力建成现代职业教育体系,其总的目标是:牢固确立职业教育在国家人才培养体系中的重要位置,并明确到2020年,形成适应发展需求、产教深度融合、中职高职衔接、职业教育与普通教育相互沟通、体现终身教育理念的具有中国特色、世界水平的现代职业教育体系,建立人才培养立交桥,形成合理教育结构,推动现代教育体系基本建立,教育现代化基本实现。应当说,在这一体系中,高等职业教育起着不可或缺的作用,如果我们仍肯定和承认初等职业教育的职业启蒙作用和中等职业教育的基础作用的话,那么,高等职业教育一定起着关键和引领作用,而且在中职高职衔接的过程中,在适应发展需求的实践中,在中国特色、世界水平的打造中,高等职业教育必然是主力军,专科层次高等职业教育不仅引领着中等职业教育和职业教育体系的构建,而且探索着更高层次的本科层次和专业研究生学位人才培养,通过现有高等职业教育升格升级来部分实现也为大势所趋,发展必然。正因为这样,高职教育在落实党中央和国务院关于职业教育的指示和决定,推进现代职业教育体系建设中作用巨大。

以上分析充分说明了当前和今后一个时期内高等职业教育的价值所在,也为我们进一步创新发展高等职业教育,大力支持高等职业教育发展提供了有力政策依据。也正是从这个意义上说,在《国家教育事业发展十三五规划》中明确要求加快建成一批为地方经济和社会发展服务的高水平应用型高等学校和高职院校的政策是完全正确的。

三、基于类型特色开展高水平建设是高等职业教育创新发展的战略选择

(一)新阶段高等教育领域发布的三个重要政策文件

党的十八大以来,以习近平总书记为核心的党中央提出了一系列治国理政新理念、新思想和新战略,其中创新、协调、绿色、开放、共享发展理念(又称新发展理念)对各行各业都有极其重大的影响。在我国高等教育领域,贯彻新发展理念的重要行动便是分类管理。为此,国务院和教育部及有关部门于2015年下发了三个重要的文件。一是2015年

10 月 19 日由教育部以教职成〔2015〕9 号文件发布的《高等职业教育创新发展行动计划（2015—2018 年）》[2]，即高等职业教育创新发展。二是 2015 年 10 月 21 日由教育部、国家发改委、财政部三部委联动，以教发〔2015〕7 号文件推出的《关于引导部分地方普通本科高校向应用型转变的指导意见》[3]，即普通本科应用转型。三是 2015 年 10 月 24 日由国务院以国发〔2015〕64 号文件推出的《统筹推进世界一流大学和一流学科建设总体方案》[4]，即"双一流"建设。这是国务院及国家各部委在前后不到一周时间内密集发布的不同视角、不同层级但主题近似的三个政策文件，意涵十分丰富，影响极其深远。

（二）政策文件所蕴含和体现的高等教育发展制度特征

笔者通过对上述三个政策文件文本的研读，认为其释放出强烈的制度建设理念：第一，高等教育是我国国民经济和社会发展的重要组成部分，贯彻创新、协调、特色、开放、共享新发展理念，必须加快发展。正如习近平总书记在全国高校思想政治工作会议上指出的那样，高等教育发展水平是一个国家发展水平和发展潜力的重要标志。我们对高等教育的需要比以往任何时候都更加迫切，对科学知识和卓越人才的渴求比以往任何时候都更加强烈。第二，高等教育发展在方略上必须坚持制度先行，以制度来引领高等教育发展方向和发展思路，在此基础上，实施高等教育改革发展的系列具体举措。第三，高等教育改革发展新阶段的制度总特征是分类管理，鼓励各自专业特色和水平。

早在 2012 年《教育部关于全面提高高等教育质量的若干意见》（教高〔2012〕4 号）就提出要根据办学历史、区位优势和资源条件等，确定特色鲜明的办学定位、发展规划、人才培养规格和学科专业设置，促进高校办出特色，克服同质化倾向。[5] 探索建立高校分类体系，鼓励各自定位、办出特色、办出水平，争创一流，并制定分类管理办法是其重要的制度特征。具体而言，即遴选一部分高水平学校和高水平学科瞄准世界先进水平开展"双一流"建设,打造世界一流大学,建设世界一流学科。与此同时,要引导更多普通本科高校向应用型转变,推动这些学校坚持产教融合,培养技术技能人才,增强学生就业创业能力,提高服务区域经济社会发展能力。再次,要大力实施高等职业教育创新发展行动计划,全面提高人才培养质量,服务中国制造 2025 和经济社会发展,促使高等教育结构优化,推动现代职业教育体系日臻完善。

(三)基于类型特色开展高水平建设是高等职业教育创新发展的战略选择

党的十八大以来,党中央、国务院特别重视我国高等教育和职业教育的发展。2014 年,习近平总书记曾对职业教育发展做出重要指示,国务院专门召开了职业教育工作会议并发布了《国务院关于加快发展现代职业教育的决定》,教育部等六个部门印发了《现代职业教育体系建设规划(2014—2020 年)》,高水平高职院校建设计划体现在其中。综合国家示范性高等职业院校建设的经验,结合世界一流大学和一流学科建设理念,不失时机推出并全面实施高等职业教育高水平建设计划一定会有十分重大的现实意义和深远的历史意义。

这种意义体现在:一是有利于巩固高等职业教育类型特征,我国高等职业教育发展总体情况良好,但存在的问题不容忽视,社会上比较普遍地存在着"本科院校谈职色变、高职院校求本心切"的现象[6],从另一个角度说明当前职业教育地位不高、方向不稳。实施高等职业教育高水平建设,培养和建设一批高水平高职院校及其专业,有利于把一批好的高职院校巩固稳定下来,从而巩固高等职业教育的类型特征。二是有利于发挥优质院校对高等职业教育和职教体系建设的引领作用。实施和推动一部分学校按类型特征要求实施高水平建设,不仅确立了高等职业教育的地位,也树立了发展中国特色世界水平高等职业教育的样板,稳定了高等职业教育战线的军心,而且建设一批高水平高职院校和高水平专业一定可以发挥典型带路和示范引领作用，不仅对面上 1300 多所高职院校有示范作用，而且对现代职业教育体系建设有龙头作用，对中等职业教育发展有带动作用，其结构作用十分重大。三是有利于进一步发挥中央财政的杠杆和带动效应，国家在"十一五""十二五"期间分别实施了示范高职院校和骨干高职院校建设，不仅中央财政进行了投入，而且带动了地方，撬动了行业，成效十分明显。这样的项目应在新的历史条件下继续保持和发展，从历史现实角度，对照世界一流大学建设做法，可以称为高职"双一流"或高职高水平建设。通过中央财政项目建设，表明了中央政府的决心和态度，从而昭示和推进整体建设。四是有利于建设一批国内一流、国际有影响力的高等职业院校。经过三十多年的快速发展，尤其是 1998 年以来近二十年的大发展，我国高等职业教育不仅规模上占据"半壁江山"，而且在办学特色和水平、办学体制和机制上都极有生命力，建设中国特色、世界水平的高等职业教育乃历史之必然、时代之要求，相应地建设并打造一批国内一流水平、国际有影响力的高职院校也乃历史性选择和必然性要求。高水平建设就是要在高等职业教育领域确立和建设一批标志性、杠杆性学校，建设具有世界一流水平的样板高职院校。

四、高等职业教育高水平建设政策回顾与实践经验

(一)政策回顾与分析

建设一批高水平高等职业院校，不仅是推动高等职业教育健康可持续发展的重要抓手之一，也是确立和提升我国高等职业教育地位的关键之举。正因为这样，在 2014 年印发的《现代职业教育体系建设规划》中就明确要求，到 2020 年，基本建成中国特色现代职业教育体系。可以说，从《国家中长期教育改革和发展规划纲要(2010—2020 年)》发

布以来,现代职业教育理念逐步深入人心,行业企业和职业院校共同推进的技术技能积累机制基本形成,职业教育体系的层次、结构更加科学,院校布局和专业设置更加适应经济社会需求,现代职业教育的基本制度、运行机制、重大政策更加完善,社会力量广泛参与,机制正在形成,各类职业人才培养水平大幅度提高。

2017 年 1 月,国务院以国发〔2017〕4 号文件印发了《国家教育事业十三五发展规划》,其中在"专栏 7"中明确要求推进高水平职业院校建设即围绕深化产教融合、校企合作、工学结合主线,支持 100 所左右高等职业学校和 1000 所左右中等职业学校建设,改善基本办学条件和实习实训条件,强化国家重点领域产业和区域支柱产业相关专业建设,重点提升学校服务学历教育、社区教育培训等能力,建成一批人才培养、科技创新、专业建设与产业融合发展的高水平职业学校。通过以上分析我们可清晰地了解到,党中央、国务院、教育部、财政部、国家发改委对高水平高职院校建设早有预判和规划,同时也有明确要求,关键是我们要选准时机,明确内容,积极行动,加快实践。

(二)国家示范性高职院校建设计划的经验与实践

历史唯物主义告诉我们,我们做决策、做方案必须具有历史的观点,正是因为从历史的经验中寻找答案,所以高等职业教育作为我国高等教育的新类型和现代职业教育体系的重要环节,能够呈现出起步虽迟但发展较快的良好情形。2006 年开始实施的国家示范性高等职业院校建设计划发挥了十分重要的作用,彰显了中央财政投入机制极大的杠杆和带动效应。2006 年,为贯彻《国务院关于大力发展职业教育的决定》,教育部、财政部创造性启动了国家示范性高等职业院校建设计划,围绕提升办学综合水平,提高专业建设水平和社会服务水平等,先后遴选并支持了 100 所示范院校和 100 所骨干院校进行重点支持建设,据统计,中央财政累计投入专项资金 45.5 亿元,拉动地方财政投入 89.7 亿元,行业企业投入 28.3 亿,这些投入对高职院校的建设起到了十分重要的作用。

具体而言,一是它对中国高等职业教育的发展起了直接的拉动效应,中央财政直接投向重点专业,对高职院校工学结合的重点专业建设人才培养模式建立起到了支持和撬动作用。二是中央财政带动了地方政府和行业企业的投入,产生了倍数效应,形成了中央财政引导、地方投入为主、行业企业支持的良好格局,进一步推动了地方的投入主体责任之落实,调动了行业企业对发展和办好职业教育的积极性,发挥了中央财政的杠杆效应。三是形成了国家示范、国家骨干带动下省示范骨干、部示范骨干齐抓共管的局面,真正实现了高职教育从百花齐放到千花盛开,提高了高等职业教育的整体办学水平。四是通过中央财政投入项目,唤起各级党委和政府,行业和企业对高等职业教育重要性的认知,提升了地方各级政府和有关部门对发展高等职业教育重要性的认识,营造了关心支持高等职业教育发展的环境,也在一定意义上推动了全社会对高等职业教育的新认识的形成。五是使全社会认识高职、重视高职,形成良性循环和支持机制,提升了高等职业教育社会地位,办学条件得到改善,人才培养模式进一步改革,人才培养质量得到提高,这对打造高等职业教育类型特色意义重大。

五、实施高等职业教育高水平建设计划的若干建议

无论从 2006 年国家示范性高等职业院校建设计划的关注度和影响力,还是从近两年间世界一流大学和一流学科建设的影响力来看,中央财政投入的项目十分敏感,各方关注度也非常高,因此,从制度设计、遴选指标、评价标准到工作方案都值得研究和统筹,笔者建议如下:

(一)把高职教育高水平建设纳入国家教育发展战略

虽然高等职业教育中的个体影响力比不上高水平大学,但从整体而言,我国高等职业教育战线大而长、影响广而深,1300多所院校,1000多万在校学生,已经占据了我国高等教育的"半壁江山",对整个高中阶段教育特别是中等职业教育产生着重大影响。因此,我们千万不能把高职教育小看一等、矮看三分,应当像统筹推进世界一流大学和一流学科方案一样,将其按照"半壁江山"和类型特征的总要求,以此来规划和研究高等职业教育和高职院校高水平建设,纳入国家"十三五"乃至"十四五"整体教育发展战略。由教育部牵头,国家发改委、财政部、工信部等部门共同参与,由中央财政设立专门项目进行重点支持,同时明确要求地方财政和行业企业积极参与,形成共建共管的体制机制,发挥整体建设效应,文件宜由教育部、发改委、财政部联合发布,如由国办发文更好。

(二)采取高水平学校和高水平专业即双高建设机制

采用高水平学校和高水平专业建设这种机理,一方面是借鉴世界一流大学和一流学科建设方案这一已被国内外认可和接受的模式,从而减少认识误差;另一方面,也表明普通高校一流大学和一流学科建设与高职院校一流学院和一流专业建设是总体国家高等教育和职业教育的双重战略,有利于增强地位认同度。更为重要的是,在我国教育格局中,基础教育以课程为标志,普通高校以学科为标志,职业教育以专业为标志是一个基本特点。在职业教育办学基本规律中应当坚持以立德树人为主线,专业建设为龙头,校企合作为支撑,教学工作为中心,优质就业为导向,抓住专业建设这个龙头,就能带领其他各项建设如师资队伍建设、课程体系建设、校企合作建设、就业创业建设等。高水平高职院校的基点和基础就是高水平专业,因此,高水平院校和高水平专业这一理念和模式比较符合高等职业教育特点,确立100所左右高水平院校,遴选200个左右高水平专业应该是恰当的选择,数量太多,难以体现双高要求,数量太少,起不到激励作用,更何况,高职院校量大面广、专业点多,必须注意统筹。

(三)认真研究和把握遴选机制的科学性与有效性

任何遴选都有侧重点,都有可能存在不足和矛盾,"双一流"公布后,社会上有一些质疑的声音,但认为合理公正者还是居多数。高职院校情况更为复杂,作为培养应用技术技能人才的高职院校,适需的就是合理的,适需的就是最美的,也称之为高水平。因此,一定要克服和防止一些不合实际的所谓国际化水平,要从中国特色、类型特征去研究。为此,以下几点需要关注:一是学校的品牌影响力,也就是市场和社会对这所学校的认可乃至公认程度,考生和家长对这所学校的欢迎程度,行业和企业对这所学校的满意程度,实际上也是学校的美誉度、知名度。毕业生质量及其成长成才状况当然也是重要指标。二是行业和区域的代表性,也就是说,这所学校应该有比较鲜明的办学特色,在一定区域、一定行业范围内有相对的公认程度。综合性院校要关注综合影响力,行业性院校要关注行业影响力。三是重视学校对区域、行业和社会的贡献,包括人才培养质量、培训能力和水平、社会服务能力、国际交流和影响力等等,说到底就是学校和专业的市场认可度、行业认可度、社会认可度、管理部门认可度及学生认可度。

参考文献

[1] 教育部关于全面提高高等职业教育教学质量的若干意见[Z].
    2006-11-16.

［2］教育部关于印发高等职业教育创新发展行动计划(2015—2018 年)的通知［Z］.2015-10-19.

［3］教育部、国家发改委、财政部关于引导部分地方普通本科高校向应用型转变的指导意见［Z］.2015-10-23.

［4］国务院关于印发统筹推进世界一流大学和一流学科建设总体方案的通知［Z］.2015-10-24.

［5］教育部关于全面提高高等教育质量的若干意见［Z］.2012-4-20.

［6］周建松.基于本科转型视阈的高职教育创新发展研究［J］.中国高教研究,2017(2):102—105.

（来源:《现代教育管理》2018 年第 4 期）

基于内涵发展的高水平高职院校建设

周建松

摘　要：党的十九大再次明确了教育优先发展的战略地位，提出了建设教育强国、深化教育改革、加快教育现代化、办好人民满意的教育等一系列战略目标。作为职业教育的重要层次和高等教育的重要类型的高等职业教育，要以习近平新时代中国特色社会主义思想为指引，全面贯彻党的教育方针，抓改革、抓创新、抓质量，通过实施高水平高职院校建设计划，推进和实现高等职业教育内涵式发展。

关键词：党的十九大；高职院校；内涵发展；高水平学校建设；高水平专业建设

　　刚刚胜利闭幕的中国共产党第十九次全国代表大会开启了中国特色社会主义的新征程，在党和国家发展史上具有划时代意义。大会充分肯定了党的十八大以来的五年里的工作和历史性变革，提出并确立了习近平新时代中国特色社会主义思想的指导地位，分析了我国当前主要矛盾的新变化，开启了建设富强民主文明和谐美丽的社会主义现代强国的新征程，选举产生了以习近平同志为核心的新一届中央领导集体，为决胜全面建成小康社会、夺取新时代中国特色社会主义伟大胜利提供了坚强保证。

　　党的十九大报告强调建设教育强国是中华民族伟大复兴的基础工程，对优先发展教育事业做出新的全面部署，提出了建设教育强国、深化教育改革、加快教育现代化、办好人民满意的教育等一系列战略目标，并具体提出了实现高等教育内涵式发展，加快世界一流大学和世界一流学科建设等举措。高等职业教育作为职业教育的重要层次，也是高等教育的重要类型和组成部分,在推进和实现高等教育内涵发展的理念引领下,抓改革、抓创新、抓质量,实施高水平高职院校建设计划是重要而关键的一项举措,需要我们引起足够的重视。

一、从新时代主要矛盾发生变化看高等教育内涵式发展

(一)党的十九大对我国社会主要矛盾的新论断

党的十九大精神的主线和灵魂,是习近平新时代中国特色社会主义思想。这一思想的逻辑起点是中国特色社会主义进入新时代,我国社会主要矛盾已经转化为人民日益增长的美好生活需要和不平衡不充分的发展之间的矛盾。与此同时,我们必须认识到,我国社会主矛盾的变化是关系全局的历史性变化,对党和国家工作提出了许多新要求,我们要在继续推动发展的基础上,着力解决好发展不平衡不充分问题,大力提升发展质量和效益,更好满足人民在经济、政治、文化、社会、生态等方面日益增长的需要,坚持以人民为中心,办好人民满意的教育,让每个孩子都能享有公平而有质量的教育,更好地推动人的全面发展和社会全面进步。

(二)我国社会主要矛盾在高等教育领域的体现

联系我国高等教育发展实际,笔者认为,我国高等教育发展的主要矛盾也在发生深刻变化。回顾历史,自中华人民共和国成立后,我国建立了自己的高等教育体系,并不断加以完善,但总体而言,高等教育规模小、水平低的情况长期存在。改革开放以来,党和政府重视高等教育发展,增加了对高等教育的投入,特别是在世纪之交做出推进高等教育大众化的决策以后,通过大学扩招、大力发展高等职业教育和鼓励引入民间力量发展高等教育等路径,使我国高等教育在规模上有了

很大发展,高等教育毛入学率不断提高,截至2017年6月,高等教育毛入学率已达42.7%,我国已建起世界上最大规模的高等教育。虽然离适龄青年都可以接受高等教育的目标还有差距,但也已经基本实现,特别是在沿海发达地区和大中城市。

当前,我国的改革发展建设已经进入新时代。新时代高等教育的主要矛盾也逐步转变为人民群众对高质量高等教育的要求与高等教育发展不平衡不充分之间的矛盾。主要表现在:一是高等教育在地区之间发展不平衡,这个问题虽有了很大的改善,但从根本上扭转和实现平衡的任务仍很艰巨;二是高等教育发展水平不够,在办学模式、教育模式、创新创业教育等方面还有较大差距;三是新世纪以来建立起来的占据高等教育"半壁江山"的高等职业教育由于发展时间、发展速度、资金投入等办学体制机制等方面的原因,社会吸引力还不是很高,增强投入、创新机制、提升质量的空间还很大,以上已构成高等教育主要矛盾的重要方面,必须得到切实重视和努力改进。

(三)适应新时代,解决新矛盾,推动高等教育内涵式发展

党的十八大以来,以习近平同志为核心的党中央坚持把教育摆在优先发展战略地位,强调扎根中国、融通中外、立足时代、面向未来,对教育工作做出一系列重大决策部署。党的十九大再次明确了教育优先发展的战略地位,从事物的发生发展看,随着决胜全面建成小康社会目标的实现和社会主义现代化建设新征程的开启,经济社会发展对人才的需求也会越来越高,人民群众对接受高等教育的要求也会越来越高,换言之,人民群众对更高质量的高等教育也会提出更新更高的要求。因此,我国的高等教育必须适应新时代新发展要求,在规模、结构、层次、质量等方面与时俱进地加以改革和创新。在办学条件中,保障教学设施现代化,尤其是在办学治校育人理念、师资队伍水平、学生个性化指导和帮扶、创新创业教育等方面,真正体现适应新时代、迎接新需求、解决新矛盾的要求,推动高等教育内涵式发展。

二、高职教育内涵建设是实现高等教育内涵式发展的重要方面

党的十九大做出了实现高等教育内涵式发展的重大决策,我们认为,实现高等教育内涵式发展不同于以往推进高等教育内涵式发展的提法,也不同于以往要实施从外延式发展向内涵式发展的转型,而是要在推动转型、推进建设的基础上,实现全方位、全面内涵式发展。

(一)实现高等教育内涵式发展应是全面的全域的

我国的高等教育是一个庞大的体系,从管理体制上既包括教育部直属管理的高等学校,也有相关部委管理的高等学校,更有一大批省人民政府管理的高等学校,还有一大批市(地)人民政府的管理学校,也有一部分行业(企业)所属的高等学校,还有一大批社会力量举办的民办高等学校。从类型上看,既有以培养科技型人才为主的高水平大学(一流大学),也有一大批以培养应用(技术)型为主的高等学校,更有一大批以培养技术技能型(职业化)人才为主的高等职业(技术)学院。因此,我们所说的实现内涵式发展必须是包括各级次、各类型、各层次学校,也包括全国各区域、各方位的学校,也就是说,我们应根据高等学校的不同类型分别制定内涵发展质量评价体系,明确其质量评价的内容及标准,分别提出对每一类学校的教育教学质量评价的要求。从总体上看,各级各类高等学校在内涵式发展上一个也不能少,一校也不能落下,要实现校校成功、鼓励人人成才。

(二)实现高等教育内涵发展是一项系统工程

在高等教育大发展初期,在推进高等教育从大众化向普及化的进

程中,为了满足人民群众特别是适龄青年就读高等教育的愿望,我们的质量观上首先是满足接受高等教育的愿望和要求,满足行业企业和社会对高等教育(大学生)的需求。但随着高等教育普及化的到来,特别是面向高等教育现代化的新要求,普及化、个性化、多样化、终身化成为必然,职业教育不能单纯把培养岗位技术能力作为自身所追求的唯一目标,还要从教育的总体目标和复杂的职业环境出发,实现个体的完整发展,指向主体的自我实现,这就要求我们要从办学指导思想、人才培养模式、考核管理机制等方面都来一个根本性转变,真正在全面发展、特色发展、个性发展上进行考量,在关注和重视学生的个性化需求和发展方面下功夫,故而我们必须放弃征地建校舍、乱铺专业摊子等传统思维,真正来一次教育观念的创新和革命,抓住立德树人的本质,建立适需的质量观,突出结构优化,突出素质教育,突出终身学习的重要性。

(三)高等职业教育的内涵式发展必须摆上重要议程

我国的高等职业教育起步于20世纪80年代的短期职业大学,经历了曲折的发展历程,真正作为一个类型确立地位是在世纪之交,成为现代职业教育体系的重要环节和层次是在2010年《国家中长期教育改革和发展规划纲要(2010—2020年)》颁布实施后。无论是作为高等教育的一个类型或层次,还是作为现代职业教育的一个环节,高等职业教育的发展速度成绩有目共睹。据统计,全国目前有高职院校1300多所,在校生规模超过1000万人,号称高等教育的"半壁江山",同时对我国职业教育的发展起着引领作用。但不可忽视的是,高等职业教育总体办学定位还很不合理,办学条件尚有许多薄弱环节,尤其是在师资队伍的数量、结构和质量,专业建设的布局、定位和水平,地区的平衡、协同和提升等方面的差距更是明显,一些地区在高职院校总定位上有差距,办学场地有差距,经费投入和条件保障有差距,师资队伍水平和办学质量水平更有差距,不仅与决胜全面建成小康社会的目标有距离,与推进教育现代化的要求更有差距。要实现高等职业教育内涵式发展,必须全面贯彻党的教育方针,落实立德树人根本任务,深化产教融合、校企合作,完善职业教育和培训体系,加大应用型、专业化人才培养力度,培养德智体美全面发展的社会主义建设者和接班人,服务区域经济社会发展、产业转型升级和脱贫攻坚。这就要求必须要用一次更大攻坚、一个更大投入、一项更大的工程来推动高等职业教育的发展。

三、实施高职院校高水平建设计划是引领高职教育内涵发展的重要抓手

近年来,党和国家在推进高等教育从大众化向普及化转变、提高高等学校办学质量和水平方面采取了许多有力的措施,特别是 2015 年以来,国务院印发了《统筹推进世界一流大学和一流学科建设总体方案》,教育部等三部委联合发布了《关于引导部分地方普通本科高校向应用型转变的指导意见》,教育部出台了《高等职业教育创新发展行动计划(2015—2018 年)》,为高等教育内涵式发展提供了强大动力,现在一流大学和一流学科建设已经正式启动,应用型本科转型也正在有效实施,作为这项宏大系统工程不可或缺的一部分,高职教育需要在原有政策基础上加大推进力度。

(一)必须抓紧实施高水平高职院校建设这一重大计划

借鉴建设世界一流大学和一流学科的做法以及 2006 年以来国家示范性高职院校和国家骨干高职院校建设的经验。笔者认为,当前高职领域迫切需要来一个重大计划进行内涵推动,比较贴切的概念应是高职教育高水平学校建设和高水平专业建设,简称"双高"建设计划。

一方面,它与"双一流"大学相对应,容易理解,便于记忆,更为重要的是,它有利于引导和鼓励部分高水平高职院校安于定位、办出特色、办出水平,并发挥对高职教育乃至整个职业教育的示范引领作用。从前期国家示范性高职院校和国家骨干高职院校建设的绩效看,中央财政投入杠杆效应明显,可以起到四两拨千斤的作用,因此,高水平高职院校建设应当由中央财政拉动。关于这一点,我们也欣喜地看到,《国务院关于印发国家教育事业发展"十三五"规划的通知》(国发〔2017〕4号)已有明确表述,即"围绕深化产教融合、校企合作、工学结合主线,支持10所左右高等职业学校和1000所左右中等职业学校建设,改善基本办学条件和实习实训条件,强化国家重点领域产业和区域支柱产业相关专业建设,重点提升学校服务学历教育、社区教育、职工教育培训等能力,建成一批人才培养、科技创新、专业建设与产业融合发展的高水平职业学校",关键是要抓紧配套政策落地、尽快出台具体实施意见,毕竟我们离决胜全面小康也只有三年时间了,时不我待。

(二)应形成高水平学校建设和高水平专业建设联动机制

国务院印发的《统筹推进世界一流大学和一流学科建设总体方案》明确了"双一流"建设机制和办法,参照这一方案,笔者认为,在高职院校推进高水平建设中,必须进行"双高"联动,既要立足于建设一批高水平学校,也要立足于建设一批高水平专业。这是因为,一方面,专业是高职院校的基本办学形态和载体,专业就是职业教育的代表性和标志性概念,通常来说,普通教育讲课程、大学教育讲学科,职业教育讲专业。另一方面,专业结构和水平体现着高职院校的办学特色和办学水平与服务面向和服务水平,是高水平高职院校的重要彰显点,十分重要。第三,抓好了一批高水平专业,就夯实了高职院校发展的基础,办好中国特色的高职教育也有了良好条件。第四,高职院校培养人才、服务产业发展的主要依靠力量在专业上,只有把专业办好了,才有可能把学校服务区域经济社会发展的作用更好地发挥出来。正因为这样，我们实施高水平高职院校建设方略必须立足于"双高"即建设高水平学校和高水平专业，尤其要把专业建设放到突出位置，在具体的方法中，既可以选择一部分学校，也可以选择学校＋专业双向驱动模式，即使在高水平学校建设中，也应该以专业为基础，真正以高水平专业支撑和支持高水平学校建设。

（三）发挥高水平高职院校的重要引领作用和带头作用

2006 年以来，我们曾支持建设了 100 所国家示范性高职院校，以后又支持建设了 100 所国家骨干高职院校建设。十年过去了，如果说当年示范建设主要是为了探索和创新、形成高职类型特色、建立一个给人看的榜样、建设一批骨干学校，那么，我们今天要实施的高水平高职院校建设计划，应该是建一批对整个高等职业教育乃至整个职业教育有引领作用的标杆性学校，其基本目标和要求：一是必须坚持中国特色，按照在中国共产党领导下根据中国大地办中国特色社会主义高校的要求，根据培养中国特色社会主义建设者和接班人的要求，博采众长、融合提炼，以我为主、自成一家，形成中国特色、创造中国模式。二是必须研究和实施办学理念引领，在办怎么样的学校、怎样办学校、办什么样的专业、怎样办专业，定什么样的位、怎样科学合理定位，培养什么样的人、怎样培养人等问题上，形成科学的理论和理念，为引领发展奠定基础。三是研究和探索办学治校规律，如何贯彻高教性和职教性的要求，在坚持以立德树人为根本、教学工作为主线、专业建设为龙头、优质就业为导向、产教融合为主线、全面发展为目标等方面形成独特的经验。四是坚持文化引领，大力加强高职院校文化建设，积极构建物质性、制度性、精神性、行为性文化、价值性文化，并逐渐从文化建设走向文化治理，切实提高办学治校水平。五是重点加强专业建设，围绕国家重点产业和区域支柱产生发展需求，建设一批有高等职业教育特点的专业和专业群,制订专业教学标准,开发专业教学资源,引领专业发展和专业人才成长。六是重点加强国际交流和合作,积极对接国际,探索具有中国特色的能够与国际交流合作的中国高职教育话语体系和专业与教学模式,推进中国高等职业教育走向世界。

(四)高水平学校要引领高职教育,更要引领整个中国职业教育

按照党的十九大和全国职业教育工作会议的精神,发展中国职业教育要建立适应发展需求,使产教深度融合、中职高职衔接、普教职教融通,形成中国特色且具世界水平的现代职业教育体系。高等职业教育在高等教育发展中具有重要的结构功效,同时在现代职业教育体系中属于较高层次,担负着引领现代职业教育发展的重大任务,必须有这种使命与担当。一是要引领高水平中等职业学校建设,以 100 所高水平高职院校建设的新成果引领 1000 所高水平中等职业学校建设,做高水平建设的榜样。二是积极探索现代职业教育体系建设工程,可通过五年一贯制、"3+2"等路径,通过建设职业教育集团、托管等方式引领我国中等职业教育实现内涵式发展。三是以学校教育带动职业培训,完善职业教育和培训体系是党的十九大的新要求,高职院校要充分利用专业资源和师资优势,在坚持做好全日制人才培养、科学研究和社会服务的同时,积极创造条件,在构建立体化、多样化培训体系上做文章,通过培训体系建设,发挥对整个职业教育的全方位服务和引领。

习近平总书记指出,"办好我国高等教育,必须坚持党的领导,牢牢掌握党对高校工作的领导权,使高校成为坚持党的领导的坚强阵地"。实现高等教育内涵式发展必须坚持党的领导,学习宣传贯彻党的十九大精神即是题中之义。对此,我们必须要以习近平新时代中国特色社会主义思想为指引,全面贯彻党的教育方针,提高认识、积极实践、从我做起、不断创新、久久为功,努力建设中国特色、世界水平的现代职业

教育。

参考文献

［1］中共教育部党组.发展具有中国特色世界水平的现代教育［J］.求是,2017(16):45—47.

［2］钟秉林.高等教育大众化阶段质量保障与评价体系研究［M］.北京:北京师范大学出版社,2011.

［3］陈鹏,庞学光.培养完满的职业人——关于现代职业教育的理论构思［J］.教育研究,2013(1):101—107.

［4］周建松.基于本科转型视阈的高职教育创新发展研究［J］.中国高教研究,2017(2):102—105.

［5］周建松.优质高职院校建设重点与路径研究［J］.职教论坛,2017(12):5—11.

［6］周建松,孔德兰,陈正江.高职院校高水平专业建设政策演进、特征分析与路径选择［J］.中国职业技术教育,2017(25):62 68.

［7］周建松.牢牢掌握党对高校工作的领导权［J］.中国高等教育,2017(8):22—24.

（来源:《中国职业技术教育》2017 年第 34 期）

高水平高职院校建设理念与思路研究

周建松

摘　要：教育部印发《高等职业教育创新发展行动计划（2015—2018年）》后，各省（自治区、直辖市）优质高职院校建设工作全面启动，这反映出政府和社会对高等职业教育上水平、提质量的期待。在借鉴示范建设经验的基础上，扎实有效抓好高水平高职院校建设是创新发展的可行路径，本文从院校层面提出高水平高职院校建设思路即把好办学方向，贯彻立德树人主线；坚持以专业建设为龙头，打造一大批高水平专业；加强师资队伍建设，努力建设一支高水平教师队伍；重视理念和文化，提升办学治校综合能力；突出学校服务能力，提升学校综合影响力。

关键词：高职院校；高水平建设；理念；思路

随着我国建设世界一流大学和一流学科方案的公布和实施及各省（自治区、直辖市）优质高职院校建设工作的全面启动，我国高等职业教育下一步如何推进重点建设的种种设想逐渐浮出水面，高水平高职院校建设正提上议事日程。与此同时，高水平高职院校如何认定、高水平高职院校如何建设等问题也成为专家学者和高职院校领导的兴奋点。本文拟从院校层面提出高水平高职院校建设思路，供决策者、研究者和建设者参考。

一、来自不同渠道的信息与期待

关于高水平高职院校建设，较早起源于国家示范骨干院校建设完成后人们的议论,早在 2014 年全国职业教育工作会议召开前夕,人们对此进行了比较广泛的研讨和分析。2015 年教育部印发《高等职业教育创新发展行动计划(2015—2018 年)》后,人们把目光集聚到了优质高职院校建设,然而优质高职院校建设迟迟没有出台具体方案,引发人们无限遐想。自 2015 年底尤其是 2016 年以来,国家实施世界一流大学和一流学科建设方略,这引起了人们的进一步联想,直到 2017 年 1 月《国家教育事业发展"十三五"规划》的印发,人们对高水平高职院校建设又有了新的认识和要求。

(一)一流大学建设伴随着一流高职院校建设

高等职业教育是高等教育的一个重要类型,国家鼓励高等教育分类管理,在各自领域安于其位、办出特色、办出水平。正因为这样,有一流大学建设,自然也应该有一流高职院校建设,更何况,在许多场合,不少学者和政府官员都认为,中国的高等职业教育有其自身特色,最有可能办成世界一流的教育。当然,这更多的是高职人的朴素想法,其实也在实践中有所体现,如中共陕西省委办公厅、陕西省人民政府办公厅就推出了一流大学、一流学科、一流学院、一流专业(简称"四个一流")建设计划,并提出了具体举措,这种情形的出现,符合正常人分析问题的逻辑,也反映出高职人争先创优的姿态,无可厚非。

(二)优质高职院校即一流高职院校建设

由于优质高职院校建设是在国家示范院校建设近 10 年后实施的,与当年国家示范建设相比,高职院校的办学条件、师资队伍、办学治校水平、专业建设水准等社会服务能力,都有了较大的提高。正因为这样,教育行政主管部门、财政部门、学校都把优质高职院校建设的目标瞄准在国内乃至国际一流上,关于这一点,不仅沿海发达地区如此,中西部地区也基本如此。如浙江、山东等省明确把其中重点建设的学校目标放到了全国第一方阵和国际先进水平上,而地处改革开放第一线的广东省,则直接把优质高职院校建设行动定义为一流高职院校建设计划,要求高职院校服务发展、改革驱动、争优一流,具体来说,就是要支持部分办学实力强、社会认可度高的高职院校,汇聚优质资源、打造一流师资、建设一流专业、培养一流人才、产出一流成果,全力创建全国一流、世界有影响的高职院校。而山东省在其建设目标中也提出,通过优质校建设,使高职院校具有一流的专业、一流的师资、一流的管理、一流的条件和一流的社会服务。

(三)《国家教育事业发展"十三五"规划》的考量

当教育实务领域还在对高职优质校建设等问题进行争论之际,2017 年 1 月 10 日《国家教育事业发展"十三五"规划》(国发〔2017〕4 号,以下简称《规划》)正式印发,《规划》第四部分"加快发展现代职业教育"提出:按照鼓励竞争、扶优扶强的原则,通过与行业企业合作,集中力量建设一批高水平职业学校,并明确由教育部、国家发改委、财政部负责。与此同时,《规划》还以专栏高水平职业学校建设为题目进行了描述:围绕深化产教融合、校企合作、工学结合主线,支持 100 所左右高等职业院校和 1000 所左右中等职业学校建设,改善基本办学条件和实习实训条件,强化国家重点领域产业和区域支柱产业相关专业建设,重点提升学校服务学历教育、职工教育培训等能力,建成一批人才培养、科技创新、专业建设与产业融合发展的高水平学校,这不仅明确了建设的重点内容和要求,而且也给出了数量指标。

(四)马树超教授的观点和思路

马树超教授是我国高等职业教育领域的著名专家,这些年在研究和参与政策制定方面影响较大,是许多政策文件的重要执笔者和很多建设项目的重要推动者。2016 年他又率先对优质校进行了研究和思考,提出了以产教融合为主线的理念,引起广泛关注,得到了较多认同。此后马树超教授又在《2017 中国高等职业教育质量年度报告》发布会上明确提出了高职院校高水平建设的主要目标,即十个高水平:毕业生竞争力高水平、科研成果转化高水平、服务地方行业高水平、办学条件高水平、双师型教师队伍高水平,学生得到高水平个性化关注和指导、知名企业参与职业教育高水平、协同创新高水平、国际合作交流高水平、社会认可度高水平。上述十个高水平代表了马教授对高水平高职院校的认知,也是新的历史条件高职院校争先创优、努力追赶的目标和方向,从长期的趋势看,值得每一所高职院校认真思考和研究。

二、关于高水平高职院校建设的分析与思考

上述分析说明了政府和学界对高等职业教育创新发展的政策与认知,也从另一侧面反映出社会对高等职业教育上水平、提质量的期待,应该是新阶段高等职业教育创新发展的重要工作内容。

(一)高水平高职院校是一个恰当的字眼

有不少学者认为,我国高等教育自 1998 年 5 月以来就有建设世界一流大学的目标,近年已经开始正式实施。作为高等教育的重要类型和"半壁江山",我国的高等职业教育也应该追求世界一流。我以为这在理解上有偏颇,一所学校能不能成为世界一流,必须有可比性,有可比的指标体系,关于这一点综合性大学具有较强的可比较性,尤其是理工、工科则可比性更强。而高等职业教育作为一个类型,它主要任务是服务经济社会发展,培养区域和行业所需要的技术技能人才,积极开展社区教育和职工培训,为区域中小微企业产品研发和科研创新服务。因此,不同地区、不同行业为服务对象的高职院校虽也可进行比较,但实在很难完全比拼,至于中国的高职院校与国外同样类型的学

校相比,由于文化、学制、学校体制、教育体系不同,相互借鉴一些做法、交流一些有益经验可以,共同推动一些标准建设可以,但实在很难进行硬指标比较。正因为这样,高职院校很难用世界一流这一概念,即使是国内一流这个概念也比较勉强。为推动高等职业教育办出特色、办出水平、创新发展,用高水平建设比较贴切,更何况,这与国务院已经正式发布的文件相衔接,便于统一实施。事实上,早在2014年,教育部等六部门在《现代职业教育体系建设规划(2014—2020年)》中,就明确提出到2020年要建成一批高水平职业院校,各类职业院校人才培养水平大幅提升,也就是说,高水平职业院校理念早已有,关键是何时进行项目施工,何时开展名副其实的建设工作。

(二)高水平高职院校"高"在何处

高等职业院校的建设发展是一个综合性系统工程,虽然有可能"一俊遮百丑",也有可能特色鲜明而大放光彩,但笔者认为,高水平高职院校应该有其综合性,主要包括:

1.条件论。关于怎样评价一所好学校,学术界始终有不同说法,比较经典的名句是清华大学老校长梅贻琦所言,"所谓大学者,非谓有大楼之谓也,有大师之谓也"。梅校长强调了大师即高水平教师队伍建设的重要性,这无疑是十分重要的,但我以为,时至今日,我们不能再忽视办学条件建设的重要性。一所好的高职院校,必须有一个比较现代化成规模的校园,有相应的建筑用房和校园用地,同时也应该有比较现代化的教学条件和实验实训实习设施,在信息化和互联网背景下,还应该有智慧教学的条件和技术支撑。当然,从高等职业教育的实际出发,我们同时也要求,高等职业院校应该是有形的现代化校园设施与一大批理念认同、合作紧密的校企合作伙伴的有机结合,必要时真正实现校内实训真实化(生产化)、校外实践教育化(工作化)。

2.专业论。基础教育看课程,大学教学看学科,职业教育看专业,高等职业院校既是高等教育的重要组成部分,也是职业教育的重要环节,它既要关注高等教育的要求,更要落实职业教育的重点,重视专业、关注学科应是其基本要求。正因为这样,评价一所好的高职院校,应该也必须有一大批高水平的专业来支持和支撑,如果一所高职院校号称高水平,而没有一大批招生就业两旺、产业背景牢固、校企合作紧密、师资实力雄厚、市场前景美好的专业和专业群做支撑,这所学校也只能是空中楼阁,所谓的高水平也不可能得到延续。

3.师资论。无论是一流专业、一流学科,还是一流人才培养,都离不开教师队伍来发挥主导和引领作用,梅贻琦老校长的经典名言,说的就是师资队伍建设尤其是大师名师建设的重要性,要办好专业、育好人才,学校必须建设一所数量充裕、师德高尚、师艺精湛、师技科学的教师队伍,同时,必须拥有部分高水平领军人才和专业学科带头人,在专业理论和专业技能课领域,还应有一支实践经验丰富的教师(即"双师型"教师),构建双师结构教学团队,学校应形成老中青相结合的较为合理的教学梯队,建立健全合理的教师培养体系,教师应具有良好的师德、较强的教育教学能力和技术研发能力,从而能很好地开展人才培养、科学研究、社会服务、文化传承创新及国际交流与合作。

4.品质论。建设一批高水平高院院校,必须关注学校的品牌和品质。从品质层面看,学校的历史及其积淀,学校的社会声誉及社会影响,学校的办学治校理念、水平以及文化建设等等,都是必不可少的,因为建设一所高水平的院校是一个日积月累的过程,学校虽不一定要历史久远,但必须有一定积淀。学校本身是一个文化机构,应该有文化积淀,在历史的积淀过程中,积累师资队伍、积累校友资源、积累办学治校理念、积累教书育人文化、积累外部社会资源、积累办学治校经验、积累学校社会声誉、积累学校发展支持机制,从而彰显高水平学校的实力和魅力。

5.校友论。习近平总书记曾经指出,只有培养出一流人才的学生,才称得上是一流大学。校友论主要是就学生发展角度而言，衡量高等职业院校办学治校水平高低，其突出的指标是校友，校友既是学校办学治校的成果，也是支持学校长期发展的重要力量。世界上大凡成功的学校大都有优秀的校友来彰显，同理，衡量一所学校办得是否成功，都是要看其是否培养和造就了一批又一批杰出和优秀人才即校友，正因为这样，建立在学生专业成才基础上的校友发展状况或校友力，应该是衡量一所学校办学水平的重要标志，也是遴选高水平学校建设计划的重点内容之一。

6.服务论。在讨论研究高等职业院校发展理念和评价高等职业院校发展水平时，人们也提出了高等职业院校服务能力的问题，除了难以统计和衡量但又十分重要的服务学生发展和成才成长能力，是在人才培养能力以外，将服务区域和行业发展能力、国际合作与交流能力等也纳入其中，尤其是面向地方行业和区域的培训能力和水平，服务区域中小企业的产品研发能力，为横向课题到款、专利及技术发明情况，学校参与区域和行业公共活动及其贡献度，学校在区域和行业文化建设及文化发展进程中的参与度与贡献度等，其实也是十分重要的。

除此之外，不少专家学者也十分关注学校服务"一带一路"、"中国制造2025"、精准扶贫、国际交流与合作等情况，当然，也有专家学者关注学校在评优评奖项目中的表现，特别是党政群的评优评先项目以及教科研的获奖立项项目，认为这也与学校办学水平息息相关。

（三）高水平高职院校不可突破的底线

我们在研究和遴选高水平高职院校的时候，不仅要关注办学水平高低的正确指标，同时也要考虑一些反向指标，这就是我们所说的一票否决的内容。

1.政治站位上出现偏差者否之。所谓政治站位偏差者主要是指四个意识出偏差，党的领导出偏差，近年来出现了较大政治事件、较大公共安全事件、较大意识形态事件,背离了在中国共产党领导下扎根中国大地办中国特色社会主义高校的宗旨和要义。

2.办学定位严重偏差者也当纠之。高等职业教育是我国高等教育的一个类型,也是现代职业教育体系的重要层次,必须坚持高教性与职教性的统一,必须坚持职业教育的基本方向,贯彻以服务为宗旨、就业为导向,走产学研相结合的道路,以为行业或区域培养技术技能型人才为基本使命,必须正确定位,否则也难以纳入高水平高职院校立项建设。

3.校风教风学风不佳者拒之。办好中国特色社会主义高校,必须坚持马克思主义指导地位,培育和践行社会主义核心价值观,特别是保持学校和谐稳定,保持良好教风学风和校风,努力为人民服务,为中国共产党治国理政服务,为中国特色社会主义制度服务,为改革开放和社会主义现代化建设服务,这是确立和引导建设好校风的基本点。

三、扎实有效抓好高水平高职院校建设

事实上,关于优质高职院校和高水平高职院校建设,教育行政部门曾有过明确表述,在《高等职业教育创新发展行动计划(2015—2018年)》第二部分第二条,教育部提出优质高职院校的建设要求,即鼓励支持地方建设、办学定位准确、专业特色鲜明、社会服务能力强、综合办学社会水平领先,与地方经济社会发展需要契合度高、行业优势突出。同时,明确建设重点是持续深化教育教学改革、大幅提升技术创新服务能力、实质性扩大国际合作、培养杰出技术技能人才、增强专业教师和毕业生在行业企业的影响力、提升学校对产业发展的贡献度、争创国际先进水平。而国务院发布的《国家教育事业发展"十三五"规划》,开宗明义谈了高水平职业院校建设,是站在整个职业院校视角,高的色彩不甚明显,结合前述分析和政策借鉴,结合示范建设和创新发展,结

合发展现状和高职实情,笔者拟就高水平高职院校建设提出如下思考。

(一)必须把好办学方向,贯彻立德树人主线

高水平高职院校必须首先贯彻落实党中央教育方针,党和国家关于教育工作的决策部署,认真学习贯彻习近平总书记系列重要讲话和治国理政新理念新思想新战略,特别是要把习近平总书记关于高等教育和职业教育的指示内化于心、外化于行,落实在行动上,体现在工作中,坚持做到在中国共产党领导下扎根中国大地办好中国特色社会主义高等职业院校,培养中国特色社会主义建设者和接班人。为此:一是要牢牢把握办学社会主义方向,坚持坚定正确的办学方向,始终保持学校和谐稳定,建设优良教风学风。二是要坚持把立德树人作为根本任务,明确德才兼备、以德为先为育人标准,真正培养德才兼备的合格者、上等者,防止培养无德无才的废品及有才无德的危险品和有德无才的次品。三是要加强素质教育,坚持专业教育和素质教育的有机融合,构建全方位主体化素质教育体系,重视思想政治教育、解决好做人高度,重视人文素质教育、解决好做人厚度,重视专业素质教育、解决好做人深度,重视身体素质教育、解决好做人长度,重视心理素质教育、解决好做人宽度,重视创新创业教育、解决好做人强度。

(二)必须坚持专业建设为龙头,打造一大批高水平专业

高水平专业是高水平高职院校的基石和基础,也是衡量和体现高职院校办学实力和水平的重要标志。在高水平高职院校建设过程中,必须立足专业、重视专业、加强专业,以一大批面向重点产业、服务行业企业、支持区域发展、办学综合条件好的高水平专业为支撑,要重视专业的定位和条件建设,重视专业人才培养机制建设,重视产教融合、校企合作的人才培养模式构建,以高水平专业来彰显高水平高职院校的实力和魅力,具体来说:要从区域行业发展要求和学校发展实际选好专业。重点建设专业应该是产业需求前景好、学校师资实力强、办学水平高、专业建设与行业整合度高,毕业生在岗位上发展情况佳,在同行业有一定影响力,经过建设进一步提升水平和实力。二是要注重集中优势兵力建设部分高水平专业。当前我国的高职院校大多拥有千亩校园、万名学子,招生专业数一般在 20—50 个,甚至达到 60—80 个的学校也不在少数,高水平专业必须注意正确选点,精力相对集中,优势相对突出,一般为 5—6 个,即使是综合性院校也不宜超过 10 个,要以重点专业带动专业群协同发展。三是重视专业运行机制建设。其突出要点是注重产教深度融合、校企融合,推动专业设置与产业需求对接,课程内容与职业标准对接,教学过程与生产过程对接,同时兼顾毕业证书与职业资格证书对接,职业教育与终身学习对接。四是要着力改善专业建设条件,提升专业建设能力,要加大硬件和软件投入,重视专业教师培养和梯队形成,重视专业办学实习实验实训条件投入和保障,提升专业服务学历教育、社区教育和职业教育培训的能力,同时,积极创造条件,提升专业技术创新和产品开发设计能力。五是要注重专业的影响带动作用,不仅要发挥重点专业对专业群的带动作用,还要注重重点专业对本校整体专业建设的带动作用,更要研究重点专业在全省和全国的地位和席位,真正培育和形成优势、形成特色,起到辐射引领全国乃至影响世界职业教育的作用。

(三)必须着力加强师资队伍建设,努力建设一支高水平教师队伍

教师队伍是学校最为重要的宝贵财富,更是办学治校的重要主体。"山不在高,有仙则名;水不在深,有龙则灵。"这也从某个角度说明了名师名家培育和建设在高等学校中的重要性。清华大学老校长梅贻琦曾留下经典名言:"所谓大学者,非谓有大楼之谓也,有大师之谓也。"这就说明,我们在推进高水平高职院校建设过程中,必须重视和加强高水平教师队伍这一短板,切实提高教师队伍水平。一是要着力解决好教师队伍数量不足尤其是高水平教师队伍缺乏的问题,要按照教育行政部门和中央要求配足配好教师队伍,构建一支数量充足、结构合理的高水平教师队伍。二是着力建设高水平专业建设带头人并形成梯队,高职院校的专业建设为龙头,必须围绕专业、立足专业、培养和打造一批高水平专业带头人,充分发挥其在专业建设、人才培养、科学研究、社会服务方面的作用,使之成为政治上最为鲜红、社会上最受尊重、经济上最为优厚、党政部门最为核心、社会各界最欢迎的优等人才。三是注重培养选拔高水平学术学科带头人,高职院校是专业观照学科,要全面履行人才培养、科学研究、社会服务等各项职责,必须重视学术学科领军人才培养,从而推动科学研究和高水平成果的形成,彰显高水平学校的实力,为提升学校对区域和行业的贡献度创造条件。四是要重视国际化高端乃至领军人才培养,适应高等教育国际化和高水平高职院校提升国际化影响力,开展国际合流的需要,必须把建设一支既懂专业也懂语言的高水平国际化人才放在突出位置,并把它作为新时期师资队伍建设的重中之重抓紧抓实抓好。

(四)必须重视理念和文化,提升办学治校综合能力

高水平学校应该有高水平管理,有较好的办学治校和管理能力,形成学校良性运行和可持续发展机制、体制和文化。一是要加强办学治校理念凝练和培育,围绕办什么的学校、怎样办好学校、培养什么样的人、怎样培养人、为谁培养人、定什么样的位、怎样实现定位等基本问题进行实践、凝练、梳理和总结,使之既符合学校实际,也有利于指导未来。先进的理念是高水平学校的重要特征,也是高水平学校的宝贵财富,更是引领整个战线的先决条件,对过去是总结,对未来是展望,对内是行动纲领,对外是办学宣言。二是要加强学校文化建设,从物质、精神、制度、行为等多个视角研究和建设符合高职教育特点的文化,形成强大的物质、程序和价值性文化,形成良好文化育人氛围和机制,从文化建设到文化育人到文化治理的进程,彰显文化机构的文化魅力,引领高职教育创新发展。三是重视现代学校治理体系建设,要坚持和完善党委领导下的校长负责制,正确界定省委统一领导和校长负责的关系,确保党在学校的领导权得到根本落实,完善学术委员会工作机制,合理界定学术权力和行政权力的关系,充分发挥学校委员会在学术建设、学术评价、学术发展方面的作用。同时,要建立和完善教职工代表制度,充分发挥教代会民主管理和教师干部当家做主的作用,使学校形成和谐幸福的良好局面。四是要着力提升领导班子和中层干部的水平,要按懂教育的社会主义政治家要求党委书记,也要按懂政治的教育家要求校长,坚持民主集中制,提高领导班子治校理政能力,加强中层干部队伍建设,建设一支忠诚、干净、担当、创新、实干、有为的干部队伍,发挥其在办学治校中的重要作用。五是要重视和加强党的建设思想政治工作,要完善党建工作机制,发挥基层党组织政治功能,发挥共产党员先锋模范作用,要加强思想政治工作,办好思政理论课,注重全课程全课堂教育人,营造全员、全过程、全方位、全面育人的良好氛围。

(五)必须突出学校服务能力,提升学校综合影响力

高等职业教育以服务为宗旨、以就业为导向、走产学研相结合的道路,从而促进学校良性可持续发展,作为高水平建设学校,必须在围绕服务、提升能力上下功夫、见成效。一是要坚持就业导向,提升专业学生就业创业能力,按照对口、顺利、优质就业的要求,抓好就业工作,努力提高毕业生就业力和创业成效,以优质就业来彰显专业建设水平和学校服务学生就业创业和学生发展的能力。二是要重视立地式和应用性研发,围绕产业发展需求,区域经济社会发展要求,行业战略实施需要乃至社区运行实际,积极开展和重视加强应用对等研究,一方

面彰显了学校教师科研能力和科研实力,另一方面也切实增强了学校服务行业、企业、区域社会发展的能力和水平。三是重视高水平建设学校对同行的辐射示范和服务引领,重点建设是一个项目,高水平建设是一个局部,目的是要带动整个高职战线实现全面发展,真正实现从百花齐放到千花盛开。高水平院校一定要放眼全世界、立足全中国、观照中西部,做好服务"两部",支援好发达、引领全战线这篇大文章,在服务同行和战线中彰显高水平、提升自身实力。

总之,高水平高职院校建设是一项系统工程,必须突出重点、强化特色,必须兼顾高教性、突出职教性,必须把准办学方向、突出专业建设,重视师资队伍建设和学校服务能力建设,重视要切实提高办学治校水平,诚然,办学条件的改善、现代化校园的形成、智能化校园的建设、国际合作的深入和推进也是必需的、必要的。而学生成才成长也必须是第一要务,对此,我们更要尽心尽力而为。

参考文献

[1] 国家教育事业发展"十三五"规划[Z].2017-1-10.

[2] 教育部关于印发高等职业教育创新发展行动计划(2015—2018年)的通知[Z].2015-10-19.

[3] 教育部、国家发改委、财政部关于引导部分地方普通本科高校向应用型转变的指导意见[Z].2015-10-23.

[4] 国务院关于印发统筹推进世界一流大学和一流学科建设总体方案的通知[Z].2015-10-24.

[5] 周建松.高等职业教育创新发展行动计划精解[M].杭州:浙江工商大学出版社,2016.

[6] 林宇.准确把握和落实高等职业教育创新发展行动计划[J].中国

职业技术教育,2016(4):10—14.

[7] 马树超.产教融合:从示范到优质院校建设的主线[J].职教论坛2017(1):32—35.

[8] 周建松.优质高职院校建设指南[M].杭州:浙江工商大学出版社,2017.

（来源:《职教论坛》2018 年第 1 期）

高职院校内涵发展的理念与策略

周建松

摘　要:高等职业教育已进入内涵发展阶段,这种内涵发展与外延发展、特色发展、转型发展、创新发展、高水平发展等存在着继承与超越的现象。规模为基、质量优先、特色至上、创新为要、全面系统是高职院校内涵发展的基本理念,基于这种理念高职院校才能在专业建设、合作发展、治理变革等方面科学有效地实施内涵发展策略。

关键词:高职院校;内涵发展;理念;策略

进入 21 世纪以后,我国社会各界对高等职业教育发展逐步达成了共识,在政府相关的文件和政策中,"大力发展""加快发展""创新发展"等字眼和要求不断出现,高等职业教育战线的同仁们也在不断努力和践行。在这一背景下,如何确立高等职业教育的总的发展方针,进而又好又快地推进高等职业院校的建设和发展,既具有全局性和方向性,又具有实践性和操作性,要求我们必须正确分析和把握形势,科学制定有针对性的政策。

一、高等职业教育进入内涵建设阶段

如果从 20 世纪 80 年代初短期职业大学算起,高等职业教育在我国已经发展了三十多年,这一概念和类型前后可以分为两个阶段,即 20 世纪的曲折发展和摸索探索阶段以及 21 世纪的规模发展和创新创特阶段。尽管不利于高等职业教育发展的文化和环境因素还很多,但高等职业教育不仅以早期的顽强生存了下来,更以蓬勃的态势实现了大发展,尽管从高职院校的办学硬件建设等方面看,继续"铺摊子"、设专业、扩规模仍有惯性冲动,但无论从学校发展规律、现实条件,还是国家政策要求来看,它应该也必须把工作重点转移到内涵建设上来,主要理由是:

(一)发展规律使然

高职院校是我国高等教育中的一个有机组成部分,其生存和发展既有内在规律,也有外部条件。高等教育在发展的不同阶段,有其要解决的主要矛盾。在 20 世纪 80 年代,为适应社会经济发展的需要,满足适龄青年接受高等教育的要求,如何多招生、设专业、增规模是主要问题,但"铺摊子"是其主要矛盾。目前,我国高等教育已实现大众化并向普及化迈进。据统计,2015 年我国高等教育毛入学率达到 40%,一些省份的高考录取率已近 90%,预计到 2020 年,我国高等教育总规模将达到 4000 万人,毛入学率将超过 50%。[1]根据高等教育发展规律,一个国家的高等教育全入学率在 10%—20%,会出现一个快速增长时期,而当达到 30%以后,增长速度会放慢,即低速增长,而进入大众化阶段后期和普及化阶段后,高等教育规模进入平稳发展阶段。[2]根据这个发展规律,高等职业教育在经历了超速大发展以后会进入内涵发展阶段。

(二)社会文化期待

改革开放后特别是新世纪以来,我国采取了多管齐下的方式推进高等教育大众化,迅速实现了高等教育的崛起,在这一进程中,高等职业教育获得了大发展,让数以千万计的人获得了接受高等教育同时练习技能的机会,有力地推进了全面小康社会的建设。在当时的背景下,社会文化和舆论的基础是使人民大众能够接受高等教育,但随着形势的发展,尤其是在全球高等教育市场逐渐开放的条件下,社会文化和舆论正在发生变化,一方面是人们正在从争取"有学上"到争取"上好学"的转变;另一方面,在高等教育总规模不断扩大的同时,在培养质量方面也出现了不少不尽人意的地方,与人民群众接受更高水平、更高质量高等教育的期待产生了矛盾。近年来,出现的每年40万左右出国留学人员一定程度上也反映出这一问题,一些高职院校出现零投档,更印证了这一点。我们应该清醒地认识到,我国高等教育总体上水平不够高,社会公众期待高等学校加强内涵建设,提高办学水平和办学质量,打造办学特色,以更好地满足人民群众接受优质高等教育的需要。

(三)综合条件制约

从高等职业院校这一板块的实际情况分析,其发展贡献有目共睹。截至2015年,我国共有独立设置的高职院校1341所,招生348万人,毕业生322万人,在校生1048万人,校均规模为7820人。[3]与15年前相比,其时我国高职院校142所,招生数48万,在校生100万。[4]因此,15年间,高等职业院校数是2000年的3倍,招生数是2000年的7.1倍,在校生数是2000年的10倍,即使是校均规模也已经从2200人发展到7800多人,是2000年的3.4倍。高职院校的在校生中,约有超过一半是农家子弟,县及县以下生源更占到了82%左右,因此,其社会贡献是显而易见的。但我们必须清醒地认识到,在快速发展的同时,高等职业院校也存在着同质化办学及特色不明显问题,部分学校师资、教学仪器设备和办学条件达不到要求等情况突出,一些学校的办学保障条件不落实,尤其是地市一级高职院校和民办高职院校问题更为突出。从2014年开始,部分地区、部分学校在国家政策保护和倾斜的情形下已经出现了招生难、就业难等矛盾,有些地方还相当突出,已经引起了政府、教育行政主管部门和学校的极大关注,如不再适时重视内涵建设、更新观念、优化方案、提高质量,必将影响我国高等职业教育的可持续发展。

(四)国家政策要求

为了适应高等教育发展规律和满足社会公众期待,党和国家及时提出了高等教育提高质量和内涵发展的要求。2006 年,教育部印发的《关于全面提高高等职业教育质量的若干意见》(教高〔2016〕16 号)明确指出,高等职业教育要全面贯彻党的教育方针,以服务为宗旨、以就业为导向、走产学结合发展道路,为社会主义现代化建设培养千百万高素质技能型专门人才。全面提高教学质量是高等职业教育自身发展的客观要求,各级教育行政部门也应适当控制高等职业院校招生增长速度,稳定招生规模。2010 年,《国家中长期教育改革和发展规划纲要(2010—2020 年)》提出各级教育要树立科学的质量观,注重各级教育内涵发展,鼓励各类学校办出特色、办出水平,出名师、育英才。在教育部 2012 年印发的《关于全面提高高等教育质量的若干意见》(教高〔2012〕4 号)文件中,第一条即明确树立科学的高等教育发展观,坚持内涵式发展,牢固树立人才培养的中心地位,坚持稳定规模、优化结构、强化特色、注重创新,走以质量提升为核心的内涵式发展道路。

综上所述,笔者认为,高等教育尤其是高等职业教育走内涵式发展之路,既是发展规律使然、社会文化期待、综合条件制约,更是国家政策要求,我们必须清晰认识、转换观念、积极作为。

二、正确把握高职院校内涵发展的若干关系

在逻辑学的意义上,内涵是一个解释主体的概念,其与外延相对,内涵是内在的,外延是外在的,它们共同构成事物的特征和形态。内涵主要包括两层含义:一是指事物的本质,二是指事物的内容。[5]从内涵这个维度理解和阐释高职院校发展,主要有以下五重关系:

（一）内涵发展与外延发展

内涵和外延构成事物发展的两种方式、两种模式，是一个相对应的概念，就高等教育而言，外延发展主要是指以扩大规模为主要特征的发展，具体包括征土地、造房子、添设备、增专业，还包括增加校园面积、建筑面积、教师数量等以满足人们就读高等教育的初步愿望。应该说，在发展的特殊阶段，尤其是在百兴待业、百废待兴的阶段，外延发展是有其重要意义的，在高等教育大众化的初始阶段，它对满足人民群众上大学的愿望具有积极意义。内涵发展是与外延发展相对应的概念，应用于高等教育，它主要是指改善办学条件、优化专业结构、整合教学内容、优化人才培养模式、提高师资队伍水平、提高教育教学质量、提高人才培养的适切性和学生就业的岗位适应力和长期发展力。

（二）内涵发展与特色发展

应该说，特色是内涵中一个极其重要的要素。特色发展是指高等学校在长期发展过程中逐渐形成的带有发展个性的特征，它既可能是自然形成的，也可能是有意培育的，既可能与计划经济的指令办学有关，也可能是市场经济条件竞争和差别发展所致。而这里所言的培育是指在高等学校办学过程中通过有计划地组织若干积极的活动的方式所追求的某种发展品位、品质或状态，它应该是长期培育、日积月累的。应该说，特色发展通常是学校发展中的积极行为，是有意识的主动的谋局和布篇，其本质上也是一种内涵发展，正因为这样，我们一般评价一所学校的办学水平、教育质量时都关注其特色，在人才培养水平评估时，一般都有特色项目作为必查或加分项目。就我国高等职业教育而言，既因为其是一个新的类型，又因为其职业化特征，因此，在内涵建设时，社会更多地考量其特色，即人才培养特色、专业结构特长和学生的特长等，甚至关注其科学研究和社会服务特长，把特色作为主要内容,以积极创造条件实现其不可替代性。

(三)内涵发展与转型发展

转型是指事物的结构要素、运行模式和人的观念的根本性转变过程,转型是一个主动求变的过程,具有创新性。就我国高等教育的政策导向而言,转型发展就是引导部分普通本科院校向应用型高校转变。这一导向体现在以下三个政策文本中,一是 2014 年《国务院关于加快现代职业教育的决定》,提出引导一批普通本科学校向应用技术类型高等学校转型,重点举办本科职业教育;二是 2014 年国务院六部委联合印发的《现代职业教育体系建设规划(2014—2020 年)》,提出鼓励举办应用技术类型高校,将其建设成为直接服务区域经济社会发展,以举办本科职业教育为重点,融职业教育、高等教育和继续教育于一体的新型大学;三是 2015 年教育部、国家发展改革委员会、财政部联合颁布的《关于引导部分地方普通本科高校向应用型转变的指导意见》,提出引导部分地方普通本科高校向应用型转变,确定一批有条件、有意愿的试点高校率先探索应用型(含应用型技术大学、学院)发展模式。转型发展就是要建设新内涵,同时要改变旧内涵,如何处理好两者关系,也许有一定风险,但成功之道在于适应和推进可持续发展。当前而言,转型发展就是从知识学科型转向应用技术型,据此,应在办学模式、人才培养模式、师资队伍建设、教学模式和教学内容等方面建立新模式。

(四)内涵发展与创新发展

创新是党中央确定的我国"十三五"阶段的五大发展理念之一,创新是指利用新知识和技术,从而改进或创造新的事物、方法、路径和环境。就高等职业教育而言,教育部于 2015 年发布了《高等职业教育创新发展行动计划(2015—2018 年)》(教高〔2015〕9 号),明确指出了创新发展的要求是体系结构更加合理,服务发展的能力进一步增强,可持续发展的机制不断优化,发展质量持续提升,并提出了 5 个方向,32 条创新发展具体举措,形成了以 65 项任务和 22 个项目为内容的政策框架。从其要求和目标看,它的指向就是内涵发展,而且是内涵发展的重要途径和动力,是为了更好地促进高职教育质量提升。

(五)内涵发展与高水平发展

近年来,各地区、各部门、各学校为促进高等教育质量提升,提出了一系列重要举措。国务院提出世界一流大学和世界一流学科建设,简称"双一流"建设;部分省份提出高水平大学建设、重点高校建设、优质高职院校建设、品牌高职院校建设、卓越高职院校建设等计划和项目。不论名称如何,都与内涵发展的目标和要求紧密相关,或者说,高水平建设、重点建设、优质建设、品牌建设、卓越建设就是内涵建设。就高水平发展而言,它主要有三个方面的要求,其一是发展过程的要求,其二是发展结果的要求,其三是发展路径的要求,无论是路径、过程和结果要求,高水平、高品质乃至卓越,都离不开内涵和质量,两者目标指向是完全一致的。[6]

综上所述,高等职业院校内涵发展是一种积极的、进步的发展,有利于提升质量和品质、改革条件和环境、优化体制和机制,在当前条件下,对克服外延发展的惯性思维和模式具有特别重要的意义。

三、高职院校内涵发展的基本理念

从本质上看,高职院校的内涵发展是一种追求质量、追求特色的发展,从不同角度理解有不同的重点,同时也具有相对性,其主要理念为:

(一)内涵发展的相对性

关于内涵发展的相对性,郑金洲教授指出主要表现为以下四个方面,一是相对于规模发展的质量发展,二是相对于粗放发展的精细发展,三是相对于同质发展的特色发展,四是相对于模仿发展的创新发展。[7]具体到高职院校而言,内涵发展要以注重质量为目标,以突出特色为价值追求,以精细发展为约束,以创新发展为动力,实现可持续发展。

(二)内涵发展的基本理念

1.规模为基。内涵发展要以一定的规模为基础,也就是说,规模发展与内涵发展并不是完全对立的,脱离了一定的规模,内涵发展也就没有基础,也没有必要,只有有了一定的规模,才会对结构、质量等提出要求,正像我们经常说的,办大学主要是要凝聚大师、弘扬大爱,但离开了大楼这些物质基础,大师可能会无从谈起。正因为这样,确立我国高等职业教育作为高等教育一个类型和保持"半壁江山"地位的基本理念成为我们抓内涵发展的重要基础。

2.质量优先。抓内涵发展和内涵建设离不开质量这个关键词,讲内涵发展和内涵建设,就是要树立正确的质量观,确立质量优先和质量第一的观点。要制订专业、课程乃至办学的质量标准、质量保障体系,要围绕质量标准,狠抓细节落实和过程跟踪。当然,树立质量优先的理念,还有一个具体的质量标准,即以什么衡量质量。作为高等教育的一个类型,高等职业教育的主要任务是培养生产、建设、管理、服务第一线的技术技能型和职业化专业人才,其质量标准应该围绕这一目标再加以具体化。

3.特色至上。作为一种教育类型,高等职业教育存在的价值在于特色,其生命力也在于特色,如何实现你无我有、你有我优、你有我特、你特我强,这是高等职业教育内涵发展中必须认真研究和探索的课题。[8]高等职业教育必须在总体上有类型特征,实现可持续,与此同时,每一所高职院校必须在类型特征、区域特点、院校特色上下功夫。为此,我们必须积极探索办学模式和人才培养模式改革,坚决克服本科"压缩饼干"型的培养模式和教学组织模式,积极推进工学结合、理论与实践相结合,努力在实践育人上出成效。

4.创新为要。高等职业教育的发展既要吸收和借鉴国外先进的办学理念和有益做法,也要学习研究我国高等教育和职业教育在长期办学实践中形成的行之有效的做法和宝贵经验,同时,更要鼓励各学校以自身情况和资源条件探索创新发展之路,形成自身在办学模式、人才培养模式、课程改革模式、教学学生管理方面的创新发展之路。关于这一点,《高等职业教育创新发展行动计划(2015—2018 年)》指明了方向,关键是我们要解放思想、抓好落实。为此,高职院校要制定切实可行的政策鼓励创新,真正做到一切创新愿望都可以实现,一切创新计划都可以实施,一切创新成果都应得到褒奖。

5.全面系统。高职教育内涵发展需要鼓励点的突破,需要鼓励自下而上的突破,但同时我们认为,高职院校的发展是一项系统工程,应从办学体制、专业建设、师资队伍建设、科学研究、社会服务等领域进行整体优化,采取系统设计加项目引领和工程推动的方法,促进高等职业院校在内涵发展道路上越走越宽,真正实现又好又快发展。

(三)内涵发展的保证机制

要推动和促进高职院校的内涵发展,学校的努力非常重要,但良好的外部环境十分必要,这至少包括以下方面。

1.办学自主权的赋予。办学自主权既是内涵发展的重要前提,同时也是内涵建设的重要因素,只有真正实现管办评分离,真正赋予高等职业院校作为法人组织的自主权,以章程为指引推进依法治校,内涵发展才有可能实现。

2.拨款和考核方式的改变。当前政府部门尤其是财政部门对学校经费拨款的唯一依据是生均,学生规模对学校运行起决定作用,同时,上级在考核学校时也是以规模论英雄,正是这种粗放型的考核办法在一定意义上促进了发展,但也影响到了转型和内涵建设,必须进行调整和优化,尤其要突出以特色和质量为主要评价内容的拨款机制和考评办法。

3.发展理念的更新。在前些年高职教育大发展的过程中,高职院校招生增速连年超过两位数,"千亩校园、万名学生"是不少学校的真实写照,以至于形成了惯性思维,影响了学校师生及校友乃至社会的观念。大家认为规模越大越好、学生越多越好,好大喜功的思想在一些人的头脑中生成,而这一问题不解决,则难以推进高职院校走内涵发展之路,正是从这种意义上讲,我们需要引导办一些特色鲜明、应用型的专门性高等学校。

四、高等职业院校内涵发展的策略选择

如前所述,高职院校推进内涵建设、实现内涵发展十分必要,但具有现实紧迫性,同时也是一项系统工程,必须提高认识,以立德树人为根本任务,坚持德才兼备、以德为先的原则,注重把马克思主义指导、社会主义核心价值观涵养作为重点,贯穿人才培养全过程,巩固马克思主义在育人工作中的指导地位,把学生培养成为又红又专的中国特色社会主义合格建设者和可靠接班人,在这个前提下,通过重点突破和系统推进,实现高等职业院校的内涵发展。

(一)把握转变观念这一前提

进入新世纪以来,为了满足适龄青年接受高等教育的需求,在国

家大力发展和加快发展职业教育的政策推动下,我国高等职业教育实现了快速发展,成为高等教育的一道靓丽风景线。但不容否认的是,高等职业教育是在受国家政策保护和倾斜中发展起来的,因此,即使是发展中出现了问题,人们往往也是抱怨大环境及政策支持不到位,而较少从自身找原因。事实上,我国这几年在高等职业院校发展过程中粗放型发展甚至不讲质量的情况比较严重,一些地区和院校还比较突出,一些做法甚至助长了人们的不良心理。对实现发展转型的紧迫性,人们并非完全认识,一些地方还在热衷于新设学校,一些地区还在热衷于基本建设,一些院校还在热衷于新设摊子,对部分地区、部分学校招生难、就业难的情况尚未引起重视,总以为船到桥头自然直。[9] 对此,我们必须加强研究和政策研究,做好总量调控应对和结构优化研究,尤其要注意从宏观、中观、微观上进行引导。当然,宏观把控和中观关注最重要,必须把观念转到结构和内涵质量上来,实现主管部门、学校领导、广大教师的观念更新。

(二)抓住专业建设这个龙头

职业教育区别于普通教育和学术教育的特征是专业,因此,专业建设既是高职教育的重点,也是内涵发展的龙头。一所学校,有了若干个数量有特色和有影响力的专业,也就是说,能建设形成一批招生受青睐、就业受欢迎、内容有特色、学生能上岗、岗位好发展的专业或专业群,学校就成功了一大半。正因为这样,如何选择专业,建立和健全专业结构动态调整和优化机制,以专业为单元选好、培养好专业带头人和骨干教师,建设好"六合一"的专业指导委员,并探索形成合理的课程建设体系,是我们必须重视和加强的工作。

(三)抓好合作发展这个关键

要办好高等职业教育,推进内涵发展,必须遵循职业教育的基本规律,建立开放开门机制,努力践行产教融合、校企合作、工学结合、知行合一的要求,积极推进校政行企合作,努力做到合作办学、合作发展、合作育人、合作就业,集团化办学是一个重要载体,现代学徒制是一个重要路径,订单式培养十分重要,混合所有制作为一个体制创新试点,毫无疑义具有重要作用。当然,如何发挥行业办学、协会助学的积极作用也大有文章可做。

(四)抓实师资队伍建设这个重点

无论从学校内涵建设还是推动学校内涵发展的角度看,师资队伍建设始终是学校建设的重中之重,如何提高师资队伍建设水平始终是学校必须花力气的工作。[10]师资队伍建设既要做到数量充足适当,又要做到结构合理,既要着眼于打造一批高水平专业带头人和教学名师,也要形成一大批数量充足、素质优良的中青年骨干教师体系;既要重视发挥中老年教师的传帮带作用,也要注意着力培养青年教师健康快速成长;既要重视专业课教师建设,也要注意马克思主义理论、军事体育、人文艺术、公共外语、科学信息等公共课程教师队伍建设;既要花力气建设好专任专职教师队伍,也要着力打造双师素质教师,建设好双师结构教学团队,真正做到专兼结合、双师组合、机制融合,切实发挥好其教书育人和人才培养功效。

(五)全面履行高教五大职能

高等职业教育作为高等教育的重要类型和形式,必须要履行好高等教育人才培养、科学研究、社会服务、文化传承与创新和国际交流与合作职能,从而为实现服务发展、促进就业和为实现"两个一百年"的中国梦提供坚实人才保障。当然,上述职能并不是并列的,对于高职院校而言,人才培养是根本和第一的职责。如何坚持做好立德树人,培养好合格建设者和可靠接班人,这是最为重要的,为此要在抓好专业建设的同时,注意与素质教育的有机结合。在这基础上,要抓好科学研究和社会服务,同时注意技术技能积累和文化传承与创新。

(六)加强治理体系和治理能力建设

为了推动内涵建设和内涵发展,高职院校必须把院校治理放在重要位置,要认真抓好治理框架构建和落实,认真贯彻党委领导下的校长负责制,完善党委领导、校长负责、教授治理、民主管理的机制,制订好《章程》,形成依法治校和照章办事的良好文化,建立健全各地议事规则,建立健全学术委员会条例和教职工代表大会实施办法,推进校务公开,实现学校治理体系和能力现代化。

(七)重视和加强学校文化建设

文化建设是学校最为重要的基本建设,也是学校成熟的重要标志,要坚持办学社会主义方向,培育和践行社会主义核心价值观,抓好"一训三风"建设,形成积极健康、好学上进的校园文化,推进文化建设系统化、精细化,努力促进物质文化、精神文化、制度文化和行为文化的有机协调,加强文化素质教育,推动文化育人,进而向文化治校和文化领导方向发展,与此同时,要认真深入研究学校文化与市场文化、行政文化乃至官僚文化的不同点,崇尚高尚、宁静、至美、大气、致远的学校文化,引领社会文化建设向前健康发展。

总之,高职院校内涵发展是一项系统工程,涉及方方面面,关键在于学校领导的谋划和设计,成功在于全校上下统一思想和有序行动,同时也需要外部的强大支持。

参考文献

[1] 别敦荣.论高校内涵发展[J].中国高教研究,2016(5):28—33.

［2］马陆亭.迈向高等教育普及化的理论要点［J］.现代教育管理,2017(1):1—14.

［3］教育部.2015 年全国教育事业发展统计公报［EB/OL］.(2016-07-06)［2017-03-15］http://www. moe. edu. cn/srcsite/A03/s180/moe_633/201607/t20160706_270976. html.

［4］教育部.2000 年全国教育事业发展统计公报［EB/OL］.(2001-06-01)［2017-03-15］http://www. moe. edu. cn/s78/A03/ghs_left/s182/moe_633/tnull_843. html.

［5］夏征农,陈至立.辞海［M］.6 版.上海:上海辞书出版社,2010:764.

［6］李爱民,周光礼.高水平行业特色型大学组织特质研究——基于北京 16 所高校的实证调查［J］.中国高教研究,2017(1):27—31.

［7］郑金洲.学校内涵发展:意蕴与实施［J］.教育科学研究,2007(10):21—28.

［8］周建松.高职院校内涵建设研究［M］.杭州:浙江大学出版社,2006:116.

［9］杨建新.高职院校的内涵建设及其推进策略［J］.教育研究,2016(3):79—83.

［10］钟秉林.强化高校办学主体地位促进内涵建设和质量提升［J］.中国高等教育,2015(18):20—24.

（来源:《现代教育管理》2017 年第 6 期）

构建完整的产教融合体系

周建松

一、产教融合在不同层次、不同类型教育中有不同定位

《国务院办公厅关于深化产教融合的若干意见》从战略高度提出了促进教育链、人才链，与产业链、创新链有机衔接的问题，以切实解决产教融合中实际存在的"两张皮"问题，这个要求和判断是正确的。我国高等教育和职业教育的发展中的矛盾事实上已经从数量不足转化为结构不合理和质量不够高，也就是说，教育发展新阶段需要从急需质量观转变到适需质量观，以从根本上解决用人单位抱怨找不到合适的大学生，而高等学校毕业生又存在就业难的问题，其核心的问题在于学校的教育教学与经济社会需求尚不完全匹配，与产业发展的对接尚不十分有效。对此，我们需要构建一个完整的产教融合体系。

具体来说：一是发现和培育产业的教育体系，这是"双一流"建设的部分重要任务；二是支撑和引领产业发展的教育体系，这是高水平应用型大学建设的重要任务；三是壮大和丰富产业发展的教育体系，这是高等职业教育改革创新的重点；四是服务和推动产业发展的教育体系，这是中等职业教育和多层次培训工作的着力所在。只有从完整的体系上解决好产教融合问题，我们的教育才可能是高质量的。

二、高等职业教育应该在壮大和丰富产业发展上主动作为、积极有为

　　按照目前国家关于教育类型和体系的分类,高等职业教育既是高等教育的重要类型,也是职业教育体系中的重要环节,肩负着为中国特色社会主义和现代化建设培养高素质技术技能人才的任务。从与产业发展对接的角度看,高等职业教育应把壮大和丰富产业发展作为主要任务,为找准壮大和丰富产业的最佳结合点而努力作为。

　　具体来说:一是要有主动对接、主动融入的意识,切莫抱有"等靠要"思想,坚决不抱怨,而是善于发现需求、发现有为空间、把握作为时间。二是根据不同专业及专业群构建有差别的产教融合体制机制,如浙江金融职业学院的金融专业群主动构建产教融合综合体,会计专业群积极构建产教融合有机体,商贸专业群努力构建产教融合共生体,信息与互联网专业群创新构建产教融合双主体等等。三是按照深化产教融合要求全方位创新学校管理体制,改革校内考核机制,着力构建市场导向、实践主导的人才培养新机制。

(来源:《中国高教研究》2018 年第 4 期)

第二篇

正确定位

高等职业教育需要正确合理定位

周建松

摘　要:高等职业教育肩负培养生产、建设、管理、服务第一线,具备综合职业能力和较全面素质的高等技术技能人才的重任。历史和现实都表明,高等职业教育具有高等性和职教性双重属性,结合对习近平总书记系列重要讲话的学习和理解,本文提出从习近平总书记关于高等教育的讲话中落实高等职业教育的高教性要求,把习近平总书记对职业教育的指示和国务院有关职业教育的要求落到实处,建设中国特色高等职业教育。

关键词:高等职业教育;定位;高教性;职教性

时至今日,我国的高等职业教育已达到了较大规模,据教育部统计,截至 2016 年底,我国高等职业院校已达到 1359 所,在校生已达 1080 万左右,号称占据我国高等教育的"半壁江山"。虽然教育界和学术界对日趋重要的高等职业教育至今还有不同的认识,但我们还是倾向于它是高中后的职业教育或者说是高中阶段后职业教育的衔接与延伸,或者更明确地说,是在高中文化基础上,培养生产、建设、管理、服务第一线,具备综合职业能力和较全面素质的高等技术技能人才或职业化专门人才。高等职业教育是我国高等教育的重要组成部分,但又与普通高等教育相区别,高等职业教育是我国职业教育的重要层次,但又区别于一般意义上的培训和技能学习,具有高教性和职教性的双重属性,在推动和促进高等职业教育科学发展进程中,必须正确合理定位。

一、历史和现实都表明,高等职业教育具有高等性和职教性双重属性

关于高等职业教育的历史,学术界和教育界的认识较为一致,即我国高等职业教育的发展是与改革开放同步的。一般而言,人们将我国当代高等职业教育的发展分为五个重要阶段,即创建与探索阶段(1980—1993 年),调整与规范阶段(1994—1998 年),规模与扩张阶段(1999—2005 年),示范与改革阶段(2006—2009 年)和转型与创新阶段(2010 年至今)。

(一)创建与探索阶段(1980—1993 年)

邓小平同志早在 1978 年 4 月就指出,"整个教育事业必须同国民经济发展的要求相适应,应该考虑各级各类学校发展的比例,特别是扩大农业中学、技工学校的比例"。但坦率地说,就我国高等职业教育

发展而言,基本上走的是一条办学实践先于政策引导、地方行动快于教育部部署的试办之路。根据陈英杰的回顾,我国第一家高等职业院校——金陵职业大学是由南京市率先在 1980 年 8 月 27 日创办的。1980 年 8 月 29 日《人民日报》对此做了报道,全国各大报刊相继转载,从此翻开了中国高等职业教育的首页。到了 1982 年全国人大五届五次会议指出,"要试办一些花钱少、见效快、不收学费、学生尽可能走读、毕业生择优录用的专科学校和职业大学"的时候,江苏省高等职业院校已达四所,在接下来的这一段时间里,基本上是政策引导与办学实践交织在一起,逐步形成了以地方举办、扩展全国、短期职业大学为主的高等职业教育格局。

(二)调整与规范阶段(1994—1998 年)

这一阶段,我国的高等职业教育首先面临着所谓"分流"的挑战,甚至上升到了教育部(国家教委)部署的高度,期间高等职业技术教育战线的同志们做了积极的努力和争取,之后高等职业教育才真正确立。1993 年,中共中央、国务院颁布了《中国教育改革和发展纲要》,其中明确指出"职业技术教育是现代教育的重要组成部分——各地要积极发展多样化的高中后教育,对专升入高等学校的普通高中毕业生进行职业技术培训"。1995 年国务院印发关于《中国教育改革和发展纲要的实施意见》时重申,要"积极发展多样化的高中后职业教育和培训,通过改革现有高等专科学校、职业大学和成人高校以及举办灵活多样的高等职业班等途径,积极发展高等职业教育",这就是所谓的"三改",后来再加上"仍不满足时,经批准利用少数具备条件的重点中等专业学校改制或举办高等职业教育班等方式来补充",加起来俗称"三改一补"。此后又进一步调整明确,今后职业大学不再改名高等专科学校,至此,关于高等职业教育的定位基本明确,即高等职业教育是在高中阶段教育基础上实施的职业教育,它是职业教育的高层次,是高等教育的组成部分,我国需要发展高等职业教育。1996 年国家颁布了《职业教育法》,更直接规定,职业学校教育分为初等、中等、高等职业学校教育,高等职业学校教育根据需要和条件由高等职业学校实施,或者由普通高等学校实施。1998 年《高等教育法》也明确规定,本法所称高等院校是指大学、独立设置的学院和高等专科学校,其中包括高等职业学校和成人高等学校,至此,我国高等职业教育真正在高等教育中确立了自己在政策和法律上的双重地位和身份。

(三)规模与扩张阶段(1999—2005 年)

在我国高等职业教育发展史上,1999 年是非常重要的一年,其中的"六个一",即一个决策、一个计划、一个决定、一个意见、一个委员会、一个制度,奠定了我国高等职业教育规模扩张和大发展的基础。所谓一个决策就是国家做出了推进高等教育大众化的重要决策,其中大力发展高等职业教育是重要内容之一。一个计划就是国务院批转教育部制定的《面向 21 世纪教育振兴计划》,该计划强调了发展高等职业教育的重要性,认为"积极发展高等职业教育是提高国民科技文化素质,推进就业以及发展国民经济的迫切需要"。一个决定是国务院在 6 月召开了第二次全国教育工作会议,颁布了《中共中央、国务院关于深化教育改革,全面推进素质教育的决定》,该决定明确提出,要大力发展高等职业教育。一个意见,就是教育部和国家计委联合印发的《试行按新的管理模式和运行机制举办高等职业技术教育的实施意见》,该意见鼓励多渠道更大规模举办职业技术教育。一个委员会,就是教育部成立了全国高职高专人才培养工作委员会,负责制订基本文件,加强规划及组织科研等工作。当然,更为重要的是一个制度,即教育部做出了授权省市自治区人民政府审批设立专科层次高等院校的决定,并统一名称为××职业(技术)学院。2004 年教育部下达的《关于以就业为导向,深化高等职业教育改革的若干意见》,不仅统一了高等职业教育这个称谓,而且明确了高等职业教育特色发展的方向,即以服务为宗旨、就业为导向、走产学研相结合道路,培养社会主义现代化生产建设管理服务第一线的高素质技能人才,期间,评估工作全面启动,高等职业教育进一步走上规范发展之路。

(四)示范与改革阶段(2006—2009年)

2006年,注定是我国高等职业教育发展中极为重要的一年,有关部门从面上和点上,对高等职业教育做了重要决策部署。从面上看,教育部下发了《关于全面提高高等职业教育质量的若干意见》(以下简称《意见》),《意见》明确,高等职业教育是高等教育的一个类型,强调了提高质量的重要性和路径,特别是关于校企合作、工学结合的人才培养模式改革,以及以专业建设为龙头,半年顶岗实习等理念迄今仍深入人心。从点上看,教育部财政部为贯彻《国务院关于大力发展职业教育的决定》,启动实施了国家示范性高等职业院校建设计划,发布了《教育部、财政部关于实施国家示范性高等职业院校建设计划和深化高等职业教育改革发展的意见》,围绕提高示范院校整体水平,推进教学建设和教学改革,加强重点专业领域建设,增强社会服务能力,创建共享型专业教学资源库等方面,在全国遴选一百所在领导能力、综合水平、教育教学改革、专业建设、社会服务五个方面领先的学校进行重点建设,成为高职教育领域改革的示范、管理的示范和发展的示范,引领高等职业教育创新发展,之后国家骨干高职、省示范等项目相继实施,高等职业教育得到大发展,并空前持续升温,其作为高等教育一个类型的地位进一步明确。

(五)转型与创新阶段(2010年至今)

2010年,也注定是影响我国高等职业教育转型定位和创新发展的重要年份,党中央国务院召开了全国教育工作会议,颁发了《国家中长期教育改革与发展规划纲要（2010—2020 年）》（以下简称《纲要》），其中明确提出到 2020 年，要形成"适应发展需求、产教深度融合、中职高职衔接、职业教育与普通教育相互沟通"，体现终身教育理念，具有中国特色、世界水平的现代职业教育体系，为落实《纲要》要求，教育部决定将高职高专处从高教司划给职业教育与成人教育司管理，之后又更名为高职发展处。2014 年，国务院召开了职业教育工作会议，颁发了《国务院关于加快发展职业教育的决定》和《现代职业教育体系规划（2014—2020 年）》，进一步强调了现代职业教育体系建设，阐述了高等职业教育在现代职业教育体系中的重要地位，教育部也出台了一系列举措，推动职业教育创新发展、提高质量，推动中职高职衔接和现代职业教育体系建设，尤其是《高等职业教育创新发展行动计划（2015—2018 年）》的实施，将更有力地推动中国特色现代高等职业教育的发展，相应地说，高等职业教育增添了更多职业教育的成分和色彩。

纵观我国高等职业教育近四十年的不平凡的曲折和发展历史，其法律和政策地位有一个确立的过程，对其属性有一个认识和理解的过程，但高教性与职教性双重属性是最基本的特征，只是在发展的不同阶段，其属性各有侧重。从 1998 年开始，其高教性色彩更重一些，从 2011 年开始，其职教性因子更明显一些，或者说，从当前和长期的趋势看，基于现代职教体系建设或者基于职业教育的高等职业教育是一个总特征、总趋势、总概括。

二、从习近平关于高等教育的讲话中落实高等职业教育的高教性要求

党的十八大以来，以习近平为核心的党中央提出了治国理政的新理念、新战略、新思想，提出了必须坚持中国特色社会主义道路自信、制度自信、理论自信、文化自信四个自信，必须总体推进全面建成小康社

会、全面深化改革、全面依法治国、全面从严治党四个全面战略布局,必须增强政治意识、大局意识、核心意识、看齐意识四个意识,高等教育战线必须切实贯彻落实。对发展中国高等教育也做出了一系列重要指示,并在各个不同时期、不同场合发表了许多重要指示,对高等学校的总体定位、党的建设、教师队伍建设、学生思想政治教育,对贯彻全员、全方位、全过程育人都提出了明确的要求,高等职业教育作为高等教育的重要组成部分和重要类型,必须认真抓好落实。

(一)正确把握习近平总书记对高等教育的总要求,落实四个服务

习近平总书记指出,高等教育是一种社会存在,不同社会制度决定着不同教育发展方向,我国高等教育发展方向要同我国发展的现实目标和专家方向紧密联系在一起,为人民服务、为中国共产党治国理政服务、为巩固和发展中国特色社会主义制度服务、为改革开放和社会主义现代化建设服务,脱离了这个最大实际,高等教育失去了根本,就很难办好。我们理解,总书记这一论述,带有根本性和大局性,为人民服务,这是高等教育办学宗旨,这与总书记一贯倡导和坚持的以人民为中心的发展思想是高度一致的;为中国共产党治国理政服务,这是我国高等教育的职能和使命决定的,也是中国共产党长期执政的基本要求,也表明高校的领导体制必须与党和国家的整体体制高度一致;为巩固和发展中国特色社会主义制度服务,这表明了我国高等教育人才培养工作的直接目的,也体现了我们坚定不移走中国特色社会主义道路,坚持和发展中国特色社会主义的要求,更要求当代大学生必须坚持中国特色社会主义道路自信、制度自信、理论自信和文化自信;为改革开放和社会主义现代化建设服务,这是我党的中心工作,表明高等学校必须围绕中心、服务大局,以人才培养、科学研究、社会服务、文化传承与创新、国际交流合作等为宗旨,为推动改革和社会主

现代化服务。

(二)正确把握习近平总书记对坚持社会主义办学方向的要求，做到"四个坚持不懈"

办学的方向看起来简单明了,或者说在中国共产党领导下建设社会主义中国已近七十年,尤其是经过了改革开放近四十年的实践,办学的方向问题似乎已经解决。但事实上,在事关办学方向的许多具体问题上,我们确实还存在不少问题和挑战。在一些高校中,言必称西方,教材用国外原版等情况相当普遍,马克思主义被边缘化情况也不是个别现象,对于社会主义核心价值观的冲击也不小,高校在和谐稳定上面临的挑战也十分突出,我们必须从具体的问题上着力解决好办学的社会主义方向问题。

第一,坚持不懈传播马克思主义科学理论。总书记指出马克思主义在中国的传播最早是在高校知识分子、青年学生中进行的,陈独秀、李大钊、李达等中国早期马克思主义者都把高校作为阵地,在历史和人民的选择中,马克思主义成为我们立党立国的根本指导思想,也是我国高校的鲜亮底色。马克思主义是科学理论,具有强大的真理力量,它指导我国找到了革命、建设、改革的正确道路,给我国社会带来深刻变革,给中国人民带来巨大福祉。正因为这样,高校要把加强马克思主义学习研究宣传作为重要职责,让马克思主义主旋律唱得更响亮,继续为推进马克思主义中国化、时代化、大众化做出重要贡献。

第二,坚持不懈培育和弘扬社会主义核心价值观。将社会主义核心价值观贯穿教书育人全过程是高校坚持社会主义办学方向的重要组成部分,也是高校思想政治工作的使命所在。因为社会主义核心价值观是当代中国精神的集中体现,培育和弘扬社会主义核心价值观,有利于增强中国特色社会主义道路自信、理论自信、制度自信、文化自信。因此,我们必须把社会主义核心价值观贯穿于办学育人全过程,弘扬以爱国主义为核心的民族精神,以改革创新为核心的时代精神,并加强中华优秀传统文化、革命文化和社会主义先进文化教育,加强党史、国史、改革开放史、社会主义发展史教育,加强国家意识、法治意识、社会责任意识教育和加强民族团结进步、国家安全、科学精神教育。

第三,坚持不懈促进高校和谐稳定。总书记强调,我们要从国家政治安全和意识形态安全的高度,认清维护高校和谐稳定的重大意义,把高校建设成为安定团结的模范之地。具体地说,一是要秉持尊重差异、包容多样的态度,在多元中立主导,在多样中谋共识,在多变中定方向,让一切有益思想文化的渭渭细流汇入意识形态的浩瀚大海。同时要注意辨析甄别、过滤进化,加强管理、保持警惕、有效防范。二是要培育理性平和的健康心态,引导教师静心从教、学生静心学习,引导师生正确认识义和利、群和己、成和败、得和失,不断提升心理健康素质。

第四,坚持不懈培育优良校风和学风。总书记指出,校风和学风如何,既影响和决定着,也反映和体现着高校思想政治工作水平和成效,高校思想政治工作是基于高校而存在的。正因为这样,培育优良校风和学风,是办学方向重要和直接的体现,要把引导学生作为主要任务,使学习过程成为锤炼心态的过程,高校思想政治工作必须同鼓励学生端正学风、严谨治学统一起来,让学生在刻苦学习中树立科学精神、锤炼品行情操。

(三)正确把握习近平总书记对提高学生思想政治素质的要求,把握"四个正确认识"

习总书记指出,思想政治工作从根本上说是做人的工作,必须围绕学生、关照学生、服务学生,不断提高学生思想水平、政治觉悟、文化素养,让学生成为德才兼备、全面发展的人才。对此,早在 2014 年习总书记与北京大学师生开座谈会时,就明确提出了"勤学、修德、明辨、笃实"的要求,并将其作为践行社会主义核心价值观的具体要求;在本次全国高校思想政治工作会议上，总书记又提出了更加具体的要求，即四个正确认识。

第一，正确认识世界和中国发展大势，尤其要引导学生从社会主义思想源头和历史演进中，从我党探索中国特色社会主义历史发展和伟大实践中，认识和把握人类社会发展的历史必然性，认识和把握中国特色社会主义的历史必然性，不断树立为共产主义远大理想和中国特色社会主义共同理想而奋斗的信念和信心。

第二，正确认识中国特色和国际比较。在全方位开放的条件下，我们每时每刻都面对着中国和世界的互动，也面对着中国和世界的比较，对于这些问题，我们不能回避而且必须回答好，尤其是对我们的道路，我们的人民民主，我国实行的社会主义市场经济体制，我们的改革开放政策以及经济、政治、文化、社会、生态文明和党的建设领域的情况，必须以事实理直气壮讲、深入透彻讲，帮助学生在国际比较中坚定信心。

第三，正确认识时代责任和历史使命。总书记指出，我们教育引导学生，一个重要任务，就是用中国梦激扬青春梦，为学生点亮理想的灯，照亮前行的路。正因为这样，我们必须通过我们的工作让学生正确认识中华民族伟大复兴的历史进程，积极参与这个伟大历史进程，并通过持续的努力为之做出积极的贡献，把国家梦、民族梦和每个人的梦结合、统一起来。

第四，正确认识远大抱负和脚踏实地。高校思想政治工作既要教育引导青年学生立大志，同时，也要引导学生把远大志向变成现实，把远大抱负落实到实际行动中，鼓励学生积极乐观、志在四方，到基层去，到西部去，到祖国最需要的地方去，做成一番事业，做好一番事业。

（四）正确把握习近平总书记对加强高校师资队伍建设的要求，抓好"四个相统一"

教师是人类灵魂的工程师，承担着神圣使命。党的十八大以来，习近平总书记就高校教师队伍建设发表过许多重要论述，并提出了明确要求。在同北京师范大学师生座谈时，他就明确要求，我们的高校教师要有理想信念，要有道德情操，要有扎实学识，要有仁爱之心。在同北京八一中学师生座谈时，总书记又明确要求，广大教师要做学生锤炼品格的引路人，做学生学习知识的引路人，做学生创新思维的引路人，做学生奉献祖国的引路人。在本次全国高校思想政治工作会议上，总书记又进一步强调，高校教师要成为先进思想文化的传播者、党执政的坚定支持者，更好地担起学生健康成长的指导者和引导人的责任，具体要把握如下四个相统一。

第一，坚持教书和育人相统一。总书记指出，不同学科专业的教师，研究领域、讲授内容、教学方法各有不同，但育人要求是一致的，教师不能只做传播书本知识的教书匠，而要成为学生品格、品行、品位的引领者；要当好经师，更要当好人师。

第二，坚持言传身教相统一。广大教师要努力按学高为师、身正为范的要求，努力培养和造就兼具身高和身正的教师队伍。关于这一点，我们学校在办学几十年实践中，始终倡导要培养育人高师、教学名师、实践能师，并要弘扬学术大师，尤其是与打造专兼结合、双师组合、机制融合的教学团队的理念和思路也应该是一致的。诚然，教师不仅要重视言教，更要重视身教，努力做到言行一致，以自己的模范言行举止为学生树立榜样。

第三，坚持潜心问道和关注社会相统一。高等学校的教师既承担着人民教师教书育人的神圣职责，也怀着心系天下知识分子的情怀，同时还肩负着专家学者探索真理的责任。因此，如何正确把握自己的角色和使命,正确处理人民教师、知识分子、专家学者的关系,在履行好教书育人角色的同时,心系天下、探索真理、关注社会,以家国情怀关注社会现实,在实践中汲取养分、丰富思想,坚持讲台纪律,潜心钻研学问。

第四,坚持学术自由和学术规范相统一。高校教师要正确把握学术研究与教书育人的关系,既要坚持学术自由,提供学术争鸣,鼓励学术创新,同时,必须强调学术规范,尤其是教育教学工作,必须做到对国家负责、对社会负责、对学生负责,给学生以正能量。

(五)正确把握习近平总书记对高校党建和党风廉政建设的要求,落实主体和第一责任

党的十八大以来,以习近平总书记为核心的党中央提出了四个全面的战略布局,其中全面从严治党是重要内容,也是重要保证。习近平总书记指出,加强党的建设是办好中国特色社会主义高等学校的重要保证。为此,我们必须认真贯彻落实《中国共产党章程》,认真贯彻《中国共产党普通高校基层组织工作条例》《关于坚持和完善高等学校党委领导下校长负责制的实施意见》,加强高校党委、院系党总支和基层党支部建设,增强基层党组织政治功能,发挥教师党员和学生党员先锋模范作用,努力使教师党员成为教书育人楷模,学生党员成为成才成长典范,全面激发党建工作正能量,要切实抓好高校党风廉政建设,为学生成才成长营造风正气清的环境,真正把党委主体责任、纪委监督责任、党委书记第一责任、分管领导班子一岗双职责任和党政班子齐抓共管责任落到实处。

三、把总书记对职业教育的指示和国务院有关职业教育的要求落到实处

如前所述,高等职业教育既具高教性特点,又具职教性特点,我们

必须把党中央、国务院关于高等教育的方针政策落实好,同时必须把党和国家关于职业教育的要求贯彻好。

(一)落实贯彻习近平总书记对职业教育的重要指示

以习近平为核心的党中央对职业教育高度重视,做出了一系列重大决策部署。2014年6月,在全国职业教育工作会议召开前夕,总书记就我国职业教育发展做出了417字的重要指示,指示明确了我国职业教育的地位、发展方针和工作要求,总书记指出,职业教育是国民教育体系和人力资源开发的重要组成部分,是广大青年打开通识成功成才的重要途径,肩负着培养多样化人才、传承技术技能、促进就业创业的重要职责,必须高度重视,加快发展。这是对职业教育最基本的定位,也是中国特色职业教育发展的重要指示;既是国民教育体系之范畴,也是人力资源开发之路径,更是青年成功成才之路;三大内涵既深刻又具体,需要各级各类学校和政府部门不断遵循;多样化人才、传承技术技能、促进就业创业是职业教育的三大职责,清晰明了,必须认真贯彻落实。

习近平总书记在批示中明确要树立正确人才观,指出要培育和践行社会主义核心价值观,这表明了职业教育的质量观。而习总书记提出的要弘扬劳动光荣、技能宝贵、创造伟大的时代风尚,营造人人皆可成才、人人尽展其才的良好环境,对提高职业教育的社会地位,增强职业教育的吸引力十分有益,有利于职业教育的健康稳定和可持续发展。

总书记在批示中提出,要坚持产教融合、校企合作,坚持工学结合、知行合一,这为职业教育的办学体制机制建设指明了方向。产教融合是一个深刻的理念,校企合作是一个重要载体,工学结合是人才培养的重要路径,培养知行合一的中国特色社会主义建设者和接班人是职业教育的育人方向和目标,我们应当落到实处。

总书记在批示中对职业教育确立服务发展、促进就业的方向,对各级党委政府的要求,对支持农村地区、民族地区、贫困地区加大职业教育支持力度的要求,体现了全面建成小康社会和共享发展的要求,以及以人民为中心的发展思想,值得每个职教人、每所职业教学校深刻领会并切实践行,以促进人人成才、校校成功。

(二)以《关于加快发展现代职业教育的决定》和《现代职业教育体系规划(2014年—2020年)》为依据,落实高职教育定位

2014年全国职业教育工作会议期间,国务院下发了《关于加快发展现代职业教育的决定》(国发〔2014〕19号,以下简称《决定》)。《决定》对今后时期我国职业教育发展的方针政策和体制机制做了重大部署,与此同时《现代职业教育体系规划(2014—2020年)》(以下简称《规划》)也正式印发。《决定》第五条创新发展高等职业教育明确指出,专科高等职业院校要密切产学研合作,培养服务区域发展的技术技能人才,重点服务企业特点是中小企业的技术研发和产品升级,加强社区教育和终身学习服务,这给当前占中国高等教育"半壁江山"的高等职业教育一个明确而清晰的定位,高等职业教育既是类型,也有层次,当前我们处在专科层次,其重心是培养技术技能人才,面向为区域和行业中小微企业,以此来确定专业布局和结构,做好人才培养、科学研究、社会服务等工作。

《规划》对现代职业教育体系框架、层次结构、任务要求都做了部署,《规划》明确提出要优化高等职业教育结构,推进高等学校分类管理,引导一批本科高等学校转型发展,加快高等职业教育改革步伐,鼓励举办特色学院,这给各高职院校创新发展提供了探索空间和发展余地,有利于各高职院校办出特色和水平。

（三）贯彻《高等职业教育创新发展行动计划（2015—2018 年）》，推动高职院校创新发展

为贯彻落实党中央国务院关于职业教育的一系列决策部署，教育部印发了《高等职业教育创新发展行动计划（2015—2018 年）》（以下简称《行动计划》）。《行动计划》全面回顾了过去一个时期我国高等职业教育的主要成绩和基本经验，围绕创新发展这个主题，就高等职业教育综合改革、结构优化、提升质量、强化管理做出了系统部署，并明确了32 项任务、65 个项目，设计了推动各地创新发展高等职业教育的主要抓手，对高等职业院校而言，下列问题值得重视。

一是积极开展优质学校建设。《行动计划》明确指出，坚持以示范建设引领发展，鼓励支持地方建设一批办学定位准确、专业特色鲜明、社会服务能力强、综合办学水平领先，与地方经济服务能力强、综合办学水平领先，与地方经济社会发展需要契合度高、行业优势突出的优质专科高等职业院校，通过重点支持和建设，持续深化教育教学改革，大幅提升技术创新服务能力，实质性扩大国际交流合作，培养杰出技术技能人才，增强专业教师和毕业生在行业企业的影响力，提升学校对产业发展的贡献度，争创国际先进水平。对此每个学校要抓住机遇、积极建设。

二是提升专业建设水平。《行动计划》要求专科高职院校要凝练专业方向、改善实训条件、深化教学改革，整体提升专业发展水平、支持紧贴专业发展，校企深度合作、社会可度高的骨干专业建设。专业建设是高职教育的龙头，必须注重社会、区域和行业需求，不断优化和完善布局，调整和落实定位，切实提高水平，努力建设一批规模较大、实力较强、条件较好、社会认可度高的优势专业和若干具有不可替代和技术技能积累的优势专业。

三是切实加强双师型教师队伍建设。《行动计划》明确要求，围绕

提升专业教学能力和实践动手能力,健全专科高等职业院校专任教师的培养和继续教育制度,同时《行动计划》对高职院校师资队伍建设提出了具体要求,作为高职院校既要培养和造就名师和学术带头人、专业带头人,更要在专兼结合、双师组合、机制融合的双师型教学团队上下功夫,以推动高职教育人才培养质量的有效提升和办学治校水平的全面提高。

四是积极推进高等职业教育创新发展。根据《行动计划》有关精神,要积极推进高职院校在探索现代学徒制培养、混合所有制改革、集团化办学、国际合作交流、文化传承与创新传播等方面积极作为,为服务"一带一路"倡议和中国企业"走出去"战略、服务精准扶贫,服务工业4.0和"中国制造2025",做出积极的贡献。

总体而言,站在现代职业教育的视角,高等职业教育要面向区域、中小企业、服务行业,培养多样化高素质技术技能人才,同时要注重社区教育、农村教育,开展多层次立体化岗位培训,并积极探索中高职衔接,五年一贯制人才培养,努力为实现"两个一百年"奋斗目标和中华民族复兴的中国梦提供坚实人才保障。

如何把握高教性和双重性双重特点和身份,正确处理好各方面关系,并切实提高办学治校水平,是一个大学问、一门大艺术,这对各个学校党委和班子也是考验和检验,需要我们提高站位、加深理解、创新工作、积极实践。

参考文献

[1] 陈英杰.中国高等职业教育发展史研究[M].郑州:中州古籍出版社,2007:12.

[2] 习近平在全国高校思想政治工作会议上的讲话[N].人民日报,

2016-12-09(1).

[3] 习近平.关于加快职业教育发展的重要批示[N].人民日报,2014-
06-24(1).

[4] 周建松.优质高职院校建设指南[M].杭州:浙江工商大学出版社,
2017:25.

(来源:《天津职业大学学报》2017 年第 4 期)

树立科学先进的高职教育理念

周建松

摘　要:树立什么样的办学理念是高水平学校建设的重要内容之一。在分析高职教育办学理念重要性的基础上,提出高职教育办学要落实好三大主体,即以学生为本、以教师为基和以校友为宗,遵循五个基本规律,即以立德树人为根本、以专业建设为龙头、以教学为中心、以就业为导向和以合作发展为支撑,并结合对浙江金融职业学院办学理念指导下的实践分析,彰显高职教育办学品质。

关键词:高职教育;办学;理念

经过几十年的发展,我国高等职业教育在办学方向和原则问题方面遇到的基本问题应该已经解决,规模扩张和外延发展已不是主要任务,内涵建设和提高质量应该成为工作重点,特别是经过十年来示范建设、骨干建设等行动计划的引领,如何树立科学而先进的办学、育人理念,促进和推动高水平建设的思想已经基本统一,树立什么样的理念,怎样去办学校,事实上也已经成为高水平学校建设的重要内容之一,甚至具有决定性意义。

一、科学而先进的办学理念的重要性

一般而言,学校领导和师生员工都希望努力办一所好学校,但是,好学校是什么样的? 应该用什么样的理念去引领? 科学而先进的办学理念究竟有什么作用? 这些问题,看似人们已经认识,其实则不然。

(一)理念是什么?

《辞海》对理念一词的解释有两条,一是指看法、思想、思维活动的结果。二是指观念,通常指思想。观念上升到理性高度则称为理念,作为观念上升到理性高度的理念,一般具有以下一些特点:一是区域性,即每一种理念都有自己的局限的适应范围;二是概括性,指我们对现象有了一定的认知,概括性越高,说明认知越丰富;三是间接性,即理念是指凭借自己的语言对客观现象进行诠释;四是客观性,即我们要对客观现象的本质或特征有整体性的诠释;五是逻辑性,即诠释现象的信息内容,反映出理念是一种抽象的理论认识,遵循着一定的规律,有一定的形式,并按一定的方法来进行;六是深刻性,即理念是经过人类的思考活动,进行过信息的加工——去粗取精,去伪存真。正因为这样,观念不一定是理念,思想不一定是理念,观念和理想升华到一定高度,才称得上是理念。

(二)先进的办学理念的重要性

人们的行为不应该是盲目的,而往往是由理念指引的,理念对过去是工作总结,对将来是行动纲领,对内部便于统一认识,对外部又具有昭示和宣传功能。正因为这样,无论是大到治国小到处理一件事情,事实上都有理念,没有理念相当于没有统帅行为和行动的思想,工作往往具有盲目性。各个部门、各个环节也不容易统一和协同,只有建立起统一的、达成共识的理念才会指挥行动更加有序和有效。所谓对过去是工作总结,因为今天的理念往往是建立在实践基础上的,比较成功而有效的才保留下来;所谓对将来是行动纲领,工作下一步怎么做、怎么协调,按理念指引;所谓对内便于统一认识,在分工协作的情形下,依靠统一的理念来协同工作;所谓对外具有昭示和宣传功能,就是我们的工作怎么做就靠理念来展示,为什么样的学校,怎样办学等等,都可以在其中。

(三)高职教育最基本的理念必须认同

高等职业教育既具高教性,又具职教性,作为高教性和职教性的统一体,经过三十多年的探索和实践,我们基本可以形成共识的是:以服务为宗旨、以就业为导向、走产学研相结合的道路,为社会主义生产建设管理服务培养下得去、用得上、留得住的高素质技术人才。根据这一基本理念,在具体的办学实践中,各个学校都在进行探索,如浙江金融职业学院提出践行"特色鲜明、人民满意、师生幸福"的办学宗旨,构建"行业、校友、集团共生态"的办学模式,确立做"学生欢迎之师、创社会满意之校、育时代有用之才"的价值观念,同时根据高等职业教育的特点和学校自身情形,确立传承金融历史、服务地方经济、培养实用人才的办学定位,进而到确立"共建共享幸福金院、永创永续金融黄埔"的愿景,也是办学理念的具体化,提出全面建设更高品质的幸福金院,则是目标和理念的进一步具体化。

二、重视办学三大主体是最基础的理念

要办一个好的高职院校,必须研究办学主体的功能和作用,我们在实践中认识、办好一所高职院校,必须坚持以学生为本、以教师为基、以校友为宗,在此基础上打造教师、学生、校友发展共同体。

(一)以学生为本

以学生为本。是以人为本理念在办学中的具体实践和表现,以学生为本,说起来比较容易,做起来其实比较困难,但作为一所追求高水平、高品质的学校,必须牢牢把握这一点,从学校建设发展逻辑关系看,因为要培养学生,才需要建设学校,需要选拔培养教师,培养学生的需

要成为办学的出发点和归宿点,对此,我们必须有充分而且够清醒的认识,要把这一理念落到实体,就必须有载体,有行动方略、具体方略。浙江金融职业学院这几年在实践中,以设立爱生节(5月23日为爱生节,每年11月23日为深化爱生节)为载体,全校上下确立爱生理念,培养爱生文化,并以实施学生千日成长工程为抓手推进以生为本理念的落实,所谓千日成长工程,就是把高职学生从入学到毕业大约1000天时间精心设计为一个工程,以全程育人为引导,辅之以全面育人、全方位育人、面向全体学生育人、全体教师参与育人、营造全方位环境育人,具体划分为:一年级金院学子,强调懂做人;二年级系部学友,强调精专业;三年级行业学徒,强调会做事。在实践工作中,全校积极构建关爱学生进步、关注学生困难、关心学生就业的三关工作体系;以生为本理念具体化,又通过行为规范要求,科学设计和实施专业人才培养方案,通过素质教育与专业教育的有机融合,通过四个化(即品德优化、专业深化、行为美化、技能强化)和具体的考核激励将学生教育培养落到实处。

(二)以教师为基

教师是学校重要的主体,如果说学生是最重要的群众,那么教师就是最主要的主体,要办好一所有品质、有水平的学校,必须牢固树立全心全意依靠全体教师的理念,落实"尊重教师个性、倚重教师德才、注重教师的发展要求",真正做到"关心人、爱护人、帮助人"。一是要确立教师在学校的真正的主人翁地位,尊重教师、珍爱博士、关心青年、厚待教授,切实提高教师在学校政治和社会生活中的地位;二是要花大力气、用大工程致力于培养和造就一支高素质高水平教师队伍,正确处理好培养、提高、充实、引进的关系,立足于把现有教师水平打造好;三是要在物质和精神相结合的高度重视教师队伍激励,既要为教师提供更多更丰厚的物质待遇,又要为教师创造更多的成名成家的平台、舞台和展台;四是要研究好教职工激励机制,充分利用各种条件和可能,打造青年教师培养与成长的金翅膀机制、中年教师稳定与发展的金台阶机制、老年教师幸福与安康的金色降落伞机制,从而进一步激励教师忠于职守、教书育人,并通过教师千万培养工程,通过十项计划,促进教师百舰竞发,努力提高师德师风和教育教学水平,促进人才培养质量的持续提高。在这一过程中,学校还应当采取科学有效措施,致力于培养好高水平专业带头人和学术学科带头人,为教师发展起领航作用。

(三)以校友为宗

关于校友在学校建设发展和治理中的地位和作用问题,至今尚没有引起足够的重视。我们分析认为,世界上凡成功的学校无不都有一大批高忠诚度高质量的校友,而彰显学校人才培养质量也是靠这一大批优秀校友,因此,就群众观点而言,校友是最广泛的群众。一所办学有历史、有规模的学校,如果连校友体系都没有建立起来,连校友都不认可母校,那肯定不能认为这所学校是高水平的,也很难是可持续的。因此,高水平的学校在办学理念上必须确立起以校友为宗的理念,自觉地把校友纳入学校发展系统和力量之中。在高等职业院校,一般都强调产教融合、校企合作,强调重视和加强兼职教师队伍建设,那么,我们同时也认为,校友是联络产教融合、校企合作的重要纽带,校友是校企合作的重要伙伴,也是兼职教师的重要来源,而且,这样做,更有利于学校文化传承创新,更好地履行职责。在工作的实践中,我们还必须认识到,校友是人心、需要去汇聚,校友是力量、需要去积聚,校友是资源、需要去开发,校友是平台、需要去搭建,校友是桥梁、需要去架构,校友是事业、需要去开拓,校友是财富、需要去积累,校友是文化、需要去弘扬;在工作战略上,我们要想办法申请设立法人性质的校友会组织,并在具体工作中做到激扬高层、激发中层、激活基层、激励全体,努力推进校友"会同学、看老师、回母校、共发展"四位一体的统一。浙江金融职业学院这几年在实际中坚持以关爱每一位校友为宗旨,以巩固老校友、开发新校友、注重成功校友、重视成长校友为方针,以2300活动为抓手(千名学生访校友、千名校友为课堂、百名校友为人生、百名校友上讲台、百名教师进企业),促进了校友工作不断深化,推动了学校事业发展。

(四)精心打造教师学生校友发展共同体

一个学校既是一个事业单位,同时也是一个发展系统,学校要分别重视学生、教师、校友三大主体建设,同时也要建立有效的机制,推动教师、学生、校友的互动,努力构建以母校为轴心和圆心的教师、学生、校友发展共同体。浙江金融职业学院这几年以共建共享幸福金院、永创永续金融黄埔为愿景,以凝聚海内外校友力量、建设高品质幸福金院为抓手,以有缘描绘校友美好人生、有缘描绘母校美好前景、有缘描绘祖国美好未来为抓手,共同体正在建设之中,为母校打造百年品牌、建设品质学府形成了强大正能量。

我们认为,以学生为本、教师为基、校友为宗的理念的确立和实践,在此基础上对教师、学生、校友共同体建设的重视,是高水平学校重要的基础性理念。

三、遵循高职办学规律是十分重要的理念

高等职业教育作为高等教育的一个重要组成部分,同时也是职业教育的教育层次,具有类型和层次的统一,国家对于高等教育的基本要求和关于发展职业教育的重大举措要在高等职业教育身上同时有机体现出来,不可偏废和偏颇,同时也必须办出特色和水平,其主要的规律应该是:

（一）以立德树人为根本

高等教育有五大使命，即人才培养、科学研究、社会服务、文化传承创新、国际交流合作，但人才培养是第一位的。作为职业教育，习总书记要求为"两个一百年"的中国梦和中华民族的伟大复兴的中国梦提供坚实人才保障，要服务发展，促进就业的方向，必须抓好人才培养工作，因此，高等职业教育必须重视人才培养这个核心和根本，切实把人财物资源配置和工作重心放到人才培养身上。在人才培养工作中，要坚持立德树人、德才兼备、德育为先，首先要重视和培养学生的德，强调做事先做人，同时，抓好知识传授、能力培养和素质提升，努力培养和造就中国特色社会主义合格建设者和可靠接班人。将社会主义核心价值观的培育和践行贯穿人才培养全过程，积极开展切实有效的素质教育体系，重视学生思想素质教育、解决好做人高度，重视人文素质教育、解决好做人厚度，重视专业素质教育、解决好做人深度，重视身心观素质教育、解决好做人宽度，重视身体素质教育、解决好做人长度，重视创新创业教育、解决好做人强度，真正把培养人这篇文章抓好。

（二）以专业建设为龙头

在我国，高等教育和中等职业教育都采用专业的形式组织实施教育教学和人才培养，这与基础教育以课程为单元不同。实际上，普通本科教学也更加重视学科建设，尤其是在教师中强调学科的归宿和水平；而高等职业教育，无论是学生的分类还是教师的分类都强调专业，学校教学组织的划分、教学资源的分配等等都以专业为单元，两级教学组织的建设一般以专业群为单位落实，专业结构决定了学校办学结构和办学特色，也决定了学校的面向和大致服务领域，因而也是学校特色之所在，正因为这样，要遵循办学规律，就必须遵循专业建设这个龙头，在专业建设中要切实按照办好专业、注重学业、强化职业、重视就业、鼓励创业、成就事业的六业贯通的理念落实工作,同时注重按区域经济社会和行业企业发展需要设置和调整专业,优化专业结构,努力创建优势特色和高水平专业,不断提高专业建设水平,为全面提高人才培养质量和办学水平打下扎实的基础。

(三)以教学为中心

高职院校要落实立德树人的任务并把专业建设落到实处,就必须确立教学工作的中心地位,坚持学校工作围绕教学中心转、资源配置和领导人员精心向教学倾斜,切实防止学校工作中可能出现的行政化倾向。落实教学工作中心地位,必须认真抓好教学工作六环节工作,围绕优化课表、重视课程、搞活课堂、抓好课本、丰富课余、发展课外的要求有序推进工作。特别要贯彻德才兼备、以德为先理念,编制好专业人才培养方案(大的意义上的课表),并切实抓好实施。与此同时,院校要积极改善教学条件和教学环境,抓好教学信息化环境网络建设,重视先进教育技术推广应用,广泛开展基于"互联网+"的课堂教学创新,重视校内实验实训场馆建设,加强校外实习实践基地建设,为提高教育教学质量创造更好环境;当然,坚持教学工作中心地位,必须尊重和重视教师,把尊师重教落到实处,只有做到了教师主体地位落实,教风学风和教学程序良好,专业特色化、课程精品化、实训真实化,才算有效和可靠。

(四)以就业为导向

高等职业教育要办好办活、立德树人。衡量专业建设、教学工作好坏的标准,在很大程度上取决于就业率的高低。就业市场的检验十分重要,从大的方面看,高等职业教育以服务为宗旨,以就业为导向,走产学研相结合的道路,这是党和国家的教育部门确定的一个方针。就具体情况分析,高等职业教育作为一个类型存在,就业工作确实是其导向和生命力所在,就业对于一个社会来说,是建设社会主义和谐社会的重要稳定器,对于一个家庭来说,是一辈子的事,对于学校办学水平和教育教学质量来说,更是一个试金石。正因为这样,作为一个高等职业院校,必须重视就业、工作,把毕业生的就业率、对口就业率,把毕业生的优质就业作为一个重要工作去抓,与此同时,要积极创造条件开拓就业市场、广开就业门路,要依托校企合作就业,要提高质量带就业,要依靠校友力量助就业,要努力实现顺利就业、对口就业、优质就业、订单整体就业、批量实现就业、提前落实就业,同时实现就业稳定率、岗位发展力,不断提高就业薪酬水平,与此同时,作为教育行政部门和社会各方,也要把加强学校就业工作的考核、促进就业工作更好地进行和深入下去。

(五)以合作发展为支撑

要实现人才培养的顺利进行尤其是就业工作的落实,高等职业教育必须从实际出发,走出象牙塔,谋求广泛的合作和支持,要认真领会和理解习近平总书记对职业教育做出的重要指示,坚持产教融合、校企合作,坚持工学结合、知行合一,不断探索和建立产教融合新机制。与此同时,要积极创造条件,探索建立集团化办学体制和机制,真正组建好政行校企集团化办学格局和体制机制,为学校发展和人才培养工作积聚更多更大资源。学校要适应区域和行业企业需求,坚持开放开门办学,经常深入行业企业积极开展人才需求等调研活动,不断拓宽办学路径和办学市场,为学校发展和学生就业创造更好条件,特别是当今科学技术日新月异,互联网广泛深入到我们的生活,新经济、新组织层出不穷,学校一定要适应新形势、研究新需求、谋求新发展,以合作发展、合作育人、合作办学、合作就业的新成果,彰显高水平学校的魅力。

当然,从学校发展和办学情况看,如何在抓好人才培养工作的基础上抓好科研和社会工作,如何开展多层次立体化职业培训和考证考级工作,如何参与到文化传承创新与技术技能积累过程中去,如何适应"一带一路"和国际化发展要求积极开展国际合作与交流,如何吸收国外优质资源改进人才培养工作,如何积极创造条件输出优质资源提高我国高等职业教育的国际影响力,均是我们在抓好根本基础上必须重视的,我们要因校制宜,积极创新创优创一流推动学校全面科学和谐发展。

四、遵循规律,不断提升学校办学品质

树立科学先进的高职办学理念,是我们办一所好学校的基础,在落实好三大主体、五个基本规律的同时,我们要充分利用各种可能的时机,提升学校的办学品质和水平。

(一)抓住各种有机时机

进入新世纪以来,党中央国务院高度重视高等职业教育发展,先后明确了高职"半壁江山",中职普大致相当等布局政策,推出了高职生均拨款 12000 元和中职免费义务教育经济政策,与此同时,先后实施了建设国家 100 所示范性高职院校、100 所国家骨干高职院校的措施,从而带动了部示范和省示范院校建设,中央财政还实施了专业服务产业转型升级项目,支撑建设了一大批国家级专业教学资源库,国家、省级示范建设也支持了一大批品牌和特色优势专业,应该说每一个项目,都带动了地方和行业企业的配套,调动了地方行业企业的资源和支持,唤起了全社会对高等职业教育的支持和重视,对于抓住机遇的学校来说,无疑是更大更快的进步。正因为这样,我们认为,对于立足于建设高水平、示范优质校的学校而言,如何充分利用各种政策和机遇,在提升品质和品牌影响上下功夫,值得研究。一是要有机遇意识,坚持

做到既当快马快鞭再奋蹄，又当不用扬鞭自奋蹄，抓住机遇、创造机遇，推动学校又好又快发展；二是要有一流意识，树立强烈的创先创优和创建一流意识，拉高标杆，自立目标，积极进取，多攀高峰；三是要有学习意识，坚持提倡学校之间、省市之间相互交流，相互学习，取长补短，扬长避短，超越发展，办出特色，办出水平。

(二)坚持走创新发展之路

高等职业教育是一个新的类型，在全球范围看，中国高等职业教育具有一定代表性甚至具有先行性或者独特性，因此，创新发展成为必然。纵观我国高等职业教育 30 多年的历史，可以说高等职业教育因创新而生、因创新而存、因创新而兴，也一定会因创新而强、因创新而优、因创新而特。各高职院校在创优做强的道路上，一定会坚持创新发展之道精神，积极探索创新发展之路，既要在构建校政行企合作发展体制机制上创新发展，也要在探索集团化办学、混合所有制改革、订单式人才培养等方面积极作为，还可以在联合共办四年制本科高等职业教育做些探索，努力形成多元化、多种类、特色发展之路，真正创造出中国特色、世界水平的高等职业教育，在做特做强自己的同时，为中国特色高等职业教育发展创造经验、示范引领。

(三)全面建设高品质高职教育

如何根据不同地区、不同行业、不同学校的特点创新发展并争先创优，既应该是优质高职院校的优秀品格，也应该是教育部实施高等职业教育创新发展行动计划的题中之义。在总结示范建设成果和经验的基础上，如何进一步凝练理念、积聚资源、做大做强，各学校也都在进行探索。浙江金融职业学院作为国家首批 28 所示范性高等职业院校之一，近年来明确以高品质幸福金院建设为抓手，以"以生为本榜样学校、尊师重教模范学校、改革创新先行学校、内涵建设先进学校、素质教育领先学校、文化建设特色学校、和谐建设典范学校、社会责任引领学校"为主要内容,进行了积极探索和大胆实践,有力推动了教师、学生、校友发展共同体建设,提高了学校治理能力和治理水平,更大大提高了人才培养质量,提升了学校品质和品牌,扩大了学校的社会影响力和美誉度,为引领中国特色高职教育发展做出了一定的贡献,其经验可以分享和推广。

　　总之,办出中国特色高等职业教育,建设一批理念先进、文化鲜明、质量优异、品牌卓越的高职院校十分重要,我们一定要鼓励创新、激励创新、遵循规律、大胆创造,通过扎实行动,努力开创更新更好的局面。

　　　　　　　　　　(来源:《天津职业大学学报》2017 年第 2 期)

牢牢掌握党对高校工作的领导权

周建松

摘　要：实施好党委领导下的校长负责制，应该准确理解和把握党委职责。要发挥好党委的领导作用，必须加强党的工作体系建设。学校党委注意抓好规划设计和阶段目标引领。

关键词：党的领导；高校；党委职责；工作体系

习近平总书记指出，"办好我国高等教育，必须坚持党的领导，牢牢掌握党对高校工作的领导权，使高校成为坚持党的领导的坚强阵地"，这一点任何时候都不能有丝毫动摇。在多年的实践中，浙江金融职业学院党委始终保持清醒和坚定意志，坚持和完善党委领导下的校长负责制不动摇，坚持党委对学校的全面领导职责不缺位，努力做好各个时期党建工作不松懈，较好地发挥了党委的领导核心作用、院（系）党总支的政治领导作用、基层党支部的战斗堡垒作用和师生党员的旗帜榜样作用，推动了培养高质量人才、建设高水平团队、打造高品质学校等各项工作的顺利开展，有力地支持和促进了学校各项事业健康发展。

一、履行党委总揽全局全面职责

在升格举办高等职业教育和高等职业教育大建设、大发展之际，在浙江金融职业学院党委正式成立之初，学校党委就清楚地认识到，学校要"打造百年品牌，实现基业长青"，必须确立健康品质发展模式，必须践行"特色鲜明、人民满意、师生幸福"的办学宗旨，必须坚持"学生为本、教师为基、校友为宗"，建设好教师学生校友发展共同体，必须达成共识、凝聚力量、汇聚资源。实现这些目标和要求,必须构建强有力的领导体系。在中国共产党作为执政党的历史条件下,必须坚持党对高校的领导,实行党委领导下的校长负责制。

如何贯彻落实好党委领导下的校长负责制,浙江金融职业学院党委认为,关键是要正确理解和把握党委的职责,并有效加以运行。经过反复研讨和实践,我们认为,高等学校要落实好《中国共产党普通高等学校基层组织工作条例》,实施好党委领导下的校长负责制,应该准确理解和把握党委职责。

第一,党要管党,从严治党。"打铁还需自身硬。"党委要发挥领导全面作用,必须把党组织自身建设好,把党的工作体系建设好。也就是说,管党务必从严,治党必须全面。

第二,党抓发展,科学和谐。"发展是党执政兴国的第一要务。"学校事业的发展方向、发展模式、发展政策自然应成为党委领导的重要内容。因此,党委要抓好科学决策、民主决策、程序决策,推动学校各项事业科学和谐、又好又快发展。

第三,党主育人,价值引领。党对学校的领导,要抓好政治和思想领导。党对学校的领导,既包括党的路线方针政策的贯彻执行,也包括高校的办学方向、文化氛围和师生价值观的引领,还包括主流意识形态和核心价值观在学校的地位,必须坚持由党委主导,由党委来实施引领。

第四,党蓄队伍,凝心聚力。办好中国特色社会主义学校,必须打造一支高素质高水平师资队伍和高素质专业化管理队伍,必须坚持党管干部、党管人才的原则,充分调动两支队伍的智慧、热情和创造性、积极性,积蓄并发挥教书育人、科学研究、社会服务、文化传承创新的正能量。

第五,党谋幸福,师生至上。"人民对美好生活的向往,就是我们的奋斗目标。"要落实这一理念,我们必须把师生幸福作为办学的重要宗旨和目标,凝心聚力,把带领全校师生员工共同建设和谐幸福的社会主义高等学校作为党委领导成效的落脚点,履行好党委的各项职责。

二、科学设计党建体系

浙江金融职业学院党委认为,要发挥好党委的领导作用,必须加强党的工作体系建设。从学校实际出发,我们在这几年开展了具体的实践,主要做法是:

一是构建党建工作"五个一"工作体系。即从高等职业学校实际出发,着力在教师和学生中抓好党建工作,按照"一个党委就是一个科学发展的决策集体,一个院(系)党总支就是一个开放育人的领导集体,一个基层党支部就是一个创新创业战斗集体,一个教师党员就是一面教书育人的旗帜,一个学生党员就是成才成长的榜样"的要求做好党建各项工作,层层明确要求、逐级分解责任,"把抓好党建作为最大的政绩"。

二是按"五型"要求加强领导班子建设。火车跑得快,全靠车头带;学校要发展,领导班子是关键。党委班子是学校的领导核心和政治核心,一定要自觉加强学习,找准自身定位,主动接受监督,勤奋廉洁工作,按照"忠诚、为民、担当、干净、务实、创新"的要求,努力把党委班子建设成为"忠诚担当型、学习研究型、开拓创新型、勤勉洁廉型、服务示范型"的领头雁。

三是构建好"五位一体"党风廉洁工作体系。要适应和按照党中央全面从严治党新要求,切实把全面从严治党和党风廉政建设作为党委的重要工作来抓,落实好党委在党风廉政建设方面的主体责任,努力构建"党委主体责任,党委书记第一责任,纪委监督责任,分管领导一岗双职责任和党委班子齐抓共管责任",人人负责、主体明确、横向到边、纵向到底的责任体系,切实抓好党风廉政建设。

四是深入在教师党员中开展"五带头"活动。营造良好的党建工作氛围,吸引和动员更多优秀中青年知识分子加入党组织,继续按照"中青年学术(学科)带头人以共产党员为主体、青年骨干教师以共产党员为优势,三育人优秀(先进)工作者以共产党员为多数"的目标做好工作。按照"一个教师党员就是一面教书育人旗帜"要求,在全体教师党员中深入开展"敬业爱校我带头、教书育人我带头、改革创新我带头、廉洁自律我带头、和谐建设我带头"活动,充分发挥教师党员在各项工作中的先锋模范作用,让党旗在教书育人、管理育人、服务育人中高高飘扬。

五是注重学生在"五个方面"发挥带头作用。青年学生可塑性强,充满朝气和活力,对加入党组织愿望强烈、申请积极,但不稳定、易变的情形也十分明显。如何保护好他们的政治热情,真正做到过程与结果、数量与质量、党建与育人的统一,真正做到思想上入党与组织上入党的一致,按照控制总量、优化结构、提高质量、发挥作用的总要求,做好引导全体、培养多数、发展适量的文章,不断提高党员发展和党员管理工作科学化水平。要在学生党员中真正树立榜样发挥学生党建工作正能量,深入开展"尊师爱校我带头、勤学苦练我带头、社会实践我带头、公益服务我带头、创新创业我带头"活动,真正把党旗树在学生成长发展前沿,以党建带团建,努力把新一代大学生培养成为中国特色社会主义合格建设者和可靠接班人,为实现"两个一百年"奋斗目标和中华民族伟大复兴中国梦提供人才保障。

当然,党建工作也是一门大学问,如何围绕中心、服务大局,正确处理好党委与行政、书记与校长、正职与副职、校部与院系、干部与群众的关系,也需要在实践中研究和探索并积累经验。

三、抓好发展目标引领，凝聚正能量

浙江金融职业学院从体制调整到升格办学到迁入新校区，至今已有17年左右时间。在整个建设发展进程中，学校党委始终注意抓好规划设计和阶段目标引领，以此作为凝聚人心、积聚正能量的重要途径和开展思想政治工作的重要抓手。抓好阶段性滚动目标设计，除了常规的五年规划、年度计划外，学校先后设计和实施了"办学升格、管理升级"工作创新与实践计划，先后实施了新世纪第一个、第二个"三五八工程"，即"三年实现规范（2001—2003年）、五年形成特色（2001—2005年）、八年争创一流（2001—2008年）"和"三年巩固深化（2009—2011年）、五年丰富内涵（2009—2013年）、八年提升层次（2009—2016年）"。明确滚动发展目标，既便于考核，又便于总结奖励，更便于脚踏实地抓落实，推动循序渐进科学发展。抓好重大发展机遇推动。无论是2003年的评估创优，还是2006年的创建国家示范性高职院校，学校党委都敏锐注意到这是凝聚人心、积聚力量做好工作的重要机会，必须牢牢把握。尽管当时强调校长负责，但党委书记都能自觉担负起第一责任人、第一角色去研判形势、分析对策、制订方案，积极争取各方面支持。在评估和项目建设的引领下，学校各项工作不断上台阶、出影响，走在全国同行前列。

四、以全面建设高品质幸福金院彰显党建工作魅力

在国家示范验收并取得优异成绩之后，学校党委抓好"三五八工程"的推进和实施，同时努力寻找新的发展机遇和目标。在这一过程中，学校党委认为，学校工作既需要快马加鞭自奋蹄，也需要不用扬鞭自奋蹄。在2013年初筹备第二次党代会时，经过反复讨论提出了"全

面建设更高品质幸福金院"的目标,并具体细化为"以生为本标杆学校、尊师重教模范学校、和谐建设典范学校、改革创新先行学校、内涵建设先进学校、素质教育领先学校、文化建设特色学校、社会责任引领学校",以此来统领工作。近5年的实践表明,目标明确、方向清楚,师生具有幸福感、责任感、荣誉感,各项工作就有了顺利推进的保障,不仅实现了学生优质就业、顺利就业、对口就业,教师得到了幸福的平台、个人的舞台和展台,学校也先后获得全国金融教育先进集体、全国职业教育先进集体、黄炎培职业教育优秀学校、全国学校就业工作50强、浙江省劳动模范集体等荣誉,彰显了高等职业教育的魅力和实力。

当前,全校师生正认真学习贯彻习近平总书记系列重要讲话精神,在上级党组织和学校党委的正确领导下,满怀信心地按照"做中国高等职业教育创新引领者"的目标奋勇前进。

参考文献

[1] 中国共产党普通高等学校基层组织工作条例[Z].2010-08-13.

[2] 中共中央办公厅关于坚持和完善普通高等学校党委领导下的校长负责制的实施意见[Z].2014-10-15.

[3] 王玲.贯彻全面从严治党要求　发挥高校党委领导核心作用[J].学校党建与思想教育,2016(17).

(来源:《中国高等教育》2017年第8期)

全面提升学校思想政治工作质量和水平

周建松

摘　要：做好高校思想政治工作既是一个政治站位问题，也是一个工作方法问题。本文从中央有关文件精神解读出发，结合浙江金融职业学院探索与实践，提出要在中国共产党领导下办学治校这个前提下，紧紧围绕立德树人构建立体化育人格局，加强思想政治工作队伍建设，构建良性运行和保障机制。

关键词：高职院校；思想政治工作；质量；水平

当前，全国高等教育战线正在认真学习贯彻党的十九大精神，进一步贯彻落实全国高校思想政治工作会议精神和中共中央、国务院印发的《关于加强和改进新形势下高校思想政治工作的意见》，提高政治站位，创新工作方法，研究和探索高校思想政治工作新路径，并结合各学校实际进行有效实践和探索。高等职业教育作为我国高等教育的组成部分和重要类型，如何按全国高校思想政治工作会议和中央文件的要求对标管理抓落实，创新实践抓特色，既是一个政治站位问题，也是一个工作方法问题，本文从中央有关文件精神出发，结合浙江金融职业学院实践做些思考和研究。

一、全面提升高职院校思想政治工作水平首先要把握在中国共产党领导下办学治校这个前提

习近平总书记指出，中国特色社会主义是改革开放以来党的全部理论和实践主题，全党必须高举中国特色社会主义伟大旗帜，牢固树

立中国特色社会主义道路自信、理论自信、制度自信、文化自信,确保党和国家事业始终沿着正确方向胜利前进。坚持和发展中国特色社会主义的第一要义是坚持和加强中国共产党的领导,在中国共产党领导下扎根中国大地,办好中国特色社会主义高校,这是检验和衡量高等学校办学治校水平的基本标志和根本前提,我们研究加强和改进高校思想政治工作,必须立足和把握这个前提和根本要义。

(一)坚持并加强党对高校的全面领导

高等学校是最基本的基层单位,它对高校的领导不仅是政治领导、思想领导,而且是全面领导。高等学校要认真学习贯彻《中国共产党章程》,学习贯彻《中国共产党普通高等学校基层组织工作条例》和中办下发的《关于坚持和完善普通高等学校党委领导下的校长负责制的实施意见》,坚持做到党委统揽全局、协调各方,切实加强党的政治建设、组织建设、思想建设、作风建设、纪律建设,要把制度建设贯穿始终,完善党建工作机制,推动党内生活政治化科学化,把全面从严治党和强化政治意识、大局意识、核心意识、看齐意识的要求落到实处,切实推进"两学一做"学习教育常态化、制度化。

(二)落实"四个服务"的基本要求

高校思想政治工作必须在中国共产党领导下,落实高等学校的基本定位,即高等学校必须做好为人民服务,为中国共产党治国理政服务,为巩固和发展中国特色社会主义制度服务,为改革开放和社会主义现代化建设服务,尤其是在培养什么人、怎么培养人、为谁培养人、办什么样的学校、怎么办学校等重大问题上态度明确,坚定不移地培养中国特色社会主义建设者和接班人。

(三)正确把握好办学社会主义方向

在中国共产党领导下办学治校必须在方向上把牢精准。具体来说,要坚持不懈传播马克思主义科学理论,办好思想政治理论课,加强马克思主义中国化实践研究,把握中国特色社会主义提高社会科学话语体系,把握意识形态主导权;要坚持和弘扬社会主义核心价值观,让富强、民主、文明、和谐、自由、平等、公正、法治和爱国、敬业、诚信、友善的社会主义核心价值观内化于心、外化于行。同时,坚持不懈促进高校和谐稳定,坚持不懈培养优良校风和学风。

(四)科学合理确定学校办学定位

高等职业教育既是高等教育的重要组成部分,也是职业教育的重要环节,具有高等教育和职业教育双重属性,主要任务是培养社会主义现代化生产建设服务管理第一线的高素质技术技能人才,服务区域发展,适应产业需求是服务基本面向。又红又专、德才能兼备应该是人才培养特色,这就为高等职业教育的办学定位和办学治校提供了基本依据,也为我国构建学校大思想政治格局奠定了重要基础。

二、全面提升高职院校思想政治工作水平必须紧紧围绕立德树人构建立体化育人格局

高等职业学校是育人的机构,立德树人是根本任务和基本职责,德才兼备、以德为先是基本要求和重要目标,因此,高等职业院校的思想政治工作必须据此来展开。

(一)把加强学生思想政治教育作为工作重点

习近平总书记指出,高等学校必须坚持以生为本、服务学生、关照

学生,必须把做好和加强学生思想政治教育放在突出位置。2014年5月4日,习近平总书记在同北京大学青年学生座谈时提出青年学生要自觉践行社会主义核心价值观,做到勤学、修德、明辨、笃实。在2016年12月7日召开的全国高校思想政治工作会议上,他又明确要求青年学生做到"四个正确认识",即正确认识世界和中国大势,正确认识中国特色和国际比较,正确认识时代责任和历史使命,正确认识远大抱负和脚踏实地。在2017年"五四"青年节前夕赴中国政法大学调研时,他又强调当代青年要树立与这个时代主题同心同向的理想信念,勇于担当这个时代赋予的历史责任,励志勤学、刻苦磨炼,在激情奋斗中绽放青春光芒、健康成长进步。习近平总书记还强调,青年成长发展路上,世界观人生观非常重要,就好比穿衣服扣扣子,第一扣扣错了,就容易走错路子,加强青年学生世界观人生观教育特别重要,必须重视对青年学生的价值引领,指导帮助青年学生树立远大理想、坚定信念,成就出彩人生。

(二)把加强教师队伍建设和教师思想政治工作作为关键工作

《中共中央国务院关于进一步加强和改进大学生思想政治教育的意见》(中发〔2004〕16号)和《中共中央国务院关于加强和改进新形势下高校思想政治工作的意见》(中发〔2016〕31号)的一个重要不同点在于前者聚焦大学生思想政治工作,后者聚焦高校思想政治工作,不仅内容和要求发生了重大变化,主体也发生了重大变化,加强教师的思想政治教育和思想政治工作也成为当前高校思想政治工作的重点。关于这一点,我们只要回顾一下党的十八大以来习近平总书记的讲话就可见一斑。早在2014年习近平总书记在与北京师范大学教师座谈时,他就明确要求广大高校教师要做有理想信念、有道德情操、有扎实学识、有仁爱之心的好老师。2016年习近平总书记在与八一中学师生座谈时要求广大教师做学生锤炼品格的引路人,做学生学习知识的引路人,做学生创新思维的引路人,做学生奉献祖国的引路人。在 2016 年 12 月 7 日召开的全国高校思想政治工作会议上,习近平总书记在谈到加强教师思想政治教育时,又指出广大教师要做到"四个统一",即坚持教书和育人的统一,坚持言传和身教相统一,坚持潜心问道和关注社会相统一,坚持学校自由和学术规范相统一。在新的历史条件下,要重视以美化心灵为主要导向的教师思政工作。

(三)把积极构建学校思想政治工作新生态作为创新点

为深入加强高校思想政治工作,中共教育部党组最近印发了《高校思想政治工作质量提升工程实施纲要》(教党〔2017〕62 号,以下简称《纲要》)。《纲要》明确了高校思想政治工作提升工程的目标原则、基本任务和主要内容,明确要求各高校切实构建十大育人体系,即课程育人质量提升体系、科研育人质量提升体系、实践育人质量提升体系、文化育人质量提升体系、网络育人质量提升体系、心理育人质量提升体系、管理育人质量提升体系、服务育人质量提升体系、资助育人质量提升体系、组织育人质量提升体系,在思想政治工作体系化建设上形成新的成效,形成高校思想政治工作新的有特点的生态体系,并要求统筹推进课程育人,着力加强科研育人,扎实推动实践育人,深入推进文化育人,创新推动网络育人,大力促进心理育人,切实强化管理育人,不断深化服务育人,全面推进资助育人,积极优化组织育人,真心形成全校各方面、各领域、各单位、各部门、各院系、各专业和全体教师干部后勤服务管理育人同心同向共同育人的生态,并带动学校家庭、社会互动育人良好氛围的形成。

(四)把营造积极向上的育人氛围作为基础工作

思想政治工作不是说教,也有科学规律可循,有科学方法可找,有切实可行的实施渠道,要营造全校上下积极上进、健康向上的良好氛围,形成做好思想政治工作的雄厚氛围和良好基础。一是要坚持按规律办事,要自觉遵循思想政治工作规律,遵循教书育人规律,遵循学生成长规律。二是要着力用好课堂教学这个主渠道,要让老师回归课堂、用好课堂,让三尺讲台承担更大责任、发挥更大作用,提倡和鼓励教师敬畏讲台、珍惜讲台、热爱讲台,潜心教学、教书育人,认认真真上好每一堂课,充分发挥思想政治课的主渠道作用,更要让所有课堂都发挥育人功能,并不断关注和创新课堂,切实提高课堂功效。三是更加注重以文化人、以文育人,积极推进校园文化和文化校园建设,加强美丽、青春、绿色校园建设,营造环境育人和全景育人文化,充分发挥共青团、学生社团和学术自治组织的作用,重视各课堂融合协调作用,形成做好思想政治工作的良好文化氛围。四是充分运用新媒体、新技术使思想政治工作活起来,也就是说,要适应互联网新时代,积极运用新媒体、新技术,推动思想工作跳出高校看高校,跳出高校看社会,使传统思想政治工作优势与信息技术高度融合,使思想政治工作联网上线,增强时代感和吸引力。

三、全面提升高职院校思想政治工作水平必须在加强思想政治工作队伍建设、提升思想政治工作队伍素质和水平上下功夫

思想政治工作是做人的工作,因此思想政治工作队伍的素质和水平与思想政治工作成效具有十分重要而密切的关系,要做好高职院校的思想政治工作,必须着力在队伍建设的数量和质量上下功夫。

(一)必须下大决心配齐配强思想政治工作力量

高校必须把思想政治工作队伍纳入高校人才工作队伍建设总体规划,并完善选择培养和考核机制,形成一支专职为主、专兼结合、数量

充足、素质优良的工作队伍。一是要按照思想政治工作人员和党务工作人员不低于全校师生人数 1‰ 的比例,配足配强思想政治工作专职人员,将其分布在组织、人事、学生、宣传和教师等工作部门。二是按照本科院校 1∶350 的比例,配足配好专职思想政治理论课教师,从高职院校的实际出发,因为课程和课时等原因,这个比例可略微放宽,但不应超出 1∶450—1∶400 的比例,而且一定是专职从事思想政治理论课教师,以适应中班化教学要求,有利于办好思想政治理论课。三是按照不低于 1∶200 的比例设置一线专职辅导员岗位,考虑到高职院校没有研究生可以帮助和协助相关工作,这个比例和数字必须保证和落实,与此同时,必须按照要求配备一定数量的心理健康教育专职人员,并保证每个班级都能配备班主任。

(二)要切实加强思想政治工作队伍的培养和建设

鼓励高职院校更多的教师干部从事学生思想政治工作是一件大事,需要智慧和政策倾斜支持。一是建立健全激励机制,大力实施双培计划,把优秀专业教师培养成优秀共产党员,把优秀共产党员培养成专业教师和专业带头人,使其把思想政治工作、教书育人和专业课程建设有机结合起来。二是要明确教师专业技术职务评聘和晋升的条件,新晋升高一级专业技术职务,至少有一年担任辅导员或班主任工作经历并考核合格,从高职院校实际出发,担任班主任年限应在三年(一届左右)为宜,以增强对教师的约束力。三是要加强教师干部从事思想政治能力和素质的培养和培训,在辅导员队伍建设中应强调中共党员身份,较大比例从事思想政治教育或相关专业,在思想政治理论课教师中,应明确新进教师原则上为中共党员,必须从本科开始就直接从事马克思主义理论或相关专业学习,以保证其理论功课和理论素养,同时应建立健全教师干部政治理论学习制度,及时传达党和国家的方针政策,将以习近平同志为核心的党中央治国理政新理念、新战略得到准确理解把握和及时贯彻落实,并具体到教书育人和学生思想政治工作中去。

(三)要加强共青团、学生会等青年组织和学生社团建设

思想政治工作是一项十分广泛的群众性工作,必须坚持专职和兼职相结合,并发挥群众组织的力量。一是要充分发挥共青团组织在高校思想政治工作中的生力军作用,建立健全好共青团基层组织制度,推行团建与党建同规划、同部署,并将推优入党作为基层团组织的重要工作职责,把共青团作为党的后备军的作用充分发挥好。二是要切实加强学生会组织建设,学生会是高校学生重要的自治组织,对学生开展自我教育、自我管理起着十分重要的作用,必须切实抓紧抓好,并从中培养起一大批志同道合、善于工作的思想政治工作联络员和中坚力量。三是要抓好学生社团建设,青年人思想活跃,才艺特长和兴趣爱好各异,加强学生社团组织建设,分别从理论学习、社会服务、专业提升、文娱体育、创新创业等各个角度做好联系、联结工作,在教师的指导下,既可以丰富学生的业务生活,活跃第二、第三课堂功能,又有利于提高和展示学生的特长,从中陶冶情操,对做好学生思想政治工作起到潜移默化的作用。

当然,高职院校思想政治工作任务是艰巨的,但只要形成合力,就一定会取得明显成效。

四、全面提升高职院校思想政治工作水平必须探索规律、把握重点,构建良性运行机制

做好高职院校的学生思想政治工作,既要传达学习好党和国家的方针政策,弘扬主旋律、打好主动仗,也要从每一个学校不同阶段的具体实际出发,做到有的放矢地开展工作。浙江金融职业学院作为国家

首批 28 所示范性高等职业院校之一，一直重视和加强党建和思想政治工作，重视党建和思想政治工作队伍建设，较好地发挥了引领风尚、促进发展、培育文化的作用，实现了教书育人、专业建设学校发展的全面进步，具体做法如下：

（一）以学生千日成长工程为引领，指导学生成长进步

如何做好高职学生的教育培养成才成长和发展引领工作，这既有规律，也有学问，浙江金融职业学院为此进行了大量调研和实践，并在认真研究和试点的基础上，在全校范围内实施了学生千日成长工程，千日成长工程旨在将学生在校大约 1000 天的时间，精心设计成一个贯穿始终、牢记目标、不忘初心，做有序推进的育人工程，工程明确提出一年级金院学子（强调学做人），二年级院系学友（强调学专业），三年级行业学徒（强调会做事）。通过千日成长规划、千日成长完成、千日成长记录、千日成长考核、千日成长奖评、千日成长总结等过程，努力促进学生千日天天成长、健康成长、快乐成长、幸福成长、持续成长、全面成长，较好地起到了凝聚人心、集中力量的作用，受到了中央组织部、中央宣传部、教育部党组，以及中共浙江省委、浙江省人民政府等各级党委政府的充分肯定，更大力促进了人才培养的有效性的全面提升，为学校品牌建设铸就了新的活力。并将在下阶段进一步抓落实，努力出典型、出成果。

（二）以教师千万培养工程为抓手，加强师资队伍建设

加强教师队伍建设既是思想政治工作的重要内容，同时，教师也是做好高校思想政治工作的重要主体，浙江金融职业学院近年来在具体的工作实践中坚持以学生为本、以教师为基，全面实施教师千万培养工程。也就是说，充分利用国家政策、教育部计划，会同浙江省金融教育基金会等力量，广泛筹措专项资金，在常规财政支出以外，综合形成每年 1000 万左右资金用于教师队伍的培养、奖励和激励,千万培养工程从定性上看,说明教师队伍建设十分重要。从数量上看,必须用足够的资金和投入支持,这个工程实施 7 年多来对凝聚共识、解决好教师队伍中的具体问题起到了十分重要的作用,对推动和谐幸福金院定义重大,教师的积极性得到充分发挥,尤其是近年来结合教师千万培养工程,学校提出了全面构建"三金机制"的理念,即青年教师培养与成长的金翅膀机制,中年教师稳定与发展的金台阶机制,老年教师幸福与安康的金色降落伞机制,进一步提升了各个层次教师的积极性和获得感,起到了更好的思想政治工作成效。

(三)以构建齐抓共管的思想政治机制为要求,形成思想政治工作合力

浙江金融职业学院在开展思想政治工作和办学治校过程中,注重整体功效和合力形成。一是重队伍,牢牢抓住渠道和机会,重视思想政治工作队伍,创办全国高职第一家马克思主义学院,创设富有特色的明理学院、淑女学院,以确保思想政治课和思想政治工作氛围,配足配强优化辅导员和思想政治工作专职队伍建设,以确保思想政治工作落到实处,确保班主任考核奖励机制落实,以调动教师参与思想政治工作的积极性。二是重机制,学校成立了由党委书记任组长的思想政治工作领导小组和党委书记任会长的思想政治研究会以及由党委书记为召集人的思想政治工作联席会,构建三位一体工作机制,把研究分析、调研决策、组织实施联同起来,从而较好地取得了思想政治工作成效。三是重氛围,学校注重和谐幸福的人文氛围营造,坚持以立德树人为主线,坚决守牢平安校园建设、党风廉政建设和意识形态建设三条底线,努力创造条件追求目标高线,并致力于打造中国高职教育标杆校,努力为实现"两个一百年"的中国梦和中华民族伟大复兴提供坚强的人才保障。

五、全面提升学校思想政治工作水平必须从实际出发，有所突破、有所创新、有所示范

这几年浙江金融职业学院从实际出发，探索做好思想政治工作的创新之路、有效之路，取得了一些成绩，在新的历史条件下，我们需要认真做好载体，以期有新的突破。

（一）以高品质幸福金院目标凝练办学治校共识

浙江金融职业学院从浙江银行学校升格而来，自升格办学后，学校就一直践行特色鲜明、人民满意、师生幸福的宗旨，确立了做学生欢迎之师、创社会满意之校、育时代有用之才的价值理念，以此统一办学治校的价值观。在 2008 年召开的学院第一次党代会上，学院党委明确提出建设活力金院、特色金院、品牌金院、和谐金院、幸福金院，有力推进了学校工作。在 2013 年召开的学校第二次党代会上，党委提出全面建设更高品质幸福金院，并把具体内涵表述为以生为本榜样学校、尊师重教模范学校、和谐建设典范学校、改革创新先行学校、内涵建设先进学校、素质教育领先学校、文化建设特色学校、社会责任引领学校，这既是对内思想的统一，也是对外理念的宣示，对凝聚全体师生和广大校友共识起到了极其重要的作用，成为此处无声胜有声的思想政治工作利器。

（二）以高标准建设好马克思主义学院作为重点

浙江金融职业学院创办了全国高职第一家马克思主义学院，为高职院校建设马克思主义学院开了一个头，赢得了许多赞誉，也获得了许多机会。最近，中共浙江省委宣传部和省委教育工委公布了省第一批重点马院建设单位，浙江金融职业学院榜上有名，这也是一个先河，

向全省为全国开了一个好头,有水平、有特色、有代表性,能代表高职应该是一个基本要求,为此,我们必须坚持按《高等学校马克思主义学院建设标准》,立足于课程与教学工作基础,着力把科研出成果作为关键,以示范引领作为彰显,把队伍建设作为保证,一定要把马克思主义学院建设作为党委工作重点,作为学院建设发展重中之重,把它作为思想政治建设、办学治校能力建设体现在中国共产党领导下扎根中国大地办中国特色社会主义高校的重点工作中,务求取得突效。

(三)办好中国特色社会主义理论研究中心研究基地

习近平总书记在新进中央委员会的委员、候补委员和省部级主要领导干部学习贯彻习近平新时代中国特色社会主义思想和党的十九大精神研讨班开班式上重要讲话(1月5日重要讲话)中指出,坚持和发展中国特色社会主义要一以贯之,推进党的建设新的伟大工程要一以贯之,增强忧患意识、防范风险挑战要一以贯之。习近平总书记在党的十九大报告中也明确提出,改革开放以来党的全部事业就是坚持和发展中国特色社会主义。正因为这样,开展中国特色社会主义理论研究,推动中国特色社会主义大发展必须持之以恒,作为浙江省高职院校的唯一入选单位,浙江金融职业学院基地运行一年来也取得了一些成绩,但如何更加集中力量、明确定位,整合资源和力量,抓出成效来,需要我们进一步达成共识,总而言之,我们要找好定位,结出更多的成果。

(四)抓好立体化多样性素质教育体系建设

党的十九大报告明确指出要发展素质教育,联系浙江金融职业学院的实际,我们在八个学校建设中,也明确提出要建设素质教育先进学校,也就是说我们要有先进的素质教育理念,采用多样化的素质教育体系和方式方法,创建素质教育先进学校。一是要坚持六个维度抓素质教育,即重视思想政治教育、解决好做人高度,重视人文素质教育、解决好做人厚度、重视专业素质教育、解决好做人深度、重视身体素质教育、解决好做人长度、重视心理素质教育、解决好做人宽度、重视创新创业教育、解决好做人强度。二是要积极创设多载体，重视和加强素质教育。办好马克思主义学院，发挥思想政治课主渠道作用；办好明理学院，强化五明理教学，推进德育生活化，提高立德树人成效；办好银领学院，实现职业素质与专业教学结合；办好淑女学院，全面提高金院女生职业素养和才艺特长；办好国际交流学院，切实提升学生跨文化交流能力和水平；办好笃行创新创业教育，把创新创业教育贯穿始终，增强学生创新意识和创业能力。三是积极开展全课程育人活动，引领全体教师加强课程思政，发挥好每一门课程、每一个课堂的育人作用。

（五）要持之以恒抓好爱生节建设，使之发挥在教书育人中的积极作用

"爱生节"也是我们学校首创的节日，2018 年将迎来十周年。当初设立爱生节，虽然也没经过什么严格的程序，但其目的是十分清楚的，那就是要通过设立一个节日，唤起全体教师对学生的爱，并以节日为抓手，推动以生为本理念的进一步实施，把我们所倡导的关爱学生进步、关注学生困难、关心学生就业工作的三关工作体系建设结合起来，在全校探索形成一个氛围，即爱学生至关重要。爱学生，对学校、对教师来说责无旁贷，今天，我们讨论如何加强和做好学生思想工作，爱生节其实真的十分重要，我们要以此为载体推动其深入开展，推动学生感恩回馈学校，成就发展。

做好高职院校思想政治工作是一项大政治、一门大学问，也是对学校党委办学治校能力水平的大考验、大锻炼，我们相信，在习近平新时代中国特色社会主义思想的正确指引下，做好高职院校思想政治工作一定会无往而不胜，立德树人也一定会功在当代、利在千秋。

（来源：《天津职业大学学报》2018 年第 2 期）

构建全课程立体化同向协同育人机制的思考与实践

周建松　孔德兰

摘　要:人才培养工作应该是一个立体化同向协同过程,提出构建思想政治理论课、学习与生活指导课、基础素质素养课、专业基础与专业课、技能与技术课、社会实践课、公共选修课等全课程同向协同育人机制,并以浙江金融职业学院探索与实践全课程立体化同向协同育人为例,介绍如何真正实现"所有课堂都有育人功能"。

关键词:全课程;立体化;协同育人;职业教育

习近平总书记在全国高校思想政治工作会议上指出"所有课堂都有育人功能,不能把思想政治工作只当作思想政治理论课的事,其他各门课程都要守好一段渠、种好责任田,要把做人做事的基本道理,把社会主义核心价值观的要求,把实现民族复兴的理想和责任融入各类课程教学之中,使各类课程与思想政治课同向同行,形成协同效应"。总书记的这一讲话,明确了高校教育教学和人才培养过程中课程的使命、任务和要求,我们应采取积极有效的措施加以贯彻落实,构建全课程立体化同向协同育人机制,真正形成教书育人正能量,为培养中国特色社会主义建设者和接班人夯实基础。

一、人才培养工作本身应该是一个立体化同向协同过程

遵循人类社会发展规律,根据为人民服务,为中国共产党治国理政服务,为巩固和发展中国特色社会主义制度服务,为改革开放和社会主义现代化建设服务的"四为"要求,我国的高等学校一直在探索育

人体制机制建设,党和政府更是在积极营造良好的育人环境,建设良好的条件,这是基于人的成长和发展的一个立体化综合性的培养要求,从理论上看,我们需要研究的问题有以下几方面。

(一)学校教育与家庭教育、社会教育的同向协同

在学校教育培养过程中,我们一直强调认真贯彻党的教育方针,培养德、智、体、美全面发展的人才,一直重视和强调正面引导、正面教育和正面培养。然而,我们必须看到的是,在人的成长过程中,学校教育培养固然重要,家庭和社会也起着十分重要的作用。有人说,家庭乃第一课堂,父母乃第一老师,这充分说明了家庭教育的重要性和影响力。与此同时,人又是环境的产物,全社会的观念意识和生态环境对人的成长和发展也会起着潜移默化的影响,正是从这个意义上讲,社会乃大课堂。正因为这样,家庭教育是大前提,学校教育是关键点,社会教育也不可忽视。为此,近年来,我们也在积极探索学校、家庭、社会互动育人机制。

(二)学校内部各组织、各部门教育培养的同向协同

学校是培养人的专门机构,在培养和造就中国特色社会主义建设者和接班人中担负着不可推卸的责任。为了促进人才培养工作的开展,学校建立了专门的机构与组织,开设了各个领域的相关课程,十分重视人才培养方案的制订与教师队伍的建设。在高等学校建立辅导员制度,并明确双重身份、双重待遇、双线晋升等,已上升为党中央的意志和要求。学校建立党团组织,并设立大量社团组织,其目的也是在此。在实践中,我们强调各司其职、各担其责,以形成良好的结构效应,促进育人工作的顺利进行和良好开展。

(三)学校人才培养方案中各门课程的同向协同

课堂是教书育人的重要场所,课程是培养人才的重要载体。在高等职业学校,为了促进学生从普通高中生向和谐职业人顺利转换,学校设计了各类课程,围绕培养高适应性职业化专门人才目标,立足于德、智、体、美全面发展。在教育部、财政部的历次重点建设项目方案中,也把专业建设放在重要位置,并将优化人才培养作为重点内容,其目的在于使课程结构更加合理,课程内容更加科学,课程面向更加务实,人才培养工作更加贴近目标、贴近学生、贴近需求,相互之间更为协同,以期形成综合有效的正能量。

二、全课程立体化同向协同机制的诉求分析

从学校教育培养角度,过去我们往往把高职院校的课程分为公共课、专业基础课和专业课。经过示范校建设后,主要包括思想政治理论课、学习与生活指导课、基础素质素养课、专业基础与专业课、技能与技术课、专业实习与社会实践课,另有公共选修课、社团活动和兴趣性组织等,不同类型的课程有不同使命和职责,在同向育人方面也有不同诉求。

(一)思想政治理论课

在我国,根据扎根中国大地办中国特色社会主义高校的要求,本科教育开设"思想道德修养与法律基础""毛泽东思想与中国特色社会主义概论""中国近现代史纲要""马克思主义原理"等课程,同时开设"形势与政策"课程;而在高等职业院校,则要求开设"思想道德修养与法律基础""毛泽东思想与中国特色社会主义概论""形势与政策"课程。思想政治理论课是最为直接的思想政治教育课程,旨在着力解决好对

马克思主义的理解与认识信仰问题,对马克思主义中国化的理解与认同问题,对道德和法律的观念和修养问题以及对形势与政策的正确把握问题,必须倡导主旋律,激发正能量,与中国共产党治国理政和中国特色社会主义正向同行。

(二)学习与生活指导课

各高职院校从实际出发,一般都开设有学习、生活和工作方面的指导和励志类课程,这类课程普遍具有实用性。这类课程的基本要求是在理论、理念和实践方面具有正确的世界观,正确的立场、观点和方法,对学生的学习、生活和工作具有指导和帮助作用,有利于鼓舞士气、激励人生,增强学生对人生、对生活、对工作、对社会、对未来的信心和力量。

(三)基础素质素养课

这类课程一般主要是体育、艺术类课程,体育类课程应根据青少年身体发育和人生发展规律,培养良好的生活规律,养成良好的运动和锻炼习惯,并结合专业特点,培养若干专业长项和体育特长,真正形成"每天锻炼一小时、健康工作五十年、幸福生活一辈子"的良好机制。艺术类课程则要培养学生的审美情趣和艺术修养,并培育学生的人生志趣、工作乐趣和生活情趣。通过这些课程,进一步增强为自己、为单位、为家庭、为社会、为国家快乐工作,舒心生活幸福创新创业的满满正能量。

(四)专业基础与专业课

这类课程是高等职业教育的主干课程,其重要任务是让学生理解从事相关职业所需要的基本理论、基本业务流程,了解相关专业的过去、现状和将来。从一定意义上说,这类课程是专业学习的主干和本分,必须重视和加强。但这些课程的学习,要防止出现纯粹的就业务讲业务、就理论讲理论的情况,要重视良好职业道德的培养,注意用正确的世界观、人生观、价值观正确对待职业、理性对待岗位、客观对待业务。

(五)技能与技术课

重视技能与技术课的学习是职业教育的一个特点。从理论上讲,技能与技术课看似是方法和技巧问题,但其实不然,这其中既包含着勤奋的作风、扎实的学风和勤学苦练的品格,也包含着对人的意志的磨炼,与人的思想境界、进取精神、锲而不舍的态度和争先创优、勇创一流的理念的形成都密切相关。

(六)专业实习与社会实践课

按照高等职业教育人才培养工作规程和要求,高职院校应当有六个月以上的顶岗实习,同时还有相当一部分认知实习和专业实习,此外也有不少的实践活动。专业实习主要解决理论与实践结合问题以及理论知识的转化问题,而社会实践则主要是进一步了解社会、了解行业企业、了解经济社会发展问题,强调学以致用,强调尊重客观实际,强调要用理论知识和本领来为人民服务、为人类造福。

(七)公共选修课

为满足学生兴趣爱好,拓宽学生知识面,丰富学生综合生活,高职院校普遍开设诸多的公共选修课。通常来讲,学生只需选学若干门类若干课程就可以达标,学习这些课程的选择权在学生手中,其教学目标主要是拓宽知识面、满足兴趣爱好,教学的基本要求是知识准确、理论正确、方法科学、充满正气,真正有利于学校的发展。

(八)社团活动和兴趣性组织

为丰富学生课余生活,提高学生学习兴趣,培养学生能力,学校一般都鼓励学生发起社团组织,建立学生兴趣小组(社团组织),在教师指导下开展活动。其目的是丰富生活、培养能力、提高服务社会能力,当然,也有为能够提高和增强学习效果而开展的课程社团化等活动。对此,我们要防止把社会上存在的不良风气带进社团组织,如形式主义、官本位等,真正实现建立社团组织的初衷,达到活动育人的成效。

三、全课程立体化同向协同机制的浙江金融职业学院实践

浙江金融职业学院作为全国首批国家示范性高等职业院校之一,近年来一直致力于践行"特色鲜明、人民满意、师生幸福"的办学宗旨,确立"做学生欢迎之师、育时代有用之才、创社会满意之校"的价值理念,全面建设高品质幸福金院,在育人体系建设上进行积极有效的探索,其中创造性地设立了"爱生节",创设了"千日成长工程"等,在全课程立体化同向协同机制上有积极的实践探索并收到明显成效。

(一)率先在全国高职院校创设马克思主义学院,充分发挥思想政治课主渠道作用

浙江金融职业学院认为,要更好发挥思想政治课功效,必须有更大胆的体制机制创新。2015 年 9 月 23 日,在中共浙江省委宣传部和浙江省委教育工委的关心下,全国高职院校首家马克思主义学院在浙江金融职业学院成立。马克思主义学院的成立,最大的标志是理直气壮举起马克思主义旗帜,最大的影响是进一步增强马克思主义在办学和人才培养过程中的指导地位,同时,将进一步重视马克思主义理论

尤其是马克思主义中国化理论与实践研究,加强思想政治课建设和改革创新,全面系统地对学生进行马克思主义理论教育和思想政治引导。马克思学院要求每一位教师必须是中共党员,对马克思主义必须真懂真信真学真用真教。这一举措受到了教育部社科司的肯定,也被全国高职院校学习与仿效。

(二)创立明理学院,以课程教学和德育生活化为理念,加强学生明理教育

学院于 2009 年开始设立明理学院,以明法理、明事理、明学理、明德理、明情理为目标。对在校学生进行基础文明和人文素质课程教育、励志教育。先后开设"诚信文化理论与修养""大学生学习生活指导""心理健康教育""职业生涯规划""学生规章制度与行为规范"等课程和专题,奠定学生为人处事的基石。培养学生守法纪、懂做人、会生活、爱学习、能做事。明法理是指通过法律知识宣讲、普法知识竞赛等,让学生最大限度地将法律规范、法律意识、法律精神和依法理念内化于心、外化于行,成为自觉遵循的行为规范,形成较强的社会责任感和法律信仰观念。明德理是指通过"诚信人生""明理人生""学生生活指导"课程的教学,明理大讲堂讲座、明理实践等,让学生明白做人的道理,明白道德修养对自我生命及其对社会做贡献的重要性,从而明白加强自身道德修养的道理。明情理是一种持续的心理状态,引导学生对人情的知会通达和良好把握,做到个人内部环境及外部世界之间达到最高效率及快乐感受的适应,从而保持情绪上的平衡,具有生命的活力。明学理就是通过专门的课程和讲座,教会学生合理区分大学学习与中学学习的不同特点,从而掌握科学有效的学习方法,引导学生树立自主学习意识,能在知识的海洋里自由翱翔。明事理就是借助第一、第二、第三课堂,让学生了解做人做事的方法,养成良好的生活习惯,在面对任何工作和事物的时候,能够有坚定的原则和目标,能够临危不乱、有条不紊地将事情梳理清楚、顺利解决。

(三)创设淑女学院,以四季课程和线上线下学习加强女生职业素养教育

财经类高职院校的特点就是女生多,而女生就业相对也更难一些,针对这一情形,浙江金融职业学院于2010年创设了淑女学院,旨在通过公开选修课程、社团组织活动、春夏秋冬四季课程和线上线下学习等形式,系统地加强对在校女生职业素养和特长才艺的培养,以达到美心、美德、美艺、美仪、美智的效果。例如开设当家理财院校课程,练习琴棋书画功夫,较好地提高了女生的素养和能力。

(四)创设银领学院,通过校企合作课程,强化人才培养综合成效

浙江金融职业学院于2008年起创设银领学院。银领学院以"订单培养"为始点,以校企合作为平台,以开放办学为特征,以工学结合为载体,以双师团队为依托,以优质银领为目标,学校与委托订单培养双方合作办学、合作开课、合作育人、合作就业,把理论与实践、通识与特殊、业务与技艺、制度与文化紧密结合,由校企双方组成紧密型教学和管理团队共同执教和管理。十年的实践证明,培养效果十分务实有效,银领学院成为全国高职教育界的靓丽风景。

(五)创设笃行创新创业教育学院,将创新创业教育贯穿人才培养全过程

大众创业、万众创新是党中央、国务院做出的重大战略决策,要全面加强创新创业教育。浙江金融职业学院于2006年设立笃行创业学院,2012年又更名为笃行创新创业学院,通过开设全校"创新创业基础"通识课,建立创新创业教学模块,开展创新创业实战等途径,把对学生的创新精神和创业意识培养落到实处,培养了一批创业积极分子和企业家,同时也促进了校企合作共生体建设,笃行学风也得到进一步光大发扬。

(六)全面推进"七彩金院、交相辉映"战略实施,促进各专业特色发展

浙江金融职业学院将全校 21 个专业按专业群分设为金融管理、投资管理、会计、工商管理、国际商务、人文艺术和信息与互联网 7 个二级学院,分别根据不同专业及专业群要求开设系统化专业基础和专业技能课程,各门课程分别承担业务传授、技能训练和思想政治课功能,二级学院办出各自专业特色,相互之间协作支持,共同构成同向协同、各具特色的人才培养模式。

为落实高就业率、高适应性、高素质、高技能、高发展力的"五高"要求,浙江金融职业学院奠定了扎实基础,通过推进特色鲜明、人民满意、师生幸福的高品质魅力金院的建设,创造了全课程立体化同向协同育人机制的成功模式,诠释了扎根中国大地办中国特色高职教育的金院模式,真正实现"所有课堂都有育人功能"。

参考文献

[1] 吴晶,胡浩.把思想政治工作贯穿教育教学全过程开创我国高等教育事业发展新局面[N].中国教育报,2016-12-09(01).

[2] 周建松.高等职业教育的逻辑[M].杭州:浙江大学出版社,2011.

[3] 王文涛."以学生为中心"的高职教育课程建设新范式[J].中国高教研究,2014(12).

(来源:《中国职业技术教育》2017 年第 11 期)

第三篇

专业建设

高职院校专业建设实践回顾与提升策略

——基于《高等职业教育创新发展行动计划》骨干专业建设的视角

周建松

摘　要:专业建设是高职院校内涵发展的重要基础,也是创新发展高等职业教育的重要路径。新世纪以来我国高职教育在专业建设中取得了丰硕的成果,积累了丰厚的经验。对照《高等职业教育创新发展行动计划(2015—2018 年)》提升专业建设水平总要求和具体任务举措,贯彻产教融合、校企合作主线,从紧贴产业发展和市场需求建专业、注重专业建设与素质教育的有机融合、发挥专业带头人的引领作用、改善实习实训教学条件等方面进一步提升高职院校专业建设水平。

关键词:高职院校;专业建设;《高等职业教育创新发展行动计划》;

路径

专业建设是高职院校内涵发展的重要基础,在高职院校建设和发展中处于龙头地位。随着高等职业教育从外延发展向内涵发展转型,特别是随着《高等职业教育创新发展行动计划(2015—2018 年)》(以下简称《行动计划》)[1]的实施,深化高等职业教育人才培养模式改革,优化高等职业教育人才培养模式,全面提升专业建设水平和人才培养质量,被进一步提高到前所未有的位置。但如何真正提高高职院校的专业建设水平,仍是一项十分复杂的系统工程,事关高职教育整体质量、水平和声誉,事关高职教育服务区域经济社会发展和行业企业的能力,事关高等职业教育的长期存在和可持续发展,必须找准规律、创新实践、积极作为。本人拟结合《行动计划》的精神内涵,立足于引领建设好 3000 个骨干专业的视角,在回顾高等职业教育专业建设实践基础上,试图探索和把握高职院校专业建设的规律与真谛,并探寻进一步提升高职院校专业建设水平的实践路径。

一、新高职地位确立后高职院校始终重视专业建设

1998 年,党中央、国务院做出了推进高等教育大众化的重要决策,大力发展高等职业教育成为其中重要的举措。国务院授权省级(市、自治区)人民政府统筹省域高等职业教育并将专科层次高等职业院校的设立审批权限下放给省级(市、自治区)人民政府。这项政策发布后,高职院校(通称新高职)取得了前所未有的大发展,并迅速成为高等教育的"半壁江山"。为规范办学和教学管理,教育部陆续出台了一系列文件和项目,旨在引导和促进高职院校提高专业建设能力与水平。回顾新世纪以来,新高职在专业建设上所走过的路,具有十分重要的意义。

（一）高职院校专业建设之路的简要回顾

从新高职发展之初,教育部就十分重视高职院校的专业建设,在重视和加强专业目录设置规格和专业建设的同时,根据不同时期推出了若干引领专业建设和发展的重点举措,现择要分析如下。

1.新世纪教改试点。早在 2000 年,教育部发布了《关于加强高职高专教育人才培养工作的意见》(教高〔2000〕2 号)[2],明确提出,专业设置是社会需求与高职高专实际工作紧密结合的纽带,也明确推进专业建设规范化的指导意见,为防止和克服"本科压缩型"教学模式的继续,教育部推进了一批新世纪教改专业项目,希望通过试点和改革,在创新高职高专人才培养上有所成效。

2.重点建设专业。2004 年,教育部下发了《关于以就业为导向深化高等职业教育改革的若干意见》(教高〔2004〕1 号)[3],首次统一了高等职业教育名称,确立了以就业为导向的专业建设和教学改革思路。各地教育部门积极开展行动,在财政等部门的支持下,按照"学校申报、专家评审、财政资助、工程推动"的方式,在全国和各省支持了一批以就业导向为改革方向的重点建设专业,形成了我国高等职业教育专业建设新框架。

3.国家示范重点建设专业。2006 年注定是我国高等职业教育发展史上极其重要的时期,教育部会同财政部发布了《关于实施国家示范性高等职业院校建设计划 加快高等职业教育改革与发展的意见》(教高〔2006〕14 号)[4],启动了国家示范性高等职业院校建设计划;此后教育部发布《关于全面提高高等职业教育教学质量的若干意见》(教高〔2006〕16 号)[5]。国家示范性高职院校计划以专业建设为重点,明确选择 500 个左右办学理念先进、产学结合紧密、特色鲜明、就业率高的专业进行重点建设,以推进形成一批骨干和重点专业,经过两年建设,443 个重点专业建设成效显著,培养了一批专业带头人。

4.国家骨干高职重点建设专业。2010年,教育部、财政部联合发布《关于进一步推进"国家示范性高等职业院校建设计划"实施工作的通知》(教高〔2010〕8号)[6],部署了新一轮骨干高职院校建设,并继续明确把专业建设与人才培养模式改革作为重点内容之一,要求主动适应区域产业结构升级需要,同时调整专业结构,深化订单培养、工学交替等多样化的人才培养模式改革。据此,全国约有500个专业在中央财政支持下进行重点建设。

5.优势特色专业建设。伴随着国家示范和国家骨干高职建设项目的深入,大部分省市和一些部委参照教育部、财政部的经验和做法,也实施了重点专业建设项目。随后,又有一些省市集中推出了优势和特色专业项目,所谓优势就是办学规模较大、集中度相对突出的专业。所谓特色就是在技术技能积累中具有明显优势和特点的专业项目,其目的就是要带动和促进专业建设水平和人才培养质量的提高。

6.提升专业服务产业发展能力项目。2011年,教育部、财政部出台了《关于支持高等职业学校提升专业服务产业发展能力的通知》(教职成〔2011〕11号)[7],明确提出各高职院校要围绕现代农业、制造业发展重要方向、战略性新兴产业、生产和生活性服务业等重点领域和地方经济社会发展需要建设专业。有选择地支持一批紧贴产业发展需求、校企深度融合、社会认可度高且就业好的专业进行重点建设,并将专业分为产业支撑型、人才紧缺型、特色引领型和国际合作型。严格的遴选标准和好中选优的特点,使专业具有重点建设色彩,其推动成效也十分明显。

(二)高职院校专业建设取得的主要成绩

新世纪以来经过多轮的推进和引导,尤其是中央财政的重点投入撬动,高职院校专业建设取得了令人十分欢喜的成绩,主要表现为:

1.适合高等职业教育特点的专业目录基本形成。如果说高等职业教育兴办初期是照搬了高等专科教育,实际上办成了"本科压缩饼干",只是简单地把学科体系改为专业体系;那么经过几轮的调整和完善,在千余所高职院校的广泛实践、行业企业广泛参与、教育行政部门和专家的指导下,高职特点的专业目标得到充分展示。同时,一大批为培养生产建设管理服务第一线高素质技术技能人才的新专业应运而建,到目前为止,几经修改,专业目录体系已经形成。

2.专业建设在高职教育的龙头地位已经确立。如果说,新高职发展之初,人们只是沿着老高专办法抓专业,那么,经过一轮又一轮的改革和建设,人们已经普遍认识到,普通教育的基本特征是课程,大学教育的基本特征在学科,而职业教育的基点在专业,专业在高职院校建设中居于龙头地位,牵一发而动全身,只有建设一大批好的专业即招生受考生欢迎、就业受市场欢迎、条件得到保障的专业,学校才会立于不败之地。

3.一大批较高水平专业初步形成。从新世纪教改,特别是国家示范和骨干建设,再到提升专业服务产业发展能力,先后有20000个专业受到中央财政专项支持,再加上省部示范建设,全国至少约有30000个专业点受到财政专门资助。在项目建设中,由于贯彻了产业发展需求、校企合作、产教融合、工学结合的理念,传统封闭式压缩饼干型模式已经被打破、开放,合作理念建专业机制已经形成,再加上近百个专业实施职业教育国家级资源库项目建设,若干国内一流、国际先进水平的专业也正在形成。

(三)高职院校专业建设积累的基本经验

如前所述,新世纪以来,国家教育部门和财政部门一直比较重视高职院校专业建设,也采取了非常有力的措施,不仅有效地推动了专业建设水平的提高,而且也积累了专业建设的基本经验。

1.专业建设在高等职业教育发展中具有重要地位。因为专业品质是一所高职院校办学水平的标志性要素,专业竞争力水平反映了一所高职院校的实力和水平,专业结构也是学校办学结构和学校特点特色的标志,专业更是考生和家长及社会选择学校的重要依据,也是学校走向市场、走向社会,实现职业发展的通道。

2.适应产业发展是专业建设的重要前提。一个专业要得到发展要考虑所谓的办学条件,如老师、教学资源、教学设备等,但更要考虑专业存在的市场要求和社会价值,必须在产业发展适需的情况下才有价值。为此专业建设必须具有前瞻性,同时院校要积极主动地对专业进行改造甚至阅片。

3.产教融合、校企合作是专业建设的必由之路。也就是说,高等职业教育的专业建设要走向成功必须把握开放办学、开门办学这个特征,建立与产教发展的融合机制,与行业企业的合作机制,在这一框架下推进工作与学习的结合,培养知行合一的专业人才。

4.专业带头人在专业建设中起着十分重要的作用。近二十年来的实践证明,几轮项目建设的经验也表明,专业带头人是专业建设的重要力量,一个高水平专业带头人或高水平的专业团队,就能较好地引领专业团队深化教学改革、创新人才培养模式、提高专业人才培养质量。

5.课程体系建设是专业建设的重点。在探索重点专业建设过程中,课程体系、教学内容及方法改革一直是重点。为了突破"本科压缩饼干式"人才培养模式的不足,这些年,特别是在国家示范性高职院校建设和骨干高职院校建设过程中,先后引入了工学结合人才培养模式改革、工作过程系统化课程改革、项目化课程改革等,促进了教学内容和课程体系建设,对专业建设起了重要的基础性作用。

6.师资队伍建设是提高专业建设水平的关键。除了高水平专业带头人尤其重要外,青年和骨干教师队伍梯队建设,专兼结合双师型教学团队建设一直受到关注和重视,这是推动专业建设上水平的重要的决定力量。

7.重点项目建设推动专业建设又好又快发展。尤其是中央财政支持和撬动的国家示范、国家骨干和提升专业服务产业发展能力项目,大大改善了专业建设基础条件,扩大了高职院校专业的社会影响力和社会地位,积累了专业建设和教学改革的经验。实践证明,项目建设十分重要,人、财、物支持必不可少。

二、《行动计划》关于提升专业建设水平的思路和要求

在高等职业教育发展的不同阶段,教育行政主管部门和国家财政管理部门都会出台有关院校建设和专业改革的指导性文件。2015 年,教育部为贯彻落实全国职业教育工作会议精神,先后发布了《教育部关于深入推进职业教育集团化办学的意见》(教职成〔2015〕4 号)[8]、《教育部关于深化职业教育教学改革 全面提高人才培养质量的若干意见》(教职成〔2015〕6 号)[9]和《教育部关于印发〈职业院校管理水平提升行动计划(2015—2018 年)〉的通知》(教职成〔2015〕7 号)[10]等文件,围绕深化教育教学改革,加强专业建设,提高办学治校水平和人才培养质量做了全面部署,并提出了指导意见,其中《行动计划》关于专业建设做了重点阐述和安排,笔者择要概括如下。

(一)《行动计划》提升专业建设水平的总要求

《行动计划》明确根据区域特点,以专业建设为重点,提升要素质量,创新发展形式,扩大优质教育资源的总量和覆盖面,提高区域高等职业教育的均衡程度和社会认可度。具体来说,加强专科高职院校的专业建设,凝练专业方向、改善实训条件、深化教学改革、整体提升专业水平。要着力支持紧贴产业发展、校企深度合作、社会认可度的骨干专业。支持专科高等职业院校与技术先进、管理规范、社会责任感强的规

模以上企业深度合作,营造生产性实训基地、面向企业的创新需求,依托重点专业(群)、校企共建研发机构,应当面向国家重点发展产业,提高专业的技术协同创新能力,促进区域产业结构调整和新兴产业发展。探索发展本科层次职业教育,培养适应"中国制造 2025"需要的不同层次人才。

(二)《行动计划》围绕专业建设的其他主要任务和举措

在文件正文和附件中,围绕提升专业建设水平,教育部列出了诸多任务(以下简称 RW)清单,具体如下:

RW—1:加强与信誉良好的国际组织、跨国企业及职业教育发达国家开展交流与合作。

RW—2:学习和引进国际先进成熟适用的职业标准、专业课程、教材体系和数字化教学资源。

RW—3:选择类型相同、专业相近的国(境)外高水平院校联合开发课程,共建专业、专业实验室或实训基地,建立教师交流、学生交流、学分互设等合作关系。

RW—5:举办高水平中外合作项目和机构。

RW—7:实施高等职业院校专业骨干教师国家级、省级培训计划。

RW—8:加强职业技术师范院校建设。

RW—9:支持专科高等职业院校按照有关规定自主聘请兼职教师等。

RW—15:开展设立专科高职院校学位的可行性研究。

RW—17:修订一批专科高等职业教育专业教学标准和实验实训各技术标准。

RW—18:修订高等职业院校专业目录和高等职业院校专业设置管理方法。

RW—36:优化院校布局,调整专业结构。

RW—37：建立产业结构调整驱动专业设置与改革产业技术进步驱动课程改革的机制。

RW—39：优先保证新技术新材料相关产业发展。

RW—40：加强现代服务业急需人才培养，加快满足社会建设和社会管理人才需求。

RW—41：扩大与"一带一路"沿线国家的职业教育合作，服务"走出去"需求。

RW—42：促进专业教育与创新创业教育的有机融合。

RW—43：探索将学生完成的创新实验、发表的论文、申请的专利技术、自主创业成果等折算成学分。

（三）《行动计划》推进专业建设的其他综合提升项目

在《行动计划》中的扩大优质教育资源部分，进一步明确了若干建设项目，除了备受关注的 200 所优质专科高等职业院校以外，3000 个左右骨干专业建设项目，1200 个左右校企共建的生产性实训基地项目都在列，其中还有一批新建国家级职业教学资源库项目和精品在线开放课程项目以及相应的省级项目，另外还有开展现代学徒制试点等。应该说，3000 个左右骨干专业建设和 200 个左右国家级职业教育资源库项目带有综合性，对提升高等职业院校专业建设能力和水平是一个有力的促进和推动。

三、基于创新发展理念的高职院校专业建设水平提升之路

全面回顾新世纪以来国家有关方面对推进专业建设的理念和建设成效，认真梳理《行动计划》有关加强专业建设、提升专业建设水平的政策要求和具体任务举措，我们以为，在新一轮高职教育创新发展行

动中,必须把专业建设和提升专业建设水平作为重中之重,同时,也必须采取创新又务实的举措来有力推动专业建设深化。[11]具体来说,基于创新发展理念的专业建设水平提升主要包括以下路径。

(一)要紧贴产业发展和市场需求建专业

产业发展之必需和市场需求之迫切是办好高等职业院校专业的重要前提,离开了这样一个前提,专业建设就无从谈起,甚至专业布点越多,招生规模越大,形成负面效应也可能越大。因此提升专业建设水平,打造骨干和龙头专业首先必须研究国民经济和社会发展所需,研究市场对人才的具体需求,具体来说:一是要研究产业,研究产业发展规律及其对各类型、各层次人才的需求,坚持需求导向设专业,研究专业设置对接产业需求的具体方法。二是要认真研究"一带一路"倡议、"中国制造 2025"、精准扶贫等国家战略对技术技能人才的需求,围绕国家战略调整优化专业设置,尤其是要适应"走出去"影响,培养复合型技术技能人才。三是要研究现代农业、先进制造业和现代服务业发展变化趋势,在趋势把握中超前运作,为经济转型升级和技术进步培养适需人才,真正实现毕业生与岗位需求的有机乃至无缝对接。

(二)要正确合理把握专业设置定位

在教育部的一系列文件和项目方案中,反复出现专科高等职业院校的提法,笔者认为,这并不是画蛇添足,而是要求我们正确合理定位。一是要把握高职教育是高教性与职教性的复合体,立足于贯彻高教与职教双重属性办学,既要体现高等教育即高中后教育的特点和要求,也要贯彻现代职业教育体系的要求,充分体现职业教育特点。二是要把握专科层次高职教育这个度,不能好高骛远,而是要从实际出发,不能放弃高等教育要求,要立足于贯彻服务发展和促进就业的导向和宗旨,为生产、建设、管理、服务第一线培养高素质技术技能人才。三是要根据高等职业教育具体办学情况设置和布局专业,既要考虑学生学业发展进阶需要,也要考虑中高职衔接,同时要考虑专科高职院校这个层次,既要防止办成"本科压缩饼干",也要保持高等教育必需的知识含量,真正做到高职之高不缺位、不越位,高职之职有席位、有地位,高职教育不错位、有正位[12]。

(三)要建立紧密有效的校企合作体制机制

校企合作既是高等职业教育办学的必由之路,也是建设高水平专业的必由之路,为此,抓好专业建设:一是必须坚持开放开门办学,研究市场、关注市场、适应市场、服务市场,在服务需求中发挥专业优势。二是必须注重与技术先进、管理规范、社会责任感强的规模以上企业合作,合作的内容可以多样化,包括共建生产性实训基地、共建研发机构等等,在合作中实现互利共赢和长期共同进步。三是校企合作共建专业建设指导委员会,共建生产技术培训、继续教育等基地,真正形成一个专业建设指导委员就是一批行业企业兼职老师,就是一批实践实训基地、一批就业创业基地、一批教师社会服务基地的统一,以切实增强校企合作的全面性和有效性。

(四)要注重专业建设与素质教育的有机融合

高等职业教育以专业建设为龙头,这无疑是十分正确的,但立德树人是一个综合概念。专业建设一是要与素质教育有机融合,要重视思想政治教育提升学生素质高度,重视人文素质教育,提升学生做人厚度,重视身体素质锻炼,提升学生做人长度,重视心理素质养成,提升学生做人宽度,重视创新创业教育,提升学生做人强度,重视专业基础、专业技能教育和训练,把学生人生有效发展引向纵深,要关注学生职业生源规划,更好地引导学生实现科学人生发展。在这一过程中,尤其是要引导学生热爱专业,具有专业情怀和职业理想,修炼职业道德和职业良心,在专业成才的同时实现成功人生。

(五)要充分发挥专业带头人的有效引领作用

专业带头人既是专业人才培养方案的设计者,专业主干课程的建设和承担者,专业教学团队的培育和引领者,专业文化建设的开发和引领者,同时也是学生职业生活规划的引导者,还是专业建设和运行的管理者,在专业建设中角色特殊,十分重要。在提升专业建设进程中:一是要选好专业带头人,要充分考虑、全面衡量其专业学识水平、教育教学能力、师德师风修养、教学管理能力,经过竞争择优形式加以遴选。二是要落实和保证专业带头人的待遇,努力创造条件使专业带头人成为政治上最为鲜红、经济上最为优厚、社会上最受尊重的人,成为学校专业发展不可或缺的中流砥柱。三是要注重专业带头人的培养提高,学校和政府有关方面可通过设立工程专项等形式,通过名师工程等办法支持、资助专业带头人,在出国进修、国内研修、行业企业挂职兼职等方面为其提供便利,切实为专业带头人履职营造环境,为专业带头人发挥作用创造条件,为专业带头人提升水平创造机会和平台。

(六)要切实加强教师队伍建设,提高教学团队综合能力

教师队伍水平在重点和骨干专业建设中发挥着十分重要的作用,必须高度重视和切实加强。一是要着力加强教师队伍的思想政治教育,增强其师德修养水平,要教育引导教师热爱学校、热爱专业、热爱学生,教书育人、诲人不倦,而且是在遵守师德规范、身教重于言教上发挥正能量。二是要着力提高教师的知识水平和业务,不仅要师德高尚,更要师艺精湛,对于实践性比较强的课程,教师还要具有较强的实践水平和动手能力,用最好的教师培养更好的学生。三是致力于打造一支专兼结合的专业课教师队伍,真正做到专兼结合、机制融合、双师组合、功能互补、形成合力。四是要建立健全有效的教师培训机制,按照总

量、结构、水平、素质、能力都适需的要求,坚持做到缺什么补什么,努力打造高素质教师团队。

(七)要着力改善实习实训等各项教学条件

教学条件是提高人才培养质量,办好高水平专业的重要保证。我们不是唯条件论,但条件也起着十分重要的支持和支撑作用。一是要适应互联网＋和信息技术发展趋势,推进教学信息化,引入云课堂等教学理念建设一批智慧教室,促进教学现代化。二是要综合利用现代信息技术,改造和提升校内实训实践实习环境、条件和水平,真正实现仿真化、真实化。三是充分利用校企合作等机制和体制便利,加强校外实训条件和场地建设,实现校外基地教学化。

(八)要积极开拓国际合作办专业

当今世界,国际经济一体化将成为趋势和潮流,在专业建设中,必须注意统筹兼顾。一是注重引进境外优质教学资源,通过加强与信誉良好的国际组织、跨国企业以及职业教育发达国家的交流与合作,探索中外合作办学的新途径、新模式,创造条件联合开发课程,建立教师交流、学生交流、学分互认机制。二是积极创造条件,在广泛合作的基础上,办高水平中外合作办学项目和机构,推进高水平专业建设。三是积极创造条件,实施教学"走出去"战略,输出先进专业建设理念,输出高水平课程和技术技能,为"一带一路"沿线国家培养人才,积极参与乃至引领国际专业及课程标准建设。

(九)要积极推进高水平专业建设机制实现

高等职业教育专业建设是一项立体化工作,树立开放创新理念十分必要。一是要积极参与专业及系建设标准的制订,发挥优质学校和高水平专业建设单位的龙头引领作用。二是积极创造条件,研究开发教学资源,建设精品视频课程,力争联合开发建设专业教学资源库,成为专业建设引领者。三是探索研究专业文化建设,培养具有高职专业潜质和特色的毕业生,实现高职专业发展的不可替代性。四是注重为中小企业和区域经济社会提供研发服务,彰显专业教师和专业建设水平,增强专业服务行业企业和区域经济社会发展的能力。

(十)要积极探索职业教育本科层次专业建设

按照目前我国高等职业教育的发展现状,国家明确主要举办专科层次高等职业教育,但高职院校也从来没有停止对本科层次职业教育尤其是在专业建设层面的探索。在《行动计划》提升专业建设水平和方案中,仍保留了探索发展本科层次职业教育的内容,事实上,近五年来,全国范围内通过"3+2""2+2"和"4+0"模式探索本科层次职业教育的院校不在少数,尤其以江苏最为普遍、浙江最为典型,全国有10多个省市均有类似项目。以浙江省为例,该省从2015年开始实施了本科层次职业教育建设项目,先后有两批共10余所学校入围,浙江金融职业学院联合中国计量大学申报的互联网金融专业入选试点,按照"一个学程、二个母校、三种经历、四张证书、优质就业、金色人生"的理念,目前一个合作紧密、运行良好的高水平职业教育本科层次专业正在形成。

参考文献

[1] 教育部关于印发高等职业教育创新发展行动计划(2015—2018年)的通知[Z].2015-10-19.

[2] 教育部关于加强高职高专教育人才培养工作的意见[Z].2000-1-17.

[3] 教育部关于以就业为导向深化高等职业教育改革的若干意见[Z].

2004-4-2.

［4］关于实施国家示范性高等职业院校建设计划 加快高等职业教育改革与发展的意见［Z］.2006-11-3.

［5］教育部关于全面提高高等职业教育教学质量的若干意见［Z］.2006-11-16.

［6］教育部、财政部关于进一步推进"国家示范性高等职业院校建设计划"实施工作的通知［Z］.2010-6-1.

［7］教育部、财政部关于支持高等职业学校提升专业服务产业发展能力的通知［Z］.2011-9-30.

［8］教育部关于深入推进职业教育集团化办学的意见［Z］.2015-07-02.

［9］教育部关于深化职业教育教学改革全面提高人才培养质量的若干意见［Z］.2015-07-29.

［10］教育部关于印发职业院校管理水平提升行动计划（2015—2018年）的通知［Z］.2015-8-28.

［11］周建松.基于本科转型视阈的高职教育创新发展研究［J］.中国高教研究,2017(2):102—105.

［12］周建松,孔德兰,陈正江.高职院校高水平专业建设政策演进、特征分析与路径选择［J］.中国职业技术教育,2017(25):62—68.

（来源:《职业技术教育》2018 年第 7 期）

高职院校高水平专业建设政策演进、特征分析与路径选择

周建松　孔德兰　陈正江

摘　要：专业是高职院校办学和人才培养的基点，专业建设是高职院校内涵发展的重要抓手。本文通过对新世纪以来高职教育专业建设政策演进和举措分析表明，在不同的发展阶段这些政策体现出高职院校专业建设的不同侧重点，但也有其共同点。在此基础上，探讨高职院校实施高水平专业建设的背景及特征，指出建设一批高水平专业是高水平学校建设的题中之义，据此提出创新发展高等职业教育背景下高水平专业建设的主要路径。

关键词：高职院校；高水平专业建设；政策；特征；路径

20世纪80年代以来，经过三十多年的实践，我国高等职业教育创造性地探索出以校企合作为基础的办学模式和以工学结合为特征的人才培养模式。在这个过程中，作为高职院校办学和人才培养的基点，专业不仅是教育行政部门对高职院校办学的基本要求，也是行业、企业与高职院校开展合作的考量因素，更成为公众、家长、学生评价高职院校质量的重要参考。进入新世纪后，在教育行政部门发布的专业建设的相关文件中，示范专业、重点专业、优势专业、特色专业、品牌专业、一流专业、骨干专业等提法不一而足，但建设一批代表和反映我国高职院校办学实力和水平的专业和专业群是政策的共同指向。2015年《高等职业教育创新发展行动计划（2015—2018年）》发布后，参照高等教育领域一流大学和一流学科建设模式，高等职业教育领域也正酝酿开展高水平学校和高水平专业建设，这不仅是高职院校内涵建设之需，更是高职院校创新发展之路。

一、高职院校专业建设政策回顾

(一)专业与专业建设

1.专业。中国古代教育中只有"科目"没有专业,近现代西方高等教育也是只设"院系"未设"专业"。《辞海》对专业的定义为"高等学校或中等专业学校根据社会分工需要而划分的学业门类"。[1]《现代汉语词典》对专业的解释是:高等学校的一个系里或中等专业学校里,根据科学分工或生产部门的分工把学业分成的门类。[2]《实用教育大词典》对专业的定义是:高等学校或中等专业学校根据社会分工、经济和社会发展需要以及学科的发展和分类状况而划分的学业门类,高等学校和中专学校设置的各种专业,体现各自不同的培养目标和规格,制定各自不同的教学计划和课程体系。[3]上述关于专业的表述尽管略有不同,但大意是相通的:第一,它是高等学校或中等专业学校中的学业分类;第二,它是根据科学分工或生产部门分工或经济社会发展需要而设立的;第三,从国际比较看,它相当于欧美国家的课程计划。当然,也有许多学者认为,专业实际上是一种课程组织的形式或课程组合或专门"领域"。

我国高等教育中"专业"一词形成于1952年下半年,即中华人民共和国成立后第一次院系调整时期,它模仿了苏联教育的做法。《教育大辞典》里专业的定义译自俄文,是指中国、苏联等国高等教育培养学生的各个专门领域,大体相当于"国际教育标准分类"的课程计划。[4]1952年在全国农学院院长会上,当时的教育部长马叙伦指出:"高等学校中建立以系为管理单位,以专业为教学的主要机构。""专业"一词在当时的解释是"一份专门职业或专长",是"培养高级专门人才的目标"。[5]自此后,我国高校中设置专业并延续至今,及至高等教育大众化后,高校之间出现了竞争态势,高校为争取生源、提高声誉,普遍注重专业建设。作为高等教育的一类新的机构的高职院校,从办学伊始就广泛认同并高度重视专业建设。

2.专业建设。专业建设在高职院校发展中具有特殊的地位和作用。一是专业是职业教育的基本特征。基础教育讲课程,普通高等教育虽然也讲专业,但一般更多考虑学科,而中等职业和高等职业教育的基点是专业,专业是高职院校的基础和基点。二是专业是高职院校教学管理和活动的基本单元。就高职院校而言,一般从招生开始,都以专业为单位进行,人才计划、管理运行等也以专业为划界,二级学院或学系划分,一般都以专业群为单位,专业教学指导委员会校内外实验实训基地等,大都以专业或专业群划分。三是专业是高职院校资源配置的基本指向。从教育行政主管部门看,一般对高职院校组织评定重点专业、特色专业、优秀专业带头人;而学校内部,一般也以专业为单位分配经费、配置人力,设立相应工作部门。四是专业建设水平也是高职院校人才培养水平的首位体现。一般地说,有多少重点专业、专业招生、就业情况、专业团队和带头人水准,都是学校办学水平的直接体现,也是人们评判的主要依据。五是专业结构特色也是学校办学特色的基本标志。有什么样的专业结构和特征,大致反映了学校的历史、现状、服务面向、服务能力,与普通本科相比,高职院校大多为行业特色型,其专业结构就非常有标志意义。

(二)高职院校专业建设的政策回顾

自新世纪以来,教育行政部门对高等教育教学改革进行了积极推动,早在 2000 年,教育部就以教高〔2000〕1 号文件的形式发布了《教育部关于实施新世纪高等教育教学改革工程的通知》。[6]而专业作为高等职业院校最为标志性的载体和基础单位,专业建设自然是高职院校内涵建设的主要内容,同时也是教育行政部门政策的重要导向。

1.《教育部关于加强高职高专教育人才培养工作的意见》中的专业建设。在高等职业教育作为推进高等教育大众化的重要抓手实施之初,教育部于2000年1月17日下发了《教育部关于加强高职高专教育人才培养工作的意见》(教高〔2000〕2号)[7]。文件指出,专业设置是社会需求与高职高专实际教学工作紧密结合的纽带,专业建设是学校教学工作主动、灵活地适应需求的关键环节。要根据高职高专教育的培养目标,针对地区、行业经济和社会发展的需要,按照技术领域和职业岗位(群)的实际需求设置专业,并妥善处理好社会需求的多样性、多变性与学校教学工作相对稳定性的关系。

2.《教育部关于以就业为导向深化高等职业教育改革的若干意见》中的专业建设。2004年,《教育部关于以就业为导向深化高等职业教育改革的若干意见》(教高〔2004〕1号)[8]同样对专业设置与建设管理提出了明确的要求,即专业设置是社会需求与高等职业教育教学工作紧密结合的纽带,是学校工作主动灵活适应社会需求的关键环节,高等职业院校在设置专业时,要认真开展市场调研,准确把握市场对各类人才的需求情况,根据学校的办学条件有针对性地调整和设置专业。省级教育行政部门应支持学校根据社会需要,按照技术领域和职业岗位(群)的实际要求灵活设置专业,并将就业状况作为设置及其结构调整的依据。

3.《教育部关于全面提高高等职业教育教学质量的若干意见》中的专业建设。2006年,在高等职业教育大发展,规模上位居高等教育"半壁江山"的阶段,教育部发布了《教育部关于全面提高高等职业教育教学质量的若干意见》(教高〔2006〕16号)[9],指出针对区域经济发展的要求,灵活调整和设置专业,是高等职业教育的一个重要特色,提出服务区域经济和社会发展,以就业为导向,加快专业改革与建设。高职院校要及时跟踪市场要求的变化,主动适应区域、行业经济和社会发展的需要,有针对性地调整和设置专业,建立以重点专业为龙头、相关专业为支撑的专业群,增强学生的就业能力。

这些政策文件对高职院校高水平专业建设的要求和需求是清楚的:一是地位重要;二是服务区域和行业灵活适需;三是必须重视和遵循规律,办出特色和水平,尤其是要坚持就业为导向。

二、高职院校推进专业建设的支持举措分析

(一)国家示范高职院校建设中的重点专业建设

2006年,教育部、财政部联合启动的国家示范性高职院校建设计划,旨在遴选和培育一批办学定位准确、产学结合紧密、改革成绩突出、制度环境良好、辐射能力较强的高职院校,进行重点支持,带动全国高职院校办出特色、提高水平。在《教育部财政部关于实施国家示范性高等职业院校建设计划加快高等职业教育改革与发展的意见》(教高〔2006〕14号)[10]中把专业建设放到了十分突出的位置。即在100所示范院校中,选择500个左右办学理念先进、产学结合紧密、特色鲜明、就业率高的专业进行重点支持,造就一批基础理论扎实、教学实践能力突出的专业带头人和教学骨干,建设一批融教学、培训、职业技能紧密和技术研发功能于一体的实训基地或车间,合作开发一批体现工学结合特色的课程体系,形成500个以重点专业为龙头、相关专业为支撑的重点建设专业群,提高示范院校对经济社会发展的服务能力。

与此同时,在该文件中提出推进教学建设和教学改革、增强社会服务能力、创建共享型专业教学资源库等内容都是在专业建设层面的要求,实际上也是重点专业建设所要包含的内容。

(二)国家骨干高职院校建设中的重点专业建设

2010年,在连续实施三批示范性高职院校建设计划并取得显著成

效的基础上,教育部、财政部发布了《关于进一步推进国家示范性高等职业院校建设计划实施工作的通知》(教高〔2010〕8 号)[11],明确提出新增 100 所左右骨干高职建设院校,其中专业建设要主动适应区域产业结构升级需要,及时调整专业结构;深化订单培养、工学交替等多样化的人才培养模式改革,参照职业岗位任职要求制订培养方案,引入行业企业技术标准开发专业课程,推行任务驱动、项目导向的教学模式,探索建立"校中厂、厂中校"实习基地;试行多学期、分层式的教学组织模式,吸纳行业企业参与人才培养与评价,将就业水平、企业满意度作为衡量人才培养质量的核心指标,建立健全质量保障体系,全面提高人才培养质量。

(三)高职院校提升专业服务产业发展能力项目中的重点专业建设

在全面提高高等职业教育质量和开展国家示范和骨干高职院校建设的同时,教育部、财政部于 2011 年发布《关于支持高等职业学校提升专业服务产业发展能力的通知》(教职成〔2011〕11 号)[12],提出重点支持高等职业院校专业建设,提升高职院校服务经济社会能力。明确引导和支持围绕现代农业、制造业发展重点方向,战略性新兴产业、生产和生活性服务业等重点领域和地方经济社会发展需要,支持一批紧贴产业发展需求、校企深度融合、社会认可度高、就业好的专业进行重点建设,同时要求推进校企对接,探索系统培养,强化实践育人,转变培养方式,建设教学团队,实施第三方评价,文件又明确支持建设的重点专业为产业支撑型、人才紧缺型、特色引领型、国际合作型。

(四)《高等职业教育创新发展行动计划》专业建设的总体目标

2015 年,为贯彻落实全国职业教育工作会议精神,教育部印发了《高等职业教育创新发展行动计划(2015—2018 年)》(教职成〔2015〕9

号)[13],文件共三大部分,其中主要任务部分又分为五个方面共计32条,在主要任务的第1条开展名义为提升专业建设水平,后在附件中明确的65项任务和32个项目,又把骨干专业建设作为第一个项目,即加强专科高等职业院校的专业建设,凝练专业方向,改善实训条件,深化教学改革,整体提升专业发展水平。支持紧贴产业发展,校企深度合作,社会认可度高的骨干专业建设。支持专科高职院校与技术先进、管理规范、社会责任感强的规模以上企业深度合作,共建生产性实训基地。面向企业的创新要求,依托重点专业(群),校企共建研发机构。面向国家重点发展产业,提高专业的技术协同创新能力,促进区域产业结构和新兴产业发展。探索发展本科层次职业教育专业,培养满足"中国制造2025"需要的不同层次人才。

三、高职院校实施高水平专业建设的背景及特征分析

上文从专业和专业建设的基本概念出发,主要回顾了新世纪以来我国高等职业教育发展中关于专业建设的基本政策及主要举措,为我们进一步认识专业、重视和加强专业建设提供了基本参照。在新的历史条件下,建设一批高水平专业,既是支持和支撑高水平高职院校的核心内容,也必将大大推动专业建设更好发展。

(一)建设高水平专业的重要性

高职院校实施高水平专业建设,我们可以从综合视角加以分析。

1.提升高职教育办学水平的基础。我国的高等职业教育经过20世纪80年代以来三十多年的建设发展,规模上已占据高等教育的"半壁江山",截至目前全国高职院校数已经达到1388所,在校生规模已经超过1000余万,已无需扩张规模,提高人才培养质量、提升办学水平才是今后的主要任务。而高职教学以专业建设为龙头,只有专业水平提

高了,相应的师资队伍建设、课程教材建设、保障条件建设改善了,办学水平的总体提高才有可靠的基础和可能,高水平专业建设在高职教育发展和水平提升中起基础和决定性作用。

2.已有专业建设的积累成果效应所在。自高等职业教育作为我国高等教育的一个重要组成部分提出并开展以来,教育行政主管部门、财政部门一贯重视专业建设,各院校也把专业建设作为重点工作来抓,在国家示范和骨干院校建设中,也把专业建设作为龙头和重中之重来做,经学校、省、国家各层次的推动,我国高职院校专业建设的理念已经建立,模式有所创新,条件有所改善,具备了建设一批高水平专业的可能性。

3.支持和促进产业发展之必需。众所周知,专业与产业相匹配、相对接是高职院校专业设置和管理的基本依据。当前,我国经济正进入产业结构调整和转型升级的重要历史时期,在产业结构调整和转型升级的背景下,人才队伍尤其是一大批技术技能人才的适需和保证,是十分重要的路径和条件,因此,办好专业、建设高水平专业,对于我国经济新常态下实现转型升级具有十分重要意义。

4.促进高等教育国际交流与合作的需要。我国经济社会止从大国向强国迈进,扩大国际合作交流,实施"一带一路"倡议是重要内容和重要路径;在这一背景下,我们既要吸收和借鉴国外优质教学资源,也要推广我国先进教学理念和文化,建设一批高水平专业,培养一批国际化人才,为"一带一路""走出去"提供更坚实的人才支撑,从而提高我国高职教育的国际影响力和综合水平。

(二)高水平专业的基本特征

高水平专业是一个学校长期建设积累的结果,应该具有较合理的定位、较宽广的市场、较好的办学条件和较大的行业企业和社会影响力。具体来说,至少应体现在以下几个方面。

1.定位相对稳定合理。高等职业教育既具高教性,又具职教性,主要培养具有较高适应性、职业化程度较高的技术技能人才,要在基层下得去、用得着、留得住,首岗适应、岗位迁移和职业发展都比较强,但不同于本科,也不同于中职,当然,也与传统高等专科不同,高等职业教育的专业必须在产业的经济社会中找到合理定位,同时在人才培养规格上有合理定位。在这一前提下,具有适应经济社会发展和市场变化的调适水平和能力,真正做到具有可替代性。

2.办学条件相对优裕。办好专业必须有一定的条件支撑,如高水平专业带头人、可持续的教学团队、相对稳定的专任教师队伍,数量适当且教育质量高的行业企业、兼职教师,兼职教师队伍、先进的校内实训条件和与就业相匹配的校外实践实习基地等,在互联网、云计算背景下,适应具有较好的信息化条件和装备,相应地,学校举办该专业也应有一定历史。

3.办学理念清晰科学。一个专业要体现其高水平,必须有科学而清晰的理念来支撑,必须回答好培养什么样的人、怎样培养人和为谁培养人的问题,立足于培养好德才兼备的技术技能人才,贯彻好立德树人的根本任务,同时,高水平专业应积极探索先进的人才培养模式、课程建设模式和教育教学管理模式,探索形成专业建设文化和独特理念,具有鲜明办学和建设特色。

4.社会综合认可度高。高水平专业一般应当在以下方面体现社会认同度:一是考生欢迎度,可以根据同类专业考分和第一志愿率来衡量;二是学生稳定度,可用转入转出该专业情况来分析,转入加分、转出减分;三是毕业生就业率,包括就业率、签约率、对口率、稳定率等;四是学生获奖率,主要是指在各类评比和技能大赛上获奖情况;五是用人单位满意率,主要看行业企业和社会各界的满意度和好评度。

5.科研和社会服务能力强大。人才培养是高职院校办学的第一职能,但科学研究和社会服务、文化传承与创新亦十分重要,作为职业教育的重要组成部分,高职教育的专业建设应当在技术技能积累中发挥作用。当然,专业教师应结合行业企业发展,其在开展产品和技术研发、服务中小企业等方面的能力也十分重要。作为高水平专业,它在服务引领同类专业建设中也发挥十分重要的作用。

6.国际交流与合作水平高。对于能够在国际合作交流、"一带一路"建设中具有特殊突出作用的专业,制订并推广出国际标准的专业,当特别支持。

根据上述特征,现有国家专业教学资源库建设的牵头专业当优先考虑。

四、推进高职院校高水平专业建设的主要路径

前面我们从专业建设的概念及其专业建设在高职院校中的重要性,回顾和解析了新世纪以来教育行政部门对推进专业建设的要求及重点建设的方略,虽然其表述略有不同,但规律性的东西由此可循。在新一轮优势、特色专业建设过程中,我们必须遵循规律,与时俱进,找准策略,努力办出特色、办出水平。在正确合理定位的基础上,着力抓好几个方面的工作。根据上述分析,笔者认为要建设高水平专业,必须在以下几个方面着力。

(一)要把立德树人作为根本任务

高等教育有五大使命即人才培养、科学研究、社会服务、文化传承创新、国际交流合作,职业教育有三大任务即面向市场、服务发展、促进就业,但无论如何,高职院校第一和最基本的职能是人才培养,办学校如此,办专业更是如此,这是办什么样的学校、怎样办学校的关键,而要落实好这一点,则必须解决好培养什么样的人、怎样培养人、为谁培养人的大问题。为此,必须做到:第一,必须坚持德才兼备、以德为先的原

则,注重把马克思主义指导、社会主义核心价值观涵养作为重点,贯穿人才培养全过程,巩固马克思主义在育人工作中的指导地位,把我们的学生培养成为中国特色社会主义合格建设者和可靠接班人。第二,必须坚持就业导向,尽管人们对高职教育人才的培养的直接目的有不同认识,一些学校和专业甚至看重升学和出国深造,我们认为,一般负责任的学校和重点建设的专业,必须遵循规律,抓住根本,确立就业导向,把培养学生的就业观念、就业能力和岗位上的可持续发展能力作为重要导向。第三,必须把创新创业教育贯穿人才培养全过程,注重培养学生的创新精神和创业意识,采用通识理论课、实践平台和模块化教学等途径,为创新创业人才创造条件。第四,坚持素质教育和专业建设的有机融合,重视思想政治教育,重视人文素质教育,重视心理健康教育,重视身体素质培养,重视创新创业教育,构建全方位素质教育体系。

(二)要坚持"六业贯通"的人才培养理念

无论是人才培养方案的设计还是具体的实施,都应该有一个统一的理念,那就是建立以人为本、以学生发展为中心、以就业为导向的带有规律性的理念。为此,第一,以办好专业为出发点,办有特色、有社会需求、能满足适应社会需要的专业。第二,以强化职业为特色,遵循高等职业教育的规律,突出职业化要求,注重培养学生的职业理想、职业情怀、职业良心、职业责任和职业道德,努力培养好高适应性职业化专业人才。第三,以注重学业为根本,学生以学业为主,必须在专业建设中体现重视学业的要求,强化基础课、文化课、专业课、技能课,并保证足够课时和基本考核要求,真正把学生的精力引导到学业上。第四,以重视就业为根本导向,注重引导学生就业,使其有较强的就业能力,从而切实提高本专业就业率、就业对口率和岗位起薪率。第五,以鼓励创业为引领,要将创新创业贯彻全过程,引导一部分有创新精神、创业意识的学生直接创业,以创业带动就业。第六,以成就事业为目标,要善于把正确的理论和理念及方法,教育和传授给学生,授人以渔,尤其是要把正确的世界观、人生观、价值观教给学生,影响学生一生的成才成长和幸福生活。

(三)要科学制订和有效实施人才培养方案

专业人才培养方案是人才培养工作的总体设计和实施蓝图,制订好人才培养方案十分重要,为此,第一,要认真贯彻党的教育方针,遵循教育教学和人才培养规律,落实党中央一系列教育工作决策部署,牢牢把握办学方向和人才培养宗旨,正确处理知识、能力与素质的关系,处理好基础理论与专业知识的关系。第二,要广泛开展社会调查,尽可能听取行业企业对人才培养工作的意见和建议,听取毕业校友的意见和建议,积极创造条件聘请社会用人单位参与人才培养计划的制订,针对不同行业和企业的需求,人才培养方案应具有空间和弹性,并留有订单培养等余地,留有适应新技术、新业务的余地。第三,要制订小班多样的人才培养方案,不同生源应有不同的方案,针对不同领域也应该有一定的弹性,要允许学生以特补短、以长补短,使方案考虑不同生源,能满足不同需要。第四,要重视人才培养方案的实施跟踪,坚持动态管理、持续跟进、发现问题、及时调节、适时改进,以提高人才培养方案的实效。

(四)要构建起校企合作办专业的良性机制

开放合作办学是高等职业教育的重要特征,也是培养好应用型人才的前提,新建本科向应用型本科转型,其重点就在这里,对此,在教育部的历次文件中,都明确要求专业建设必须面向社会需求,面向行业企业,建立紧密而有效的校企合作机制,对此,我们必须有落实和保证。第一,必须有主导产业的依托,这是办专业的逻辑前提,也是办好专业的保障,更是专业人才培养和服务的重要保障,必须从区域和行业需求分析出发,科学而正确地定位,确定专业办与不办,办大办小,怎么办。第二,按六合一要求建立专业建设指导委员会,作为合作发展、合作办学、合作育人、合作就业和推进学生工学结合、知行合一的长效机制,六合一指导委员会是指一个专业建设指导委员会,同时是一批行业企业兼职老师,一批学生就业基地,一批学生社会实践基地,一批教师挂职锻炼基地,一批教师社会服务基地。[14]第三,积极开展订单培养和现代学徒制人才培养,也就是说,以社会需求为导向,以紧密型校企合作为契带,积极创造条件,创造人才培养模式,大力开展订单式人才培养和现代学徒制人才培养,进一步提高人才培养的针对性和有效性。

(五)要把高素质教师队伍建设作为关键来抓

办好专业,做好人才培养工作,必须有一支高水平、高素质教师队伍作为支撑,所谓名师出高徒,严师出高徒,教书育人就是这个道理。第一,必须培养和造就好专业带头人,专业带头人可以是个体,也可以是一个小的群体,它作为专业人才培养的主要设计者、专业主干课程的主要承担者、专业教学活动的具体组织者,至关重要,我们必须大力打造并有效激励、加大培养、积极发挥专业带头人的作用。第二,必须建立老中青三代结合的教学团队,尤其是要建立起青年教师的有效的培养机制,充分发挥中老年教师的作用,形成良好的团队效应。第三,必须把专业兼职教师结合起来,尤其要重视聘请具有一线业务经营经验和技术的同志担任兼职教师,也要关注杰出或优秀的本专业毕业校友,真正实现专兼结合、双师组合、机制融合,提升综合育人功效。

(六)要重视和加强微观教学组织建设

专业建设要有效推进,必须重视和加强教学微观组织建设,构建起良好的教学组织执行机制建设。对此,我们的建议是:第一,一个专业必须有一定的教研室组织保证,并且能有效而充分地发挥教研室的功能,积极创造条件,把党支部建在专业上,实现专业教学团队、专业教研室、专业党支部的三位一体,抓实人才培养的微观教学组织基础。第二,必须统筹抓好人才培养方案的具体落实和落地工作;从重视课表到抓实课程、搞活课堂,抓好教材到丰富课余、发展课外,形成系列化"课"体系[15],提高教学工作有序性、有效性。第三,要重视教学质量保证体系建设,加强专业和课程标准建设,加强课堂管理,加强督导评价工作,促进教学工作务实有效。

(七)要注重内外教学条件和教学基地建设

专业人才培养工作要得以实施,必须有一定的教学条件保证,要办一个高水平专业,尤其要有先进的教学条件做保证,至少应该是,第一,大力引进和推广先进教学技术,尤其是用云计算等先进教育技术武装老师,并应用到教育教学中。第二,要建好完整的校内实验实训基地,营造信息化、真实化环境,加强校内实践育人工作,增强课堂教育教学效果。第三,积极创造条件,通过校企合作等途径建设为一批校外实践基地,并努力实现校外基地教学化,在真实的工作坏境中提高学习功效和专业人才培养质量。

(八)要积极创造条件开展国际合作

国际化是大势所趋,国际职业教育也有许多成功经验和可取模式,要办一个高水平的专业,开展国际合作也是重要路径之一,在国际合作中,可以吸收其他学校在办学理念、课程建设、教学资源、培养模式等方面的有益经验,使我们的人才培养更多地具有国际化视野和跨文化交流能力,尤其是当前国家正在推进"一带一路"倡议,如何适应国家"走出去"战略,要求培养好高素质技术技能人才,我们必须更加自觉、更加主动,力争更有成效,至于具体的合作模式应从实际出发,鼓励多种探索和实践。

(九)要重视专业文化建设

专业建设发展到一定阶段和一定水平,应该探索形成自己的文化,要立足于从历史、区域、行业、职业、器物等多种情形和要素,探索和构建专业文化,并形成相应的理念和体系,对于一些专业建设历史悠久、职业特征相对鲜明、专业规模相当较大的专业或专业群,我们应当把专业文化建设摆到十分突出的位置,如会计专业中诚信及其修养、不做假账及其实践,合理避税及其法律等,都应该探索形成并上升到文化层面,每个学校在人才培养创新实践过程中,从学校历史现状、专业布局格局、就业市场需求等出发,实践总结形成的不同模式都可以进行总结,如浙江金融职业学院会计专业近十年来探索形成的"三双",即双素、双能、双证会计专业人才培养实践已有其特定的文化基因和特质,可以进行文化提炼,从而进一步引领实践。

上述方面是笔者所分析的高职院校高水平专业建设的一些主要路径。事实上,要办好一个高水平专业,必须在各个方面有更高的目标、水准、要求及良好的实现机制,同时,要在人无我有、人有我优、人优我特、人特我强上下功夫。正是从这种意义上说,专业教学资源库建设,专业文化培育和凝练,面向职场的专业教师培养,也应该是重要的内容。

参考文献

[1] 夏征农,陈至立.辞海[M].6版.上海:上海辞书出版社,2010:1872.

[2] 中国社会科学院语言研究所词典编辑室.现代汉语词典[M].北

京：商务印书馆,1992:1518.

[3] 王焕勋.实用教育大词典[M].北京:北京师范大学出版社,
1995:651.

[4] 顾明远.教育大辞典(第二卷)[M].上海:上海教育出版社,
1991:26.

[5] 王伟廉.高等教育学[M].福州:福建教育出版社,2001:136.

[6] 教育部关于实施新世纪高等教育教学改革工程的通知[Z].2000-
01-26.

[7] 教育部关于加强高职高专教育人才培养工作的意见[Z].2000-
01-17.

[8] 教育部关于以就业为导向深化高等职业教育改革的若干意见[Z].
2004-09-06.

[9] 教育部关于全面提高高等职业教育教学质量的若干意见[Z].
2006-11-16.

[10] 教育部、财政部关于实施国家示范性高等职业院校建设计划加快
高等职业教育改革与发展的意见[Z].2006-11-03.

[11] 教育部、财政部关于进一步推进"国家示范性高等职业院校建设
计划"实施工作的通知[Z].2010-07-26.

[12] 教育部、财政部关于支持高等职业学校提升专业服务产业发展能
力的通知[Z].2011-09-30.

[13] 教育部关于印发《高等职业教育创新发展行动计划(2015—2018
年)的通知》[Z].2015-10-19.

[14] 周建松.高等职业教育专业建设理论与探索[M].杭州:浙江大学
出版社,2010:167.

[15] 周建松.金融高等职业教育专业内涵建设研究——浙江金融职业
学院专业建设十年[M].杭州:浙江工商大学出版社,2014:109.

（来源:《中国职业技术教育》2017年第25期）

高职院校专业人才培养方案设计理念与路径

孔德兰　周建松

摘　要:人才培养方案是人才培养工作的总体设计和实施蓝图,制订科学、有效的人才培养方案,是高职院校做好人才培养工作的重要环节。梳理制订专业人才培养方案要处理好高教性与职教性的关系、专业和学科及课程的关系、专业的自身定位问题等逻辑前提;要回答好四个重要问题,即办什么样的专业、培养什么样的人、怎样培养人、为谁培养人;在此基础上,提出制订专业人才培养方案必须坚持的原则,以及人才培养方案中专业课程体系应包括的课程类型。

关键词:人才培养方案;前提;问题;原则;课程类型

高等职业教育以人才培养工作为根本任务,要做好人才培养工作必须要有效破解三个命题,即培养什么样的人、怎样培养人、为谁培养人,这三个命题也是办好学校的首要答题。要做好人才培养工作,体制机制和环境营造都十分重要,但把每一个专业人才培养方案设计好是十分重要的前提,因为人才培养方案是人才培养工作的总体设计和实施蓝图,也是人才培养模式改革的出发点和落脚点。

在高职院校的诸多文件建设中,专业人才培养方案是最为重要的内容之一。从某种意义上说,学校建设和运行有章程,而专业人才培养方案,则是专业建设的基本章程,必须认真地研究和制订。作为专业负责人,应该在学校的统一领导下,按照教务部门的具体要求,把制订、修订、实施专业人才培养作为重要职责,把提高人才培养方案的科学性、针对性、有效性作为本人的基本职责,把每年一度的人才培养方案调研制订作为常规性重要工作。

一、制订专业人才培养方案的认识前提

高等职业教育的专业人才培养方案的制订,既有理论问题,也有实践问题;既有科学问题,也有艺术问题;既有谋划问题,也有实施问题;既有理想状态,又有现实情形。但总体而言,我们要从理论上回答清楚,带着理想和情怀,认真做好这项工作。研究和制订专业人才培养方案时必须处理好以下三个逻辑前提。

(一)高教性与职教性的关系处理

高等职业教育具有高教性和职教性双重特征,因此,制订专业人才培养方案时首先必须要处理好这两者的关系。其中最重要的就是要把专科层次的高等教育与职业教育属性处理好,既要满足做好高等教育专科层次的要求,也要落实好职业教育的具体属性。换而言之,高职教育之高必须到位,高职教育之高不宜越位;高职教育之职必须有位,高职教育之职不可缺位,高职教育必须合理定位。

(二)专业和学科及课程的关系

专业是高等教育和中等职业教育的特有概念。在我国,基础教育是以课程为逻辑的,而职业教育是以专业为逻辑的,高等教育既有学科逻辑,也有专业逻辑。我国的专业概念是从苏联引进的,欧美国家的高等教育一般讲课程计划,因此,处理好这些关系十分重要,这实际上是要研究和把握好学科和专业课程等之间的关系,把握好专业的口径和范围问题。一般而言,高等职业教育必须立足于专业建设,而专业是一个基于经济社会分工和职业岗位需求的学业门类,必须与经济社会发展紧密联系在一起。制订专业人才培养方案必须立足于此并有明确的概念,专业既不是课程的简单组合,也不是课程计划,而是以明确

155

的学业门类为基点的综合体,是学校开展人才培养工作的基础和基点,如确需开展学科研究,也是为了有利于专业人才培养工作的顺利开展。

(三)专业的自身定位问题

在我国高等教育和职业教育实践中,无论是本科、专科还是硕士、博士都是以专业来界定的,专业成为继校名、院名的第二道或第三道门。因此,专业对于高等教育或中等专业教育而言,既有一定的通用性,而对于普职融通或现代职业教育体系及其专业继续发展来说,也具有持续性,正因为这样,专业的建设是至关重要的。然而,我们必须清楚的是,专业无论是高等教育还是高职教育或者中职教育,专业学制是有限的,学习时间是有限的,不可能穷尽相关理论知识和技能,更何况也有学生基础和人才培养定位问题。高等职业教育的任务是培养适应社会主义现代化生产建设管理服务第一线需要的高素质、高技能人才,它具有培养一线应用型人才的属性,因而必须紧贴行业企业和社会需求,这就有一个合理的层次定位问题,也有一个面向定位问题,还有适当的因地制宜和办出特色问题,同样的专业也还有高职特征、区域特色和院校特点等具体问题。

二、制订人才培养方案必须回答的四个问题

制订专业人才培养既是一门高深的学问,也是一个现实的课题。在梳理清楚逻辑前提基础上必须回答好几个重要问题,即办什么样的专业,培养什么样的人,怎样培养人,为谁培养人。

(一)办什么样的专业

办什么样的专业?既不能简单地照搬历史,但也必须传承历史;既

不能盲目跟风,但也必须考虑现实需要。从理论上看,专业的设置从专业出发,一般而言,对于区域性的高职院校,要紧扣区域经济社会发展需求,学校根据地方经济社会发展需要研究开设什么样的专业,社会需求大的专业就积极创造条件来办这类专业,这无疑也是对的;而对于行业性或就是由行业举办的高职院校,围绕或紧贴行业需要或产业发展办专业同样合乎逻辑。基于这样的理解,我们认为办什么样的专业,总体上是基于需求,而需求又有可能是变化的。因此,我们不能简单地由需求因素决定,同时必须要考虑办学条件,其中包括历史条件,学校总是因历史发展而来;也包括师资及办学条件,因为这也是办好专业的重要因素;此外,还包括专业与学科的相关性,因为学科水平有利于专业教学开展。因此,专业不是简单的专业,而应有专业群和专业结构问题。

(二)培养什么样的人

关于培养什么样的人,从宏观方面来讲是要培养中国特色社会主义的建设者和接班人,而对高等职业教育人才培养的具体定位,各个时期也有不同表述,教高〔2000〕2号文件定义为培养拥护党的基本路线,适应生产、建设、管理、服务第一线需要的,德智体美等方面全面发展的高等技术应用性专业人才,学生应在具有必备的基础理论知识和专门知识的基础上,重点掌握从事本专业领域实际工作的基本能力和基本技能,具有良好的职业道德和敬业精神。教高〔2004〕1号文件则强调,坚持培养面向生产、建设、管理、服务第一线需要的,下得去、留得住、用得上,实践能力强,具有良好职业道德的高技能人才。教高〔2006〕16号文件则明确,高等职业教育肩负着培养生产、建设、服务和管理第一线需要的高技能人才的使命。《国务院关于加快发展现代职业教育的决定》国发〔2014〕19号文件则要求,专科高等职业院校要密切产学研究合作,培养服务区域发展的技术技能人才。教职成〔2015〕9

号文件,即《高等职业教育创新发展行动计划(2015—2018 年)》在描述优质学校建设时则明确要求要培养杰出技术技能人才。

此外,在《国家教育事业发展第十二个五年规划》中强调,高等职业教育的任务是培养发展型、复合型、创新型、技术技能型人才。教育部还曾经强调,高等职业教育要培养高端技能型人才。我们认为,关于高等职业教育人才培养问题,应该是面向一线、面向应用的职业化、程度高、适应性强,并有一定发展潜力和能力的专门人才或技术技能人才。

(三)怎样培养人

关于高等职业教育怎样培养人的问题,教育部在不同时期、各个阶段的文件中也有不同的表述,但大致都表达出怎样培养人的问题。如〔2006〕16 号文件提出,高等职业院校要坚持育人为本、德育为先,把立德树人作为根本任务,要把社会主义核心价值体系融入高等职业教育人才培养的全过程,要高度重视学生的职业道德教育和法制教育,重视培养学生的诚信品质、敬业精神和责任意识、遵纪守法意识,培养出一批高素质的技能性人才,要加强辅导员和班主任队伍建设,倡导选聘劳动模范、技术能手作为德育辅导员,加强高等职业院校党团组织建设,积极发展学生党团员,要针对高等职业院校学生的特点,培养学生的社会适应性,教育上要树立终身学习理念,提高学习能力,学会交流沟通和团队协作,提高学生的实践能力、创造能力、就业能力和创业能力、培养德、智、体、美全面发展的社会主义建设者和接班人。习近平总书记在为全国职业教育工作会议所做的重要指示中,明确提出,要树立正确人生观,培育和践行社会主义核心价值观,着力提高人才培养质量,弘扬劳动光荣、技能宝贵、创造伟大的时代风尚,营造人人皆可成才、人人尽展其才的良好环境,努力培养数以万计的高素质劳动者和技术技能人才。坚持产教融合、校企合作,坚持工学结合、知行合一。这实际上是说,产教融合、校企合作、工学结合、知行合一是高等职业教育培养人才的重要途径。

(四)为谁培养人

习近平总书记在全国高校思想政治工作会议上强调,我国有独特的历史、独特的文化、独特的国情,决定了我国必须走自己的高等教育发展道路,扎实办好中国特色社会主义高校,我国高等教育发展方向要同我国发展的现实目标和未来方向紧密联系在一起,为人民服务、为中国共产党治国理政服务、为巩固和发展中国特色社会主义制度服务、为改革开放和社会主义现代化服务,必须坚持正确政治方向,必须围绕学生、关照学生、服务学生,不断提高学生思想水平、政治觉悟、道德品质、文化素养,让学生成为德才兼备、全面发展的人才,这都指明了我国人才培养的方向和目标。高等职业教育作为我国高等教育的重要组成部分,必须认真贯彻,抓好落实。

三、制订专业人才培养方案必须坚持的原则

在研究人才培养工作认识前提和回答好基本问题的基础上,我们就可以确立起制订专业人才培养方案的基本原则,主要包括:

(一)遵循青年身心发展和人才培养规律

教育教学工作必须坚持以人为本,以人为本的核心在学校人才培养工作中必须遵循身心发展规律和人才培养规律。从身心发展看,目前高等职业教育一般为三年学制,适龄期大约为 18—21 周岁,这正是进入成人初期阶段,因此既要进行成人礼仪和责任教育引导,也要尊重成人的自主性和法律地位,还要根据青年人特征安排好德、智、体、美各项活动。从人才培养规律看,学习有一个知识体系,适应岗位也有一个逻辑过程,人才培养也有一个如何推进从普通中学向和谐职业人或

中高职递进的课程。对于一年级重点做什么,二年级重点做什么,三年级重点做什么,必须要进行统筹协调。

(二)认真贯彻党的教育方针,鼓励学生特长发展

我们党的教育方针是教育必须为人民服务,必须与生产劳动相结合。习近平总书记提出的"四个为"的要求和服务发展、促进就业的方向,实际上是我党教育方针的具体化和明确化,要把党的教育方针落到实处,就必须坚持立德树人、德育为先原则,坚持德、智、体、美全面发展要求,正确处理好德育与智育、理论与实践的关系,正确处理好传授知识、培养能力、提高素质三者之间的关系,要把德育放在首位,必须在课程和教师、教学条件配备、考核机制中充分体现,要正确处理好知识和能力的关系,就必须在课程建设模式、课堂教学模式和教学环境建设中得到充分体现,要在德、智、体、美全面发展的同时,实现特长发展和特色培养,就必须在人才培养方案制订中留有余地、留有弹性,允许和鼓励学生以长补短、以优补欠、以特树特,让有特长者更有特长,无特长者激发或形成特长。

(三)坚持产教融合、校企合作、工学结合、知行合一

坚持产教融合、校企合作,坚持工学结合、知行合一,是习近平总书记对职业教育提出的基本要求,也是职业教育人才培养的重要特征。根据职业教育的特点,在人才培养过程中必须走开放合作之路,必须紧紧利用和依靠企业和社会资源,把握社会需求、行业需求和企业需求,在与行业企业和区域经济社会的结合中寻找答案,谋求校政行企的开放办学、合作育人、合作发展、合作就业。正因为这样,在人才培养方案制订过程中,必须主动争取企事业单位的参与,充分利用好各类社会资源,如果说能够做到校企校政校行共同研究制订人才培养计划,并由双主体、多主体来共同实施,那么人才培养一定能够取得事半功倍的效果。

(四)坚持理论与实际相结合,注重实践育人

高等职业教育区分于普通高等教育的一个重要特点是它的实践性,其人才培养方案制订和实施中特别要注意理论与实践相结合,要注重社会需求,强调培养学生的实践能力,要正确把握知识传授与能力培养之间的关系,能力培养要贯穿人才培养全过程。要坚持实践主导,突出实践育人,要加强实践性教学环节,增加实训、实践的时间和内容,减少演示性和验证性实验,实训课程可以单独设置,以使学生更好地掌握从事本领域实际工作的基本能力和基本技能。要强化课程的实践教学,要争取实践性教学课时占总课时的 5% 左右,同时应安排不少于一学期的综合性或顶岗实习,真正把实践性教学和实践性人才培养的优势充分展现出来,要建设好一大批校内实训实验基地、校外实践实习基地,努力让校内贯彻真实化(生产化、经营化),校外基地教学化。

(五)坚持从实际出发和多样化、特色化原则

在遵循上述四个基本原则和要求的基础上,高等职业教育制订人才培养方案还必须坚持从实际出发和多样化、特色化原则。一方面,各个区域和地区,各个学校同一专业的人才培养方案应当可以大同小异,更可以体现特色;另一方面,同一个学校同一专业也可以多种方式,因为生源不同,有三校生,有自主招生,有普高生,还有中高职五年一贯制,即使是同类生源也有文科、理科、文理综合之分,或者同一个专业针对不同行业、企业和区域,也会有不尽相同的需要。如同为金融专业,在沿海发达地区及内陆地区需求不同,大型银行与小型银行需求不同,城市金融机构与农村金融机构需求不同。又如会计专业,可针对大型企业,也可针对中小企业;既可针对工业企业,也可针对建筑施工类

企业。这从理论上可理解为特色化和差异性,从实践上看是为了满足各种不同的需要,在满足基本标准和要求情况下,充分体现就业面向、因材施教。

四、人才培养方案中应体现的课程类型

高等职业教育具有高教性和职教性双重属性,必须充分体现双重属性,同时必须贯彻立德树人总要求,回答好人才培养的几个为什么,充分体现人的发展的理念。因此,如何把课程建设落到实处是非常重要的,我们认为,其课程体系至少应包括以下几种类型。

(一)思想政治课

思想政治理论课,以前称"两课",2005 方案后统一称之为思想政治课,这是贯彻党中央关于扎根中国大地办中国特色社会主义高校,回答好为谁培养人的重要课程,其根本任务就是发挥其思想政治教育的功能。按照 2005 方案,本科教育按照"4+1"开设,即"马克思主义基本原理""中国近现代纲要""思想道德修养与法律基础""毛泽东思想与中国特色社会主义概论"及"形势与政策";专科层次高等教育开设"2+1"课程,即"思想道德修养与法律基础""毛泽东思想与中国特色社会主义概论"及"形势与政策"。人才培养方案必须按照中央的要求,确保课程和课时;与此同时,根据中央有关精神,教育部要求开设"中华优秀传统文化"课程,今后还应讲授中国革命文化和社会主义建设先进文化,这些应在人才培养方案中有所体现。

(二)公共素质与素养类课程

根据培养学生成为中国特色社会主义合格建设者、可靠接班人和全面发展的要求,根据党和国家方针政策及法律法规,教育部门和地

方行政部门或以指令或以指导性的要求,对高等职业教育有课程开设乃至有课程方面的要求,为体育课程、军事理论课程、艺术修养课程、外语课程。近几年,又特别强调必须把"职业生涯规划""就业指导""心理健康指导"和"创新创业基础"等作为必修课程。这类课程涉及面广、信息量大,培养效果可直接可间接,培养成效也许明显也许不明显,课程性质有必修有选修,课程内容有刚性有弹性,必须按照有利于提升学生修养、提高学生素质的要求,统筹协调。有些学校,为体现学校文化特点和培养学生素质,也会再开设一些校本课程,如"诚信文化理论与实践""互联网金融""个人理财"等,也当统筹兼顾。

(三)专业基础与专业知识类课程

高等职业教育坚持以服务为宗旨,以就业为导向培养人才。专业建设是学校人才培养工作的龙头,也是职业教育区分于其他类型教育的重要特征,是高职院校分配与积聚资源的重要基地和平台,也是学校特色和服务能力的重要体现。因此,可以明确而肯定地说,无论采用什么样的课程模式,专业基础与专业理论知识类课程应该是专业人才培养方案中的主体课程,它要讲清楚专业存在的基本理论、基本知识,介绍专业的基本制度、基本法规,不仅要让学生知道是什么,而且要让学生知道为什么。关于这一点,在近几年高等职业教育改革发展过程中,项目化课程、基于工作过程系统化课程等被广为推广,应当说,它们具有一定的科学性,也有存在的合理价值。采用什么样的课程模式,各学校应从本校和本专业实际出发,在遵循高等职业教育办学和人才培养规律上做出选择,但不变的是,这类课程始终是主干和主体。

(四)技术和技能类课程

如前所述,教育部从新世纪以来发布的各类重要文件,都强调培养高素质技术人才或技能型人才,进入"十二五"以后,教育部的相关文件都把高等职业教育的培养目标定格为技术技能型人才;实践也证明技术和技能水平,的确是衡量高等职业教育质量和水平的重要彰显点之一,教育部为此也十分重视职业教育的技能大赛。广大的用人单位在看重毕业生综合素质的同时,对其技术技能水平也普遍感兴趣,对技能达到较高水平的学生采取网开一面的特殊人才政策。正因为如此,我们认为,在每个专业的人才培养方案中,必须有一定数量的技术技能项目,既体现本专业的特点,同时要求学生参加对口的职业资格证书和技能项目的考试和考核,鼓励学生参加这些项目比赛和竞赛,并取得相应等级和名次。学校应开设相关项目,并开展考核考级比赛工作,既是对专业特点的彰显,也有利于培养学生勤奋苦练的精神,还有利于提高学生在就业市场上的竞争能力。

(五)专业实习和实践性项目课程

按照一般要求,高等职业教育学生要安排一定数量的认知实习、专业实习和毕业综合及顶岗实习。专业性实习和实践主要是为了更好地贯彻理论与实践相结合的教学原则,同时也是为了消化和巩固课堂教学效果,为学生走出校门、走向职场、走向社会创造条件,并以此积累学生的工作经历,从而有利于学生更好地发展,因此,在人才培养方案中,专业性实习和实践应有基本的保证。与此同时,为了使学生更好地了解社会,锻炼和培养能力并体现公益,学工系统应鼓励学生成立各种理论学习型、专业拓展型、文艺体育型、技术技能型、公益服务型社团,并组织开展志愿者服务,也可组织一些类似合唱团、艺术团之类的群众性体育艺术活动。这些社团或组织既有社会实践的因素,也有实践育人的要求,还有培养学生全面健康和特长才艺的功能。我们也可以把这些社团或组织体现在一定的课程之中,在课程改革过程中,我们可采取课程社团化、课程综合化的改革模式,两者结合起来,有利于推进全过程立体化同向协同育人。

总之,专业人才培养方案是一项系统工程,前面所讲述的是基本要求。其实,人才培养方案制订大量的工作在于调研、在于问卷设计、在于征询,毕业生跟踪和分析,这其实也是一门技术,更是一项很重要的艺术。与此同时,人才培养方案中的各类课程都应该具体化和细化,要有课程标准,要有教学大纲,要有考核机制。从整个人才培养方案制订到实施,我们还应当构建内部质量保证体系,要有诊断和改进工作机制。从高水平专业要求来看,我们更要提炼核心,制订标准并凝练专业文化,这样,我们的工作将会得到有效落实并切实形成良好的效果。

参考文献

[1] 邓志辉,赵居礼,王津.校企合作 工学结合重构人才培养方案[J].中国大学教学,2010(4):81—83.

[2] 姚寿广.对高职教育人才培养方案基本框架的思考与设计[J].中国高教研究,2006(12):62—63.

[3] 壮国桢.高职人才培养方案的优化设计——基于并行课程的视觉[J].中国职业技术教育,2010(17):7—9.

[4] 白坤海.基于"人才培养全过程课程化"设计人才培养方案的探讨[J].职教论坛,2010(27):51—54.

(来源:《职教论坛》2017 年第 21 期)

第四篇 —————————————————————

师资建设

提高质量:高职院校师资队伍建设的着力点

周建松

摘　要:由于高职教育兼具高教性和职教性,突出职教性、彰显高教性、凸显行业(区域)性是高职院校师资队伍建设的出发点,提高质量是高职院校师资队伍建设的着力点,应着眼于教师队伍建设的基本要求、特殊要求和个性要求三个方面。完善体现教师的高教性与职教性相统一要求的专任教师考核、评价和晋升机制,将兼职教师的动力机制和保障机制相结合,完善专任教师企业挂职锻炼的保障机制是加强高职院校师资队伍建设的应然选择。

关键词:高职教育;高职院校;师资队伍

高职教育既是我国高等教育的重要组成部分,也是职业教育的组成部分。在既具高教性又具职教性的特殊教育教学组织中,师资队伍建设无疑是十分重要的,也是非常有特色的。从某种意义上说,特色的办学定位、特色的师资队伍、特色的文化环境,才能培育形成有特色乃至不可替代的人才,也才能确保高职教育恒久的生命力和可持续发展的能力[1]。本章从中国高等职业教育的特点出发,就构建有特色、高水平、优结构的高职教育师资队伍做了探索和思考。

一、高职院校师资队伍建设的出发点

(一)突出职教性

高教性和职教性的统一是人们对高职教育的基本判断,然而,具体的理解则不尽相同,有姓"高"名"职"者,有姓"职"名"高"者,又有"高职"复姓者,或重在强调高教性或重在强调职教性,但笔者始终认为高等职业教育就是高职复姓,具体而言,它是基础的职教性和发展的高教性的有机统一体。基础的职教性,就要求我们在建设师资队伍时必须考虑行业、职业、产业、企业对人才培养和师资队伍的要求,把了解实际,具有实践能力作为教师队伍的重要要求。

(二)彰显高教性

职业教育也是一个完整有机的科学体系,包括了初级培训、中等职业教育、高等职业教育等等,即使是高等职业教育,也应该有更丰富的内容和多重的层次。高等职业教育作为职业教育的高等层次,它同时属于我国高等教育的重要组成部分,因此,人才培养工作也应该体现高等教育属性,因而,对师资队伍也应该有科学性、学术性的要求,也就是说,教师也应该有学术和科研能力。这是对教师的基本要求。

(三)凸显行业(区域)性

高等职业院校不同于一般的综合性高等学校,它往往是或一般是专属于某一行业或区域的。这就是说,高职院校一般由某个行业或某一个地区主办主管,主要为某一行业或某一区域服务,正因为这样,行业(区域)特点、行业(区域)文化应该是高职教育办学的特点和重点,也应该成为师资队伍建设的重要导向。

二、高职院校师资队伍建设的基本要求

高职院校一般由"三改一补"发展而来,教师规模相对较小,教师结构也不尽合理。因此,高职院校师资队伍建设应该有以下三个基本要求。

(一)数量适当

与学校办学规模相适应、专业门类相协调,高职院校应该使教师队伍在数量上保持充足适当,必须满足师生比的基本要求,比如现在一般认为1∶16是高职院校师生比的一个适当指标。当前的情况是,由于学校规模发展快,又考虑成本等因素,不少学校尤其是民办学校存在着教师数量不足甚至严重不足的情况,这应该引起我们的重视。

(二)素质精良

素质精良是一个内涵丰富的概念,作为教师,其主要任务是育人,因此,教师首先必须具有良好的师德师风、良好的道德素质,从某种意义上说这是最为重要的。其次,不同类型的学校对教师也有不同的素质要求,作为高教性的高等职业教育,教师应该具有较高的文化层次,接受过高等教育是最基本的要求,接受过研究生教育乃至博士教育也

应该是重要的导向,尤其是博士,应该是其目标追求。除此之外,高等职业院校的教师应该有作为教师的基本素质,如语言表达能力、形象、品质、风度和人格影响力等。

(三)结构合理

学校教育不同于培训机构,它要培养相应学历层次的人才,因此,必须实现知识、能力、素质的有机统一。而要达到这一目标和要求,其人才培养方案本身就要有丰富的内容和合理的结构,马克思主义理论课程、思想道德修养课、法律法规教育课、军事体育艺术课,不同专业的专业课程,专业基础性课程等,共同构成了教师队伍建设不仅有总量要求、素质要求,而且应该有结构要求,并且要以合理的结构来支持和完善数量和素质的要求。与此同时,高等职业教育作为高教性、职教性和行业(区域)性三者统一的复合体,本身就是非常重视结构的。其中,高等职业教育教师的结构问题更加重要、更有意义,更体现办学特色和发展需要。

三、高职院校师资队伍建设的特殊要求

高职教育要办出特色、办出水平,必须从高职教育自身的特点出发,体现其特殊性要求,包括以下几个方面。

(一)双师组合

高等职业教育高教性与职教性的统一,尤其是以职教属性为基础的特征,决定了结构问题在高职院校师资队伍建设中的重要地位,同时,能够体现职教属性的师资结构特征就是双师组合[2]。从队伍配比看,对既要有会上理论课、从事学理性教学的教师,也要有会上实践课教学、从事实践指导的教师;从教学能力看,教师既应该有较高学术和

理论水准,也应该有较强实践能力;从职业准入看,对教学人员应该既有取得教师资格证的要求,又有取得执业资格证的要求,或者说,高职教师应该是同时具备传统意义的高校教师资格证和行业执业资格证书的教学工作人员:这就是我们通常所说的双师组合的教学团队。

(二)专兼结合

如果说双师组合是高等职业教育师资队伍结构建设的重要要求,那么如何来实现双师组合就显得十分重要。就个体而言,某个教师有双师结构、双师素质、双师能力,这固然非常重要,但现实生活中,受体制机制和个人潜质等各方面影响,客观上比较困难,也难以恒久有效。相对科学有效的办法是通过校企合作、校行结合、校政协作的途径,建立起相对固定又动态优化的兼职教师队伍体系。同时,积极推进专任教师挂职锻炼机制的形成,以真正实现专兼结合的建设目标。专兼结合,能够较好地将理论和实践结合,将学生的知识、能力和素质培养统一起来。

(三)机制融合

专兼结合在理论上容易成立,但在实践上仍然比较难操作。近年来,不少高职院校以示范建设为动力,做了大量探索和实践,也取得了可喜的成果,但较多地停留在以感情交流、相互支持等为基础的协作关系上,并建立在个人层面上。因此,机制十分脆弱,要真正做到专兼结合,必须在机制融合上下功夫[3],具体方法可以是:国家(或)地方教育行政主管部门和劳动人事部门,面向社会公开选拔一批兼职教师,规定条件,经过选拔,确定资质,并实行年检制度、培训制度和薪酬制度,高职院校根据对口和需要决定聘任。这实质上是说:一是专兼结合教师队伍建设要从学校层面走向教育和人事部门。二是要突破人才部门(单位)所有制界限,实施优秀人才社会公共所有制。三是由社会、教育、人事、学校和企业共同建立兼职教师融合教育的机制。

四、高职院校教师素养的个性要求

教师的个体素质是教师队伍建设的基础,高职院校教师个体素质主要包括以下方面。

(一)强调三种经历

这是说,一个合格的尤其是优秀的教师必须具有三个方面的经历,一是高等教育的学历,如果能够有硕士乃至博士的学历则更好;二是企业经历,不仅要了解行业企业的情况,有行业企业从事具体工作的经历,而且应该把了解行业企业,去行业企业挂职实践作为制度;三是育人履历,这不仅要求教师具备履行教书育人职责的能力,而且要求教师能够有丰富的育人工作的经验和经历。

(二)注重三项能力

这是说,一个教师至少必须具备三个方面的能力,一是教学和指导实践的能力,不仅能教好一门或者两门课,而且要有指导学生具体操做的实践能力;二是育人和指导职业生涯规划的能力,真正做到教书育人,做学生的知心朋友,指导学生科学规划人生,实现人生科学和谐发展;三是科研和社会服务能力,教师必须充分利用自身优势,积极开展科学研究和社会工作,为行业企业,为政府决策,为社会进步,为企业发展做贡献。

(三)推进三方融入

要实现教师的成长和发展,必须积极创造条件,为教师成长和为社会贡献创造条件。一是融入政府部门,提高服务决策能力。高等职业教育办学过程中，必须以政府为主导，因此，政府的需求、政策的动向，必须为高职院校的教师所关注。二是融入行业企业，提高服务社会能力。高等职业教育发展必须以行业为依托，了解行业，服务企业，以行业发展为指导，应该成为高职教育发展的主旋律，学校的干部和教师，应该切实把融入行业企业作为重点。三是融入科研院所，提高学术服务能力。高职教育是高等教育的重要组成部分，必须在加强职教性建设的同时，着力高教性建设，提升科研能力和水平，更好地为社会服务。

五、高职院校师资队伍建设的着力点

经过三十多年尤其是近十几年的发展，高职教育进入了内涵建设和提高质量的新阶段。在这一背景下，高职教育的师资队伍建设应按照校企合作、工学结合和开放办学的要求积极推进，着力解决以下关键问题。

(一)专任教师的高教性与职教性相统一的考核、评价和晋升机制问题

无论从哪个角度看，专任教师是高职教育的主体，专任教师的素质、能力和水平，对高职教育提高质量、提升内涵至关重要。当前的问题是，对教师的评价考核和晋升机制不完善、不科学。其中主要的矛盾是使用过程中的职教性和考核指标上的高教性，这二者不吻合、有矛盾。一方面，我们按职教性要求来培养教师；另一方面，我们却必须按高教性要求来完成教师的专业评价和职称晋升。这一点，在有关专业技术评审和专项人才评定过程中尤为突出，如何从两者结合的角度来落实高职教师队伍建设问题需要认真解决，必须按照"职教性基础"和"高教性发展"的有机统一来解决高职院校教师的评价、晋升机制。

(二)兼职教师的动力机制和保障机制结合问题

高职教育的内涵建设需要一大批理念认同、素质精良、具有保障的兼职教师,这是不容置疑的,但当前的矛盾是,兼职教师的形成既无社会舆论的支持条件,也无财政投入的保障条件,更没有担当责任的体制条件,"不公开、靠人情"是基本状态,要大力发展高等职业教育,解决高等职业教育的水平和队伍问题,必须采用机制保证的办法,也就是说,要从社会舆论上使兼职教师感到光荣和坦然,要从体制机制上使兼职教师感到有前途和受保障,要在薪酬保证上对兼职教师具有吸引力,只有这样,高素质兼职教师队伍才会真正形成。

(三)专任教师企业挂职锻炼的保障机制问题

提高教师尤其是青年教师的实践能力和水平,并形成长效机制,是建设一支高素质教师队伍的重点,也是高等职业教育办出特色和水平的条件和保障。近年来,各个院校为提升教师实践能力和水平采取了大量措施,并投入了不少人力和财力,也收到了明显的效果,但坦率地看,这主要是出于示范建设等考核需要,真正的机制和氛围并未形成,而外部有效条件更无保障,如基地的规范性问题,挂职期间的管理机制问题,挂职期间的待遇问题,挂职后的回校保证问题,接受挂职的义务和权益问题等,政府部门应该有明确的规章和统一要求,现在单一地依靠学校自觉、企业支持的方法并非长久之计,应该有更为完善的办法,并将其真正纳入政府统一管理之中。

参考文献

[1] 赵春雪.职业教育师资队伍建设与发展[M].昆明:云南大学出版

社,2007.

[2] 王武林.产学研结合与高职师资队伍的培养[J].黑龙江高教研究,2004(10).

[3] 任伟宁.高职教师的关键能力和师资队伍结构模式研究[J].教育与职业,2008(23).

[4] 张铁岩.高职高专师资队伍结构的研究[J].高等工程教育研究,2002(4).

（来源:《教育研究》2012 年第 1 期）

高职院校教师职业发展的逻辑起点与推进策略

周建松　　陈正江

摘　要：我国高职院校教师在教学经验、实践经历以及对高职教育的认识和理解上存在着较大的不足和差异，而以行政指令和专家指导为主的外部评价使教师模糊了自身角色定位与道德担当，造成教师职业发展中的纠结和困惑。高职院校教师发展的逻辑起点明确符合高职教育特征的教师角色定位，以此促使教师在职业发展中树立职业自信以增强职业教育使命感，培养育人自觉以引领青年学生成长，形成道德自律以提升自身师德修养。在此基础上，为推进高职院校教师职业发展从理论向实践转变，以教师角色定位、道德担当与职业实践为基础，科学设计高职院校教师职业发展理念并形成多层次立体化教师职业发展支持与保障机制。

关键词：高职院校；教师职业发展；角色定位；道德担当

在我国当前加快发展现代职业教育的背景下，高职院校教师是推动高等职业教育改革发展的主要依靠力量，建设一支高素质专业化的教师队伍是高职院校深化内涵的必由之路。高职院校教师的角色定位与道德担当，不仅关系到青年学生的成长，而且关系到个人的职业发展，不能被简化或有意无意地"忽略"。此外，高职院校教师与其他类型教育的教师在角色定位与职业发展上也有所不同。在现代职业教育体系尚未建立的环境下，高职院校教师角色定位、道德担当与职业发展没有成熟的模式可以沿用。本文运用教师"角色定位—道德担当—职业发展"的认识逻辑，基于分析与高职教育特征相适应的教师角色定位，在实践中反思高职教师的道德担当，揭示教师角色定位及道德担当与职业发展的共生关系,并以浙江金融职业学院为例,考察以教师角色定位、道德担当与职业实践为基础的高职教师职业发展理念与机制,以期对推动我国高职院校教师职业发展提供启示与借鉴。

一、逻辑起点:基于高职教育特征的教师角色定位

(一)高职教育特征分析

1.高教性与职教性的统一。作为一种教育层次,高教性和职教性的统一是人们对高职教育的基本判断。高职教育主要培养服务区域发展的技术技能人才,同时为区域产业和经济社会发展服务。德国著名职业教育专家劳耐尔指出,现代职业教育应将并行教育路径的现代化教育结构,建立在职业教育与学术教育等值而非同类的主导思想的基础上。国务院《关于加快发展现代职业教育的决定》指出,发挥高等职业教育在优化高等教育结构中的重要作用。高职教育加强职业教育与高等教育间的沟通,成为架设在不同教育类型间,为学生提供多样化选择、多路径成才的"立交桥"。

2.教育链与产业链的统一。作为一种教育类型,高职教育打破了传统学校的封闭,跨越了企业与学校、工作与学习的界域,产教融合、校企合作充分体现了这种职业教育跨界的本质和特点。这就要求高职院校必须打破在学校里办教育的思维定式,形成系统集成,采取跨界行动,坚持校企合作、工学结合,举办教学、学习、实训相融合的教育教学活动,推动专业设置与产业需求对接,课程内容与职业标准对接,教学过程与生产过程对接,毕业证书与职业资格证书对接,推进校企一体化育人。

3.服务需求与就业导向的统一。作为培养高素质劳动者和技术技能人才的教育,高职院校要适应技术进步和生产方式变革以及社会公

共服务的需要,坚持以服务发展为宗旨,以促进就业为导向,服务区域发展,提高青年就业能力。为此,这就要求高职院校要密切产学研合作,重点围绕服务企业特别是中小微企业的技术研发和产品升级,构建教师立体化培养机制,从而使高职院校教师能够胜任服务发展需求和促进青年就业的光荣使命。

(二)与高职教育特征相适应的教师角色定位

教师的角色定位与该类型教育在整个教育体系,甚至经济、社会发展的环境密切相关,教师角色与社会、文化变迁的相关性日益凸显。从历史发展的过程来看,高职教师角色及其研究经历了由被忽视到逐渐关注,由关注教师群体到教师个体,由关注专业发展的"外部"环境和对社会专业地位的认可转到关注"内部"专业素质提高的过程。在社会公众眼中,高等学校教师一般具有知识分子、专家学者和人民教师的三重角色。在我国高职院校教师样态中,还存在一个有趣的现象值得注意:越处于一线的教师对教师角色定位越困惑。因此,需要立足于高职教育整体特征,超越教师单一性角色,对高职院校教师角色做出科学定位,即高职院校教师是集教师、培训师、咨询师等多元角色于一身的,其角色目标是成为教学名师、实践能师和育人高师。无论是高职院校教师角色的实际定位顺序,还是形成这种顺序的内在原因,都折射出高职教师角色定位的独特性。

1.教师。角色理论是阐释社会关系对人的行为具有重要影响的社会心理学理论,它是一种试图从人的社会角色属性解释社会心理和行为的产生、变化的社会心理学理论取向。只要人们真正相信他们的角色,认为应当完善地扮演,他们的行为就是真实的,他们的自我和角色就是统一的。尽管实践中的高职院校教师的角色是多元的,但现代职业教育对高职院校教师的要求与期待大致构成了教师——"双师型"教师——教学名师的角色体系。教师教育的出身应当构成教师岗位的底色,大众化背景下的高等职业教育,特别是课堂教学主要建构于课程、学生、教师三要素上,三者缺一不可。在高职院校的课程和学生之间,需要一个能够根据课程要求来教育、引导学生,并把他们的学业成就提高到规定目标的恰当媒介,这个媒介别无其他,就是教师,而且学生的知识来源更加多样快捷,教师固有的知识优势迅速衰减,这有可能彻底摧毁以知识传授为主的教育教学模式,完全重构师生关系。在教学方面实现从理论型教学向行动导向型教学转换,做到强调教学以实验室与实训基地为中心,注重在实践教学中渗透理论;深化"工学结合"教学模式,尝试前校后厂(场)、校企合一模式;以技术、技能操作作为考试标准,重点培养学生动手能力,使其具备"零距离"上岗素质,努力使自己成为教学名师。

2.培训师。校企合作、工学结合是高职教育的本色。"职业"这个术语对于高等职业院校尤其重要,它指的是一种有目的的人类活动,在具备某一专门知识领域综合能力的情况下,能够应对某一类疑问和问题,根据相关主体和法律所规定的职业资格和职业道德要求,对疑问和问题做出回答。由于新进教师多为普通高校毕业的研究生,他们在本科、研究生阶段接受的都是普通教育,一些教师对职业教育的特点认识不清,对高等职业教育人才培养目标理解不深。在教育教学过程中,教师致力的方向可能不是培养学生的素质与技能,而是关注学生的学历和知识,不自觉地以自身学习经历为参照,重学科体系、轻动手实践,一味追求"精、专、深",导致在教育教学中缺乏感性认识和实际操作,教学效果不能达到高等职业教育人才培养目标的要求。因此,对于高职院校教师而言,存在着由普通教育向职业教育转换的问题,这就意味教师在教育教学中的地位和作用逐渐发生变化,教师不再仅仅被看作是"课程实施者",而且也被看作是"课程开发的研究者和参与者",而这一过程恰恰折射了教师"专业化"由近代"技术熟练者教练"范式向现代"反思性实践者工程师"范式转化的过程,努力使自己成为实践能师。

3.咨询师。高等职业教育更多地建于实用主义目的之上,故可能出现侧重"人力"的培养而忽视了"人"的培育的现象。职业教育应该考虑的是人而不仅仅是其所担任的工作角色,它要培养的职业人应该具备综合能力,对技术改变现实的潜能和局限性有清楚认识的人,能与所有的角色进行对话,为社会和人类做出自己的贡献。高职院校教师更应在提升学生的学习能力和学业成就的学生"成长场"中发挥重要的作用。在学生时代教师的关爱会对学生的人生产生深远的影响,这种"成长场"思维注重整体育人的环境、氛围、文化等,能对人产生巨大的潜移默化的效果。教师要对原有状态与新环境要求产生的角色冲突进行调适,从心态到姿态都要逐渐转向理解的教育,使职业院校成为学生增强自信心的场所。事实上,"设身处地"和"换位思考"一直是所有后现代教育思想家所推崇的原则。内尔·诺丁斯指出,学会关心,因为关心而非歧视才是完美人生与和谐社会的基石。学校必须经过彻底改革,创造一个环境使孩子们学会关心:关心生命、关心人、关心世界。这样的改革就是道德培养的过程,这个过程有利于帮助孩子们追求一种道德的人生。这些都需要教师努力使自己成为育人高师,通过教师的帮助和引导,使这些曾经在学习上受挫的孩子重新收获信心,顺利迈入职业生涯。

二、行动反思:高职教师的道德担当

中国传统教育史就是一部道德教育史。在现实生活中,当一个人在面对矛盾时,他的价值观或者道德观都会对他的选择产生影响。教师道德是教师自我选择、认可并确信的教育观念或准则。教师道德赋予高职教育的内涵是深刻与全面的,既是高职院校区别于其他社会机构的外在形式,也是高职院校的一种组织文化和精神寄托。为保障高职教育人才培养质量,应将教师道德担当作为高职院校教师队伍建设中反思的关键问题,在实践中更加重视培育教师的道德担当。

(一)以职业自信增强职业教育使命感

任何一个社会职业都有其独特的道德准则和行为规范,最终都取决于从事这个职业的人能否坚守这些准则和规范。从公众的角度看,教师职业道德在一定程度上是为了维护公众对教育的信心,这使得原本是主观的或个人的教师道德正在走向"客观化"。2014年教师节前夕,习近平总书记在与北京师范大学师生座谈时对教师提出"四有"要求,即做有理想信念、有道德情操、有扎实知识、有仁爱之心的好老师。师德是立教之魂。尽管当今社会对高职院校及其教师的认可度并不高,社会偏见对高职青年教师职业声望存在负性影响。然而,高职院校师德建设的要求却丝毫没有降低,这更应成为促使高职院校教师提升道德修养的压力和动力。增强职业教育使命感是高职院校教师确立职业自信的着力点,浙江金融职业学院不是简单地将普遍意义上的师德内涵及规范套用在教师身上,而是根据高职院校教师的职业性质和特点,对教师职业道德要求和师德建设的基本理念等问题进行深层次的理论分析,并通过"入职第一课"教育这个有效载体,将"四有"要求纳入教师道德建设,突出抓好教师理想信念教育,增强教师的职业使命感和自豪感。教师通过不断学习专业知识、职业教育理论与职业技能,学习和吸收国内外先进职业教育理念与经验;优化知识结构和能力结构,提高文化素养和职业素养;具有终身学习与持续发展的意识和能力,做终身学习的模范。

(二)以育人自觉引领青年学生成长

教师的工作对象是有血有肉、有情感、有意识的人。引领教育发展的是活生生的教师个体,他们应将这种角色应该承担的责任转化成个人应负的职责。教师是对学生具有影响力的人,热爱学生是教师所特有的职业情感和道德义务,是良好师生关系建立和发展的坚定基础。爱生乃为师之本,即以学生发展为本,落实"关爱学生进步、关注学生困难、关心学生就业"的三关教育服务体系。培养学生的职业兴趣,激发学生的创造性,提高学生的就业能力、创业能力、观察能力、组织能力、交往能力和终身学习能力,促进学生学有所长,全面发展。与其他类型教育的教师相比,高职院校教师要将自己的知识和能力转化为学生的知识和能力,必须更加讲究教学方法,把握育人规律,把培育和践行社会主义核心价值观贯穿到教育教学的全过程,处处育人、时时育人,引导和帮助青年学生把握好人生方向。高职学生与本科院校学生相比,在求知欲望、学习能力和学习方式方法上存在差别,高职院校的教师在育人方法、授课技巧、操作能力、课堂管理上都要比本科院校教师花更多的精力和时间,成为既熟悉高等教育、了解职业教育特殊规律,又有业务实践能力的复合型教师。教师在传授专业知识的同时,应指导学生掌握基本的学习方法,进而向学生介绍行业发展现状和业务操作要领,侧重培养学生职业意识、专业能力和实践技能,以更大热情和对学生的更多关爱,悉心指导和帮助学生完成学业,引导其成长为高素质的应用型职业人才。在这个意义上,深刻认识和理解高职院校是实施素质教育的学校,是实施人人成才的学校和增强学生自信心的学校。由此实现的教师道德发展会给教师带来自我生命活力的体验和专业满足感,进而增强对教师专业更为内在和执着的热爱之情,并进一步推动自觉的成长与发展。

(三)以道德自律提升自身师德修养

职业道德具有约束性,提升教师职业道德既需要教师自觉修养,同时也离不开制度约束和氛围营造。2011年12月,教育部、中国教科文卫体工会全国委员会发布《高等学校教师职业道德规范》,从倡导性的道德理想、规范性的道德原则和禁止性的道德准则三个层面,将高等学校教师职业道德归纳为爱国守法、敬业爱生、教书育人、严谨治学、服务社会、为人师表等六项内容。2014 年 10 月,教育部发布《关于建立健全高校师德建设长效机制的意见》,强调坚持以社会主义核心价值观引领高校师德建设,遵循高校师德建设规律,着眼长远,将高校师德建设全面推向规范化、制度化、法制化轨道。浙江金融职业学院重视教师师德"软实力"建设,紧紧围绕新时期高职院校学生思想政治教育的目标要求,实施"师德师风提升工程",通过教学观摩、事迹宣传、事迹报告会、谈心交流等形式,让教师现身说法,发挥优秀教师、师德标兵、师德先进个人的榜样力量和传帮带作用,努力在全体教师中培育和践行社会主义核心价值观,热爱教育事业,树立良好的教师职业观念,形成丰富的教师职业情感,教书育人,敬业爱生,为人师表,团结协作,严谨治学,服务社会。教师应以人格魅力、学识魅力、职业魅力教育和感染学生,形成忠于职守、遵纪守法、以身作则的教师职业行为,做学生欢迎之师,创社会满意之校,育时代有用之才。

三、推进策略:浙江金融职业学院教师职业发展的理念与机制

教师职业发展可理解为在一定的理念指导下,通过机制设计以提升教师专业与教育技能、促进教师职业成长的过程。作为国家首批示范性高等职业院校,浙江金融职业学院牢固树立"全心全意依靠全体教师办学"的理念,坚持科学的发展观和人才观,加强教师队伍师德建设,完善教师资格标准,把促进学生成长成才作为教师工作的出发点和落脚点,在学校办学实践中重视教师角色定位和道德担当,并在教师职业实践的基础上探索形成高职教师职业发展理念,科学构建多层次立体化的教师职业发展机制,形成推进教师职业发展的系统策略,

努力培养一支师德高尚、素质优良、结构合理、富有活力的高素质、专业化的教师队伍。

（一）以角色定位、道德担当与职业实践为基础的教师职业发展理念

1.角色定位是教师职业发展的重要前提。角色理论强调人的行为的社会影响方面，而不是心理方面，认为人既是社会的产物，又能对社会做出贡献。教育作为人类一项最复杂的社会实践，个中的艰辛、美感和精神感召只有教师知道。在教师职业发展中，把教师作为一个富有活力的发展主体来看待，强调教师发现自己周围场景"教育意义"的敏感性。在遵循高职教育办学规律和教师发展规律的基础上，与行业、企业共建"双师型"教师培养培训基地，设立"双师"教师工作室、"名师"工作室等，落实教师企业实践制度，改善"双师"教师工作环境，激励教师自主提升"双师"素质。对脱产参加挂职锻炼的教师全额发放相关津贴，对利用假期参加社会实践教师给予相应补贴。对积极到行业、企业生产、管理、服务一线参加实践并取得较好效果的教师和经过自己努力取得与行业接轨的中级及以上资格证书的教师，在给予一定物质奖励的同时，对其申报课题、晋升职称、评优等均予以优先考虑。通过协调各种可能的和现实的因素，综合考量教师职业发展内在轨迹及外在影响，给教师带来自我生命活力的体验和职业满足感，进而增强对教师职业更为内在和执着的热爱之情，培养教师从事职业教育的荣誉感和责任感。

2.道德担当是教师职业发展的重要保障。教师是推动教育改革的主力，因为他们的素质、参与的活动以及产生的力量极大左右着教育改革。诚如马克思·韦伯所言，"无论什么事情，如果不能怀着热情去做，那么对于人来说，都是不值得做的事情"[5]。就教师的道德发展而言，自我意识起着重要作用，"它意味着人不仅能把握自己和外部世界

183

的关系,而且能把自身的发展当作自己认识的对象和自觉实践的对象,构建自己的内部世界。只有达到了这一水平,人才在完全意义上成为自己发展的主体"。在国家《高等学校教师职业道德规范》颁布前,学院就制定实施了《师德师风提升工程实施意见》。学院在建设国家示范性高职院校过程中,实施青年教师培养的"青蓝工程",着力提升青年教师的职业道德素质和教学业务能力,并在此基础上,创新实施"五星级青年教师"评选活动和新进校工作辅导员"青蓝工程",开展了教师学历、职称、职业教育教学和科研能力等提升项目。这些举措有利于教师增强自我道德发展的自觉性,为教师的职业发展营造了良好的内部环境,努力消除职业倦怠现象,增加教师参与管理的策略,实现自主发展与绩效评价良性互动的发展性教师道德评价。

3.职业实践是教师职业发展的重要载体。教师职业性体现在其是靠运用实践性知识,即运用综合的高度见识所展开的问题意识与问题解决的成熟度来实现的。教师的职业成长和发展关键在于实践性知识的不断丰富。教师在以"参与""反思"为主要特征的行动研究中不断获得对实践的反思能力。加强职业院校教师的职业实践,不仅要重视课程、课堂的活动或者言教,更要重视实践的身教和养成。教师在教学和育人过程中,要把专业理论与职业实践相结合、职业教育理论与教育实践相结合;遵循职业教育规律和技术技能人才成长规律,不断提高教育教学能力、科研能力、职业能力、社会服务能力及管理能力;坚持在实践中反思,在反思中实践,实现理论教学能力和技能教学能力双向提高。在此基础上,教师要积极参加实践锻炼,了解产业发展、行业需求和职业岗位变化,具备企业经历,坚持实践导向,结合专业教学,主动带着课题到行业和企业中开展调查研究和学习进修,及时应用到专业和岗位等相关工作中,并利用自身优势及学院的有利条件开展校企合作,为行业、企业提供技术和咨询服务。

(二)多层次立体化的教师职业发展支持与保障机制

关于教师职业发展,有研究者指出,"虽然经验式的发展是必要且有价值的,但如果缺乏理性、系统的指引,把大学教师的发展视为从经验到经验的简单生长,则是远远不够的"[7]。学院确立教师办学主体地位,将教师职业发展作为学校内涵建设的重要组成部分,以提高素质、优化结构为重点,从规划、投入、管理、考核、激励等各个环节构建多层次立体化的教师职业发展机制,并通过顶层设计、工程推动、项目引领、梯次培养和长效机制等举措加以整体推进。

1.顶层设计:《教师职业发展指引》。为促进高职院校教师职业发展,建设高素质教师队伍,根据国家和浙江省相关文件精神,学院于2014年初制定并实施《教师职业发展指引》,并将其作为指导教师职业发展的重要制度文件。《教师职业发展指引》围绕教师职业发展中的重要领域,即职业意识、职业态度、职业修养、教学规律理解与把握能力、通识教育能力、专业教学能力、课堂教学能力、教育教学与科学研究能力、实践育人能力、技术服务与实践能力及可持续发展能力等方面存在的主要问题,有针对性地提出五十条具体的培养要求。《教师职业发展指引》是教师开展教育教学活动的基本规范,是引领教师专业发展的基本准则,也是高职院校教师培养、准入、在岗培训、职业能力考核等工作的基本原则和依据。教师将其作为自身专业发展的基本依据,制订个人专业发展规划,增强职业发展自觉性,为多层次立体化的职业发展提供了指南。

2.工程推动:"教师千万培养"工程。为提高教师职业发展的针对性和实效性,学院以提高素质、优化结构、增加数量为重点,从2010年开始启动"教师千万培养"工程。"教师千万培养"工程中的"千万"有两层含义:一是指说一千,道一万,教师培养最重要,必须重视;二是指在学院每年的预算中有一千万元左右经费用于教师素质培养和能力提升,必须投入。"教师千万培养"工程从规划、投入、管理、考核、激励等各个环节引导教师结合高等职业教育特点建立科学的职业发展观,加强教师专业发展的制度建设,制订高职院校教师准入标准,严把教师入口关;制订高职院校教师聘任(聘用)、考核、退出等管理制度,保障教师合法权益,形成科学有效的教师队伍管理和督导机制。学院应完善教师培养培训方案,科学设置教师教育课程,改革教育教学方式;重视教师职业道德教育,重视职业实践、社会实践和教育实习;建立教师专业发展质量反馈与评价制度,探索量化考评机制,动态管理教师专业发展工作。

3.项目引领:教师职业发展"十大计划"。2014 年,教育部等六部委颁布的《现代职业教育体系建设规划(2014—2020 年)》提出,职业院校新增教师编制主要用于引进有实践经验的专业教师,到 2015 年,有实践经验的专兼职教师占专业教师总数的比例为 45%,到 2020 年达到 60% 以上。根据以上特点和要求,学院整合师资队伍建设项目,启动"十大计划"对接立体化教师培养,以项目为载体,切实增强培养实效,并作为各类人才工程实施考核的重要依据。"十大计划"即师德教风提升计划、"金晖学者"(学科学术带头人)培养计划、专业带头人提升计划、教学科研与育人团队培养计划、"金星闪光"(中青年骨干教师)培养计划、博士培养计划、"双师"培养计划、教师信息素养提升计划、教师国际素养提升计划、青年教师助讲(青蓝工程)培养计划。"十大计划"均以项目为载体,涵盖全院各类型、各层次教师职业发展。学院倡导教师要具备企业经历、学工履历和博士学历,积极参与企业技术开发应用、产品研发和社会服务;参加出国进修学习、国内进修访学、访问工程师项目。而这些都依赖于分类项目的支持,以促进教师强化职业化意识、拓展国际化视野、提升信息化能力。各系部和职能部门规范各类项目经费使用,充分发挥经费使用效益,积极申报浙江省财政师资专项经费,确保教师职业发展财政投入的可持续性,并共同做好项目的管理服务、中期检查和考核验收工作。

4.梯次培养:"自培—系培—校培—省培—国培"体系。为调动教师参与培养的自觉性和积极性,在充分了解教师关切的基础上,学院将教师培训尤其是青年教师培训按照组织程序与责任分工,自下而上建立了"自培—系培—校培—省培—国培"梯次培养体系。首先,自培以三年为一个周期,在全体教师中开展实施。教师对照自身实际和要求,制订个人职业发展规划,积极主动参加教师培训和自主研修,建立职业发展档案并进行自我评价,逐步提升职业发展能力。其次,结合系部和学校实际,完善校本培训制度和管理规范,根据现有师资情况,制订教师培养计划,统筹安排校本培训内容,建立普惠全校教师的校本培训体系。第三,按照国家、浙江省相关文件精神,组织专业骨干教师参加国家级和省级的专业、学科培训,提升专业和学术水平,引领教师职业发展。通过这种学院统筹、系部管理、自我提升的分级培养、递进培养体系,形成个人与组织的协同,使个人价值与集体价值有机融合,实现人才资源的最佳配置与效能发挥,使教师职业发展理念深入人心,成为每一名教师的自觉行动。

5.长效机制:构建科学的高职教师职业发展观。学院着眼于构建科学的高职教师职业发展长效机制,注重人文关怀,使个人价值与集体价值有机融合。首先,学院应树立科学的教师职业发展数量观和质量观,建立教师专业发展质量反馈与评价制度,探索量化考评机制,动态管理教师专业发展;建立教学、科研与社会服务等效评价机制,使教学、科研与社会服务都受到重视,给予同等的经济报酬和价值认可。其次,学院创设条件和投入经费,职能部门协同系部制订和落实教师培养与素质提升工作,强化对系部师资管理的培训与服务,建立比较完善的教师专业发展培训制度。发挥教学名师、高职称教师、行业专家等在新教师和青年教师培养过程中的作用,提升教师水平层次。加强教师专业发展的制度建设,制订教师聘任(聘用)、考核、退出等管理制度,保障教师合法权益,形成科学有效的教师队伍管理和督导机制。第三,完善院系分级管理,提高管理的有效性,建立健全新入职教师岗前培训制度和每三年一个完整周期的全员培训制度,形成人才梯队建设总体均衡和良性循环。与此同时,在促进教师职业发展过程中,依照2014年国务院颁布的《事业单位人事管理条例》的规定,建立教师培养质量反馈与评价制度,加强对实施绩效工资后新情况的研究,探索量化考评机制,着力增强绩效工资制度的激励作用,动态管理教师职业发展。

本文尝试通过对我国高职院校教师的角色定位、道德担当和职业发展的讨论,提出一个与理想的教师教育和教师发展话语有所区别的现象和命题。当然,本文的分析只是初步的,在此分析框架下进一步研究我国高职院校教师的角色定位、道德担当和职业发展三者之间的复杂关系,尚需进一步的理论分析以及更多的案例支持。今后的研究方向,一是向我国高职院校发展环境拓展,主要围绕现代职业教育体系中教师职业发展理念和体制机制展开;二是回归高职院校教师自身,从"更尊重教师,不去过度神圣化或妖魔化教师群体导致教师对自身的'角色排斥'[8]"的视角加以深入考察,体现出高职院校教师的真正职业本色,使其角色定位、道德担当和职业发展形成良性互动,使教师成为真正的教师。

参考文献

[1] 周建松.提高质量:高职院校师资队伍建设的着力点[J].教育研究,2012(1):138—140.

[2] 叶澜等.教师角色与教师发展新探[M].北京:教育科学出版社,2001:203.

［3］内尔·诺丁斯.学会关心：教育的另一种模式［M］.于天龙,译.北京：教育科学出版社,2001：207.

［4］陈向明.行动研究对一线教师意味着什么［J］.教育发展研究,2014(4)：1.

［5］马克思·韦伯.学术与政治［M］.冯克利,译.北京：生活·读书·新知三联书店,2013：112.

［6］叶澜.教育概论［M］.北京：人民教育出版社,1991：217—218.

［7］李家新.从"职业人"到"专业人"：社会分工视角下的大学教师发展模式及其转型［J］.现代教育管理,2015(4)：71—75.

［8］韩月.被关注的教师：共景视角下的教师角色分析［J］.现代教育管理,2015(2)：92—96.

（来源：《现代教育管理》2015 年第 8 期）

以教师教学发展中心建设为抓手促进教育教学质量全面提升

周建松

摘　要：在构建现代职业教育体系的历史进程中,高等职业教育不仅被赋予了结构优化功能,而且进入了以提高质量为中心的内涵建设新阶段,因此如何推动教育教学质量提高就成为重要而紧迫的问题。世界各国共同的经验表明,重视教师教学发展和职业生涯设计,是正确的、明确的选择。而建设并运用好教师教学发展中心,则是重要的途径。本文在研究国内外本科院校经验的基础上,结合高职教育特点,提出了独立的思考。

关键词：教师教学发展;教育教学质量;高职教育

经过近 20 年高等教育大众化的持续推进,我国高等教育规模扩张和外延发展的任务已基本完成。高等教育已历史地进入内涵发展的新阶段,重视结构优化,重视体系构建,重视文化建设,重视特色化专业学科培育,重视课堂和课程教学创新等已经成为主要内容,对于经过快速大发展的高等职业教育而言,则尤为如此。在众多提升高等教育教学质量的路径中,教师的教育教学能力及其对课堂教学的创新无疑是最有意义的。

一、重视教师教学发展的历史必然性与现实必要性

我国的高等职业教育经历了没有目标的探索阶段和有了初步目标的探索阶段,经历了基于大众化的规模扩张阶段,当前正进入基于

专科层次的内涵建设阶段和基于体系构建的创新发展阶段。高等职业教育规模再扩张已不是主要任务,优化结构、适应需求、提升内涵、提高质量则成为主要目标。在这一背景下,如何提高教师教学能力,以推动教育教学质量的提升,既乃历史必然,又为现实急需。

1.促进教师教学发展是世界高等教育提高质量的共同经验。20世纪80年代以来,世界高等教育进入以提高质量为中心目标的时代,其重要措施之一便是各高校纷纷成立了以促进本校教师专业发展、提升学生学习品质、形成优良教学文化为宗旨的"教学促进中心""教师发展中心""教师教学中心"之类的机构,对促进和推动教师教育教学能力的提升,更好地提升师德、提高师能、提进师艺,起到了十分有益的作用。无论是英国、美国,还是日本、澳大利亚,都有共同的带有规律性的经验。

2.促进教师教学发展是高职教育教师个体发展的内在需求。我国高校的教师发展实践早已有之,主要表现为教师继续教育或在职培训、进修等行为,但一直没有走上规范化发展的道路。随着《国家中长期教育改革和发展规划纲要(2010—2020 年)》的颁布,教师发展逐步从学术研究中的理论辩争上升为国家的顶层设计,并进入组织机构的规范化发展阶段。自世纪之交提出推进高等教育大众化目标并把大力发展高等职业教育作为重要抓手之后,我国下放了高等职业院校设置的审批权,大大增加了高等职业院校的数量,扩大了高职院校的招生规模和专业门类,高等职业教育迅速成为高等教育的"半壁江山"。于是,高职院校的教师数量大幅度增加、青年教师的数量大幅度跃升,没有经过系统培养的青年教师和从行业企业调入的教师快速走上讲台并承担十分繁重的多课程、多课时教学任务。他们为学校规模扩张、发展做出了十分积极的贡献,但应该说,从总体而言,大量教师尤其是青年教师还没有经过教育教学的规范性培训,缺乏教育教学提高的系统性训练,既需要补课,也需要与时俱进加以提高。

3.促进教师教学发展是经济转型升级和社会发展的客观需求。随着科学技术的进步,尤其是互联网的广泛应用,经济社会发展进入了一个新的时代。在这个新的历史发展时期,慕课、微课、翻转课堂等教学形式日益推广,教学信息化和教学资源建设成为教学的重要手段,手机、微课等形式作为通信工具被普遍使用,传播知识的手段不仅快捷而且准确,纠正的难度也进一步增加。在这种背景下,人们对教师的知识、能力和技术要求越来越高,这时教育者的再教育、培训者的先培训显得尤为重要。对此,社会给予了期待、寄予了厚望,也就是说,大学教师需要在业务和能力及技术水平等方面有更为整体性的不断的持续的提高,教师教学发展显得异常迫切。

二、教师教学发展中心建设是推动教师教学发展的重要抓手

1.为什么需要建立教师教学中心这样一个机构和机制。也许有人会说,教师的发展问题事实上各学校、各部门乃至全社会一直在做,如学校的人事处开展的学历提升、教务处组织的业务培训、工会开展的技术比武、信息中心组织的新技术培训、科研处组织的课题申报培训等。也就是说,教师发展途径十分广泛,甚至包括了人事部门的福利待遇、工会组织的疗养休养、后勤部门组织的健康保健等。我们认为,这种广义的教师发展十分重要,既体现着对于人民教师教书育人的尊重,也体现着党和政府对教师的关爱,也是每个教师的热烈期待,也往往是各学校党委和行政关心关注的重要课题。

而我们所说的教师教学发展是一个比较狭义的针对性的概念和范畴,它是特指通过有组织、有针对性、专业化、系统化的培训和激励,帮助教师更好地胜任角色。实际上,对大学教师的职业生涯规划设计和指导,是学校对教师发展的一站式服务指导、专业化指导,有利于教

师生涯发展更全面,人生发展更富意义。从职业性的维度来讲,高职院校本身就是以服务区域经济发展和产业转型为目的,以培养面向一线的高技能、复合型人才为主要使命。职业性也因此而成了高职教师专业发展中最为核心,也是最为社会各界广泛认同的一面。

2.教师教学发展中心的功能定位。纵观世界各国和国内众多高校的经验,教师发展机构确实具有不同名称,从而也赋予了不尽相同的职能,但作为一个高等教学中带有共性的机构,其大致应有规律性的东西,即教师教学发展(促进)中心,其职责和职能也应大致相同。

(1)教师教学发展中心是教师专业发展的专门机构。它既不是纯粹的行政机构,也不是纯粹的学术机构,而是将行政机构和学术机构的性质有机地融为一体,进而发挥行政与学术的双重优势,有效地履行教师专业发展的使命。

(2)强化教师教学专业认知是第一位的职责。从表面上看,提高教师的教学能力和水平是教师教学发展中心的首要职责和主要任务。其实,教师的教学能力和水平,从根本上看,是把教学作为一个专业来进行认识,并掌握其根本方法和基本规律,掌握教师这个职业乃至工种的专门知识、专门能力、专门方法及专门技巧,即基于职业化的专门训练。

(3)提升教师教学专业伦理是极为重要的任务。专业伦理是专业群体的行为规范与伦理标准,其主要目的在于促进教师更好地履行职责。在教师从事教学过程中,如何处理好教师与学生、授人以渔和授人以鱼的关系,课堂内与课堂外的关系、知识与能力的关系,是什么与为什么的关系,教书育人与教学相长的关系等,这都涉及一个伦理问题。对于每一个教师而言,这是需要认真修好的一门课程,而且必须与时俱进加以推进。

(4)促进教学水平和人才培养质量的提高无疑是直接目的。教师教育的根本任务是培养人、塑造人,因此,教书育人是人民教师的根本任务。教师通过教学专业认知和伦理的修炼，通过教学培训，使知识更新、技能提高、方法优化，更能因材施教，从而更好地解决在提升职业道德基础上的师能与师艺问题，从而更好地解决学生培养中知识、能力与素质统一问题。教师教学发展中心必须是为了教师，进而是为了学生的健康成才和成长，最后达到提高人才培养质量，进而推进教育事业的发展的目的。

三、高职院校教师教学发展建设的具体行动策略研究

根据前面分析，我们认为，在高等职业教育进行内涵提升阶段，建立教师教学发展中心不仅必要而且富有意义，应该积极加以推进。高职院校的教师教学发展中心，其核心内涵应该是一个以培养和提升高职教师专业发展水平，实现高职教师的理论知识、实践技能、应用研究之间深度融合的专业性组织。

1.采用行政推动和学校自主相结合的模式。鉴于内涵建设阶段教师教学发展中心建设的重要性，教育部已经启动实施了本科学校教师教学发展中心建设项目，并采用经费资助的形式加以推动。实践证明，这种行政推动和经费资助的方式，对于明确行动导向，调动学校的积极性，能起到很好的促进作用。高等职业教育作为我国高等教育的重要组成部分，处于构建现代职教体系建设的关键环节，提高高等职业教育的质量，对于提升我国应用型和技术技能型人才培养质量意义十分重大。因此，为落实《国务院关于加快发展现代职业教育决定》的重要内容，应在巩固国培计划和省培计划成果的基础上，实施"高等职业教育教师教学中心"建设计划，作为新一轮高职教育内涵建设的重要抓手之一积极加以推进，以此引导整个高等职业教育战线重视教师教学发展工作，引领更多学校关心这件事的落实。

2.采用委员会领导下职能机构的运行模式。目前，各高校的教师

教学发展中心,情况各有不同,有作为人事部门下属机构的,有作为教务部门下属机构的,有作为科研部门下属机构的,也有直接作为学校一级机构的,我个人认为,它都有道理。从理想角度看,学校应建立一个教师教学发展指导委员会,由院长直接挂帅,分管教学和人事工作的副校长任副主任委员,有关方面如教务处、人事处、科研处、财务处等部门为成员单位,在委员会的统一领导下,组织实施工作,如能作为一个直属一级专门机构,则效果很好,如果因为职数编制等原因,也可以作为直属一级半机构挂靠教务部门,因为它毕竟是教师教学发展问题,当然从帮助教师进行职业生涯发展设计角度看,也可挂靠在人事部门,作为一级半单位,具体可由学校选择。

3.采用专兼结合以兼为主的队伍组织形式。由于教师教学发展中心的重要任务是对教师进行职业生涯的设计指导,教学的专业化培养与培训,因此,专业性和经验性两者都十分重要,需要配备一定的力量进行工作,也就是说,需要有一定的专职人员,而且是有专业和经验的专职人员。与此同时,由于学校教师尤其是青年教师数量众多,专业分散、需求多样,因此,满足条件和要求的指导教师队伍也应由多方面人才组成,这就要求选配众多的兼职老师作为教师教学发展中心的老师。从高职院校的特点和要求出发,主要应包括:一是校内的兼职教师,主要是指有经验的老师或者说有教师教学专业背景的老师;二是指其他高等院校、教师培训机构的专家和学者作为指导老师;三是从专业角度看,还需要聘请来自行业企业的业务行家组成指导团队。总之,教师教学发展中心在组织上应该是小专职、大兼职的开放式团体,小专职具有一定行政属性,大兼职具有学术属性,而教师相互之间的学习也是非常重要的。

四、积极创造努力提高教师教学发展中心的工作成效

从全国范围看,我国高校建立教师教学发展中心的学校也不在少数,且有进一步扩大的趋势。但从调查反馈,不少学校的教师教学发展中心也有形同虚设乃至形式主义的情况,甚至不受教师的欢迎。在全面进入提高高等教育质量的关键阶段,必须加强这一领域的建设,并切实提高教师教学发展中心的建设工作成效。

1.以"校校成功"的高职教育发展目标战略作为支撑。习近平总书记在为全国职教会议的重要批示中明确要求,要营造人人皆可成才、人人尽展其才的环境,这是今后一个阶段职业教育的重要指导思想和重要任务。而要实现这一目标要求,必须构建起"校校成功"的目标战略。只有"校校成功",才能促进教育均衡,只有"校校成功",才能普遍保障和提高教育教学质量。而要实现"校校成功"和学生"人人成才"的目标,必须推动"师师精彩"。只有"师师精彩",才能帮助和指导学生"人人成才",进一步支持和创造"校校成功"。

正因为这样,我们认为,教师教学发展中心的建设,担当和推动了"师师精彩",助推了学生"人人成才",对实现"校校成功"的目标具有重要意义,这也正是加快中国特色世界水平的现代职业教育体系的有力之举。

2.坚持独立性机构设置的建设目标。前面已经说过,从理想化的要求看,应该建立委员会指导(领导)下的独立性机构设置。而从世界各国和我国高等学校现实情况看,凡独立设置教师教学发展中心的学校,一般都办得比较好,而附属性机构容易受其他中心工作影响。因为,独立性机构设置首先给人以重视的感觉,同时也便于考核,也较好下达和落实任务。当然,独立性机构设置时,配强专职人员,选好兼职专家也十分重要。

3.努力打造学术性交流平台。教师教学发展中心要真正办好办出成效,必须从行政推动起步,朝着学术性方向发展。如果说行政推动,往往使老师陷入被动,应付无奈和被考核,那么,学术性的存在和发展会使教师真正感到有收获、有帮助,对其职业发展和教育教学成功有益,进而成为自觉乃至留恋和依赖。这样,教师教学发展中心就具有了较大的生命力和美好的发展前景。

4.构建校内外互通合作交流机制。高职院校教师首先要明确高等职业教育的培养目标,树立现代职教理念,树立高职特色的教学观、质量观和人才观。教育观念的转变是提高教学质量的关键,可以通过专家培训、专题讲座、工作坊、研讨会等方式进行;而教学观察、模拟教学、课堂录像、教学研讨等则可以让教师深入教学实践进行行动体验。教师教学发展中心要增强吸引力、增添魅力,必须拓展指导专家的来源和渠道,从而为每个教师增加更多更广泛的学习机会。因此,各学校教师教学发展中心之间应该构建一个共建共享联盟,推荐共享指导教师,这是十分有意义的。正因为这样,在各学校都着手建立教师教学发展中心之际,适时建立教师教学发展中心联谊会(研究会)或联盟,应该成为一项重要的工作,对此,我们应寄予厚望。

（来源:《中国大学教学》2015 年第 7 期）

共同体视阈的高职院校师资队伍建设

周建松

　　学校是教师、学生、校友发展共同体。高职院校结构化教师队伍建设的总体要求是数量适当（充足）、素质合格（优异）和结构合理（优化），结构要求是专兼结合、双师组合和机制融合。结构化师资队伍建设要重视个体基础，提高教师个体素质并充分发挥校友作用。浙江金融职业学院在师资队伍建设方面的实践探索有："三金"机制、"三重"理念、"135791"的生涯规划，以及青年拔尖人才培养计划、金融青年骨干成长发展研修班等。

一、对共同体的理解

　　第一，学校是教师、学生、校友发展共同体。发展共同体的理念应是学生为本、教师为基、校友为宗，打造教师、学生、校友发展共同体是办学治校的重要内容。教师在共同体中的作用是教书育人、助力校友和引领风尚。第二，教师队伍是一个育人共同体。育人共同体的理念应包含以下三个"观"：素质精良的个体素质观、数量适当的总体数量观以及结构优化的结构合力观。在育人共同体里，我们既要强调个体的重要性，即每位教师（教育教学工作者）都有影响力，强化杰出教师的特殊影响作用以及教育教学工作也存在木桶效应；也要强调结构的重要性，即教书育人效果具有合成性，不同主体有不同分工和职责以及学生的成才成长需要众力合成。第三，共同体建设是学校的基本任务。打造发展共同体就是办学治校，建设育人共同体，即建好师资队伍，这也是我们贯彻《中共中央 国务院关于全面深化新时代教师队伍建设改革的意见》的题中应有之义。

二、关于对高职院校结构化教师队伍建设的思考

第一,高等职业教育具有以下三个特征:一是高等职业教育既是高等教育的重要组成部分,也是职业教育的重要层次;二是办好高等职业教育的重要前提是实现高教性与职教性的有机融合;三是高等职业教育的任务是培养高素质技术技能人才,在这个过程中,思想政治理论课、人文课、专业基础课、专业课、专业技能课、创新创业课、社会实践课等要实现全课程育人。第二,高等职业教育的发展要与文化融合,即要以大学精神为引领、遵照职教规律办学,也要以企业理念管理。第三,高等职业教育的建设与结构化教师队伍建设的总体要求是数量适当(充足)、素质合格(优异)和结构合理(优化),结构要求是专兼结合、双师组合和机制融合。双师结构教师队伍的建设要满足双师型教师队伍和三能型教师队伍的建设要求。第四,结构化师资队伍建设也要从年龄维度考量。我们的总体导向是让青年教师充满希望、中年教师保持活力以及老年教师幸福安康,具体实践是青年教师培养成长的"金翅膀机制"、中年教师稳定发展的"金台阶机制"以及老年教师幸福安康的"金降落伞机制"。第五,结构化师资队伍也要与文化融合,使教师认识高度统一,充分发挥教书育人合力。

三、要重视结构化师资队伍建设的个体基础

第一,个体素质是师资队伍建设的重要基础,是基于以下三个认识:一是充分发挥每位教师的作用,二是每位教师都拥有教书育人的平台、舞台和影响力,三是个别教师的影响和作用不可小视。第二,如何提高教师个体素质。一是严把准入关,选择适合的人担任适合的工

作,做教师要有特殊的素质和心理品格;二是重视培养和引导,充满变革的时代需要与时俱进,培养学生的人更需要不断接受培养,引导学生的人更需要发展引导;三是加强考核和激励,以鼓励为主、惩罚为辅。第三,充分发挥校友作用。正确理解和把握校友作用,选择优秀校友担任兼职教师,选择杰出校友担任育人导师,选择校友企业作为实践和就业基地,充分发挥各级各类校友的育人合成效能。

四、浙江金融职业学院共同体视阈的高职院校师资队伍建设的实践与探索

浙江金融职业学院坚持诚信、金融、校友三维文化育人,用"三金"机制激励推动全体教师热情,以"三重"理念即尊重员工个性、倚重员工德才、注重员工发展指导支持教师队伍发展,以每三年一轮师资队伍建设激发教师创新动力,以育为主的师资队伍建设方略形成内在活力,以校友为主体的兼职教师队伍建设发挥重大功效。在青年教师培养方面,一是我们有"135791"的生涯规划:"一年熟悉岗位、三年成为骨干、五年成为尖子、七年担当重岗、九年成就事业、一生平安幸福"。二是十年培养工程即金院青年事业发展纲要(2016—2025年)。三是成立金融青年骨干成长发展研修班("金骨班")。在建校40周年前夕,在40周岁以下青年教师中遴选100名左右的教师和管理骨干组建"金骨班"。四是实施青年拔尖人才培养计划,即遴选35周岁左右,35人左右,面向2035年重点培养,堪当大任,这是我们面向2035年的新探索。

作为国家首批28所高职示范校和浙江省重点建设高职院校,浙江金融职业学院是同类学校的佼佼者,被誉为"金融黄埔""行长摇篮"。我们的愿景是共建共享幸福金院,永创永续金融黄埔。我们的使命是坚定不移地沿着全面建设高品质幸福金院的路子走下去,为打造中国

高职教育标杆校而努力。

（来源：根据 2018 年 5 月 11 日周建松教授在华东师范大学召开的"新时代教师队伍建设改革论坛"暨全面落实《新时代教师队伍建设改革的意见》研讨会分论坛——"新时代教师人事制度改革"专题论坛上的发言整理而成）

第 五 篇

文化建设

关于高等职业院校文化校园建设的思考

周建松

摘　要： 我国的高职教育已进入内涵发展阶段，文化建设成为重要内容和主要抓手。如何理解和培育高职文化，从建设物质文化转型至形成制度文化、培育精神文化和铸就行为文化发展，这需要我们认真加以研究，不失时机地推进校园文化建设，进而实现教育和育人功能，意义重大，影响深远。本文对此做了探索，并提出了具体的策略即正确认识文化校园的功能，科学把握文化校园建设的内涵，合理把握文化校园建设的范畴，扎实布置文化校园建设的举措，广泛共享文化校园建设过程。

关键词： 高职院校；文化校园；建设思路

21世纪的今天,文化正越来越受到人们的普遍关注。文化作为全社会共同参与、共同构建的整体性活动,正全面深入地渗透于社会生活的方方面面,并引领着人类文明发展的历史进程。当前,全国上下正在认真学习贯彻习近平总书记关于中国特色社会主义文化建设的重要思想和全国职教会议精神,围绕培养和践行社会主义核心价值观,弘扬中华优秀传统文化,推进中国特色、世界水平的现代职业教育体系建设,文化建设必然摆上更加重要的日程。在这个背景下,如何进一步地理解高职文化,如何推进高职文化建设,如何有计划、有针对性地建设文化校园,意义非常重大。

一、推进高职文化建设的重大现实意义

文化建设的重要性不必多言,但其前提是如何理解和把握文化。

一般而言文化有广义和狭义之分,广义文化就是指社会现象,狭义文化主要是指精神文化。如果要进一步分析,那就值得进一步细化。在当今社会,关于文化的理解和分类,人们有多种观点,就其基本类型而言,有两分说,即文化包括物质文化与精神文化生产;三分说,即把文化分为物质文化、精神文化、制度文化;四分说,即把文化分为物质文化、精神文化、制度文化和行为文化;六分说,即把文化分为物质文化、社会关系、精神文化、艺术文化、语言符号、风俗习惯等。我们认为,从比较合适的范畴看,把文化细分为物质文化、制度文化、精神文化和行为文化相对比较贴切。基于这样的认识,我们来研究高职院校文化建设尤其是文化校园建设就有明确指向了。为什么要推进高职文化建设,主要有以下几个方面的原因。

第一,从高等职业教育发展阶段看,我国的高等职业教育从20世纪80年代起步,历经30多年,已经经历过没有明确目标的摸索发展阶段,有了初步目标的探索发展阶段,有了基本目标的规模发展阶段,有

了明确目标的内涵发展阶段,当今已经进入有了清晰目标的体系构建阶段。经历了这些阶段,尤其是第三、第四阶段后,无论从客观社会条件、实际社会需求还是从高等教育整个高水平看,我国高等职业教育的规模总量问题已经基本解决,余下的问题是内涵建设,包括结构调整和优化、质量提升和机制建设、体系衔接和构建。正因为这样,文化建设作为办学特色、品牌建设、可持续发展的重要内容应当摆上重要日程。

第二,从各高职院校的发展状态看,经过世纪之交后大发展的推进,尤其是经过示范建设、重点培育、办学评估等一系列活动的促动,我国的绝大部分高职院校都已改变了老校区修补、多校区办学等相对落后的分散办学的状况,大多数学校已经建成或初步建成新校区。新校区一般规模较大,远离城区或地处城乡接合部,"千亩校园、万名学子"已不稀奇。据统计,全国高职院校校均学生已达7000人左右,占地600亩左右,校园规模大,为校园物质文化建设提供了条件和可能,地处郊区为推进精神文化、行为文化、制度文化建设提出了需求。

第三,从我国高等教育所处的历史地位看,在中华人民共和国成立前,并没有高等职业教育的概念。中华人民共和国成立初期,我国学习和借鉴苏联教育制度,教育体系中除了大学外,还有大专、中专等层次。然而,我们必须承认的是,迄今为止,对职业教育的重要性及地位,尚没有引起全社会应有的重视。在其他社会领域,"职业"受到广泛尊重,而唯独教育领域,"职业"两字得不到尊重,甚至没有地位。无论从社会领域,还是从职业教育体系构建看,我们迫切需要构建起职业教育的文化,尤其是精神文化、制度文化和行为文化,并以此得到传承和创新,受到社会各界的认可。正是从这个意义讲,文化建设与可持续发展是走在一起的,或者说,文化建设是实现高职教育可持续发展的逻辑前提,我们已经到了必须研究、凝练、推进文化建设的时候。

二、研究高职文化建设的现实注意力

如前所述,文化是一个十分广泛的社会现象,是一个多功能的体系,在社会发展中起着重要的教化、认知、记录、调控、动力等功能。因而,研究建设高职教育文化必须正确把握其属性,概括其要义,提炼其精华。主要表现为:

第一,要体现高等教育属性。高等职业教育是高中后教育,应该具有高等教育属性,也就是说,必须以大学精神为引领。正是从这种意义上说,以精神文化为核心、学术为基础、自由为思想、自律为特征等应该充分体现在高等职业教育之中。由于我国的高等职业院校大多数为中专升格迁建或社会力量新建,而且一开始就经历边建设、边招生、边扩充的"三边"状态,大学的理念和思想通常是比较缺失的,追求和崇尚学术等思想和情怀严重缺乏,在高职文化建设中,必须注意提升,否则,不仅高教特征难以显现,而且容易走入类似培训机构的行列。

第二,要体现职业教育的特点。高等职业教育不仅是一个层次,更是一个类型,这个类型最为基本的特征不是基于知识和学科建构教育教学体系,而是基于生产和工作过程建构课程和教育教学体系。它要瞄准社会经济一线,适应产业发展需求,实现供需有效对接。正因为这样,生产性、经营性、市场性、服务性、实践性在高职教育教学过程中应该有充分体现,校内实践生产化、校外实践教学化,应该积极构建同一文化,学校文化应该广泛吸纳企业文化和社会文化。

第三,要融入经济社会活动。高等职业教育不同于培训,更不同于传统学科教学,它既是教育,也是经济,这就是我们通常所说的跨界属性。也就是说,职业教育即经济,经济即职业教育,对经济的投入是今天的投入,对科技的投入是明天的投入,对教育的投入是后天的投入。那么,对职业教育的投入,既是对今天的投入,也是对明天的投入,当然，也是对后天的投入，是对历史和未来的投入。因此，行业企业和社会经济的属性或者说市场的理念应该体现在高等职业教育文化建设之中。

第四，要有地域或行业性特征。与职业教育作为一个类型相对应，高等职业教育有别于综合性大学。综合性大学具有广博的人文情怀和文化属性，如复旦大学、清华大学等，而高等职业教育，一般都冠以××职业技术学院，也就是说，高等职业教育具有区域和行业的特征。这就必然要求我们在推进文化建设时一定要把区域或行业的文化融入其中，如浙江湖州职业技术学院应有浙江湖州的地域文化特征，浙江金融职业学院应有金融的行业（产业）文化特征，只有这样，才能真正解决千篇一律的问题，构建真正属于高职院校自身的文化，并得以千古传承、发扬光大。

三、以文化校园建设为抓手推进高职文化建设

在高职的短暂发展历史上，我们经历了"短期职大""中专戴帽""三改一补""三不一高""三教统筹"等不同政策和经历，这都丰富了高职文化。但高等职业教育作为类型和层次的统一，形成于 21 世纪初，时间非常短，构建高职教育文化必须在此基点上进行，自然也需要不断积淀。建设文化校园，应当是推进高职文化建设的重要抓手和必要手段。

第一，正确认识文化校园建设的功能。从本质意义上说，文化校园建设的直接目的是把物化校园文化化，也即把物质形态的校园丰富成为有文化的校园。但必须看到的是，文化化的校园不同于建筑物的一般装饰，不仅仅是为了美化和绿化。从学校的基本职能人才培养出发，文化校园建设的目的更在于教育即育人，也就是说，通过文化校园建设达到教育的功能，或者说对人才培养起辅助性作用。正是从这种意义上说，文化校园建设实质就是把物化的校园文化化、教育化的过程。

第二，科学把握文化校园建设的内涵。文化校园建设固然是要把校园文化物化，但如何文化，有其科学内涵，笔者以为，至少应包括：一是装雕现实，把大家公认的有利于彰显学校历史、现状、文化和特点的东西通过景观、诗画、故事、道路及牌匾等形式对校园进行装饰、点缀或者新设或调整；二是还原历史，也就是说，把历史人物、历史故事、值得记忆的历史事件通过雕塑、牌匾或其他路径充分展示出来，如新建学校的旧校区模型、创始人雕像；三是展望未来，把业已确认或公认的关于高职教育和学校发展的展望和倡导性的东西，通过一定的文化加以展现出来。这就是说，文化校园建设实质是以基于现实的、历史的和未来的三结合，如浙江金融职业学院的诚信道、明理亭、笃行桥、诚信讲学堂、明理报告厅、笃行创业园和"缘""传承""立"等就综合体现了这些特征，展示了其文化色彩。

第三，合理把握文化校园建设的范畴。"文化校园"，顾名思义，应体现在有形的校园中，即把校园文化化。正是从这种意义上说，文化校园建设首先应当有物质上的投入，要有物质文化层面的体现，丰富景观、美化建筑、增加景点、绿化美化都是其重要内容。但是，如果仅把文化校园建设理解为大兴土木、增加建筑和景观，这就歪曲了文化校园建设的本意，也会造成建设误区和投入浪费。因为文化校园建设最终的目的在于教育，在于育人。因此，体现人文性，着力营造育人氛围和环境也许更重要，把案例变故事，让故事传诵，把成熟的做法、经验上升为制度，演绎成文化则更有意义。这就是说，文化校园建设应当是以物质文化为基础的精神文化和制度文化的有机统一，以此影响人们的行为文化。

第四，扎实布置文化校园建设的举措。文化校园建设可以是一个项目、一个工程、一个阶段性活动，但更应该是出于自觉、源于自发的长期性校园建设。从某种意义上说，学校的每一天、每一项活动都是文化校园建设，从新校区奠基开始，都在推进文化校园建设，文化校园建设不应是一时一事的,也不应是一年一季的,而应该是长期持续的、永恒永远的。当然,作为一项推动和推进性工作,以一个项目为抓手,做一些比较快而实的实质性推动,或者掀起一个认识和建设高潮,也是有必要和有意义的。正是从这个意义上说,文化校园建设应该是时点、时期、持续的有机统一,不仅仅在于朝朝暮暮,应当久抓抓久,久久为功。

第五,广泛共享文化校园建设过程。文化校园建设看似是学校建设的一个侧面或者说一个维度,从学校建设角度还可以分为学风建设、教风建设、校风建设、党风建设、政风建设、师资队伍建设、干部队伍建设、领导班子建设、大楼建设、景观建设、绿花种树种草、道路翻建更新等。从这一角度看,似乎文化校园建设仅仅是小小一部分,是另一侧面。其实,文化是有边界的,也是无边界的,处处皆文化、时时皆文化、事事皆文化、物物皆文化、件件皆文化、人人皆文化。如果我们把每一件事、每一个活动、每一个小事、每一个会议、每一个报道乃至每一棵树、每一枝草,从赋予文化上去考虑,那么,这种文化必然是自觉的,更可以发挥综合效应,用少投入实现大产出,实现共建共享。浙江金融职业学院在"缘"文化酝酿和培育过程中正是基于这样的思维。

第六,努力打造文化校园特色、特征和特点。高职教育作为一个类型和层次,有其基本面,这就是我们在前面概括过的大学、职教和经济的三位一体和三维融通。对此,在我国高等职业教育发展中,它是一个类型,应体现类型特色,有一般性和总体性特征。然而,高等院校又是具体的、多样的,全国有1300多所高职院校,应该百花绽放、千花盛开,形成百花园、万树林,就每一所建设而言,不仅要有高职特色,还应有区域特征,也应有院校特点。只有在高等教育普遍、高职教育一般的同时,体现类型特色、区域特征和具体特点,文化才可能是持久的,也是真实的,自然是有生命力的。正因为这样,高职文化建设和文化校园建设可以相互学习、相互借鉴,但必须自主探索、因地制宜、创新建设、打造特色。

参考文献

[1] 陈定檠.中国传统文化视阈下的现代高职院校文化建设[J].中国高教研究,2011(2).

[2] 何祖健.从校园文化到文化校园[J].中国高教研究,2010(4).

[3] 刘丽萍,陆亚平.高校文化校园建设在繁荣社会主义文化中的作用——以哈尔滨金融学院为例[J].金融理论与教学,2012(4).

(来源:《中国职业技术教育》2015 年第 13 期)

高职教育的文化定位与建构路径

周建松

摘　要：经过近四十年的发展，我国的高等职业教育获得了长足的进步。高等职业教育作为兼具高教性与职教性双重属性的教育类型，在发展过程中已经积淀并形成一定的文化特质，实现新的更优质发展，需要高职院校秉持独特的文化定位，进行主动建构和建设。

关键词：高职教育；文化；定位；建构；路径

大学文化是其在长期发展和实践基础上由师生共同创造和积淀起来的物质财富和精神财富的总和。大学文化一经凝练并正式达成共识，就会对大学中的每一位教师、学生、校友产生积极而深刻的影响，就会对大学的每一个领域和每一个方面的活动产生这样或那样的作用。正因为这样，人们往往把文化建设作为大学重要的发展战略加以认识、研究，也即作为学校战略性的工程。20 世纪 80 年代开始，随着短期职业大学在我国的产生，一个被称作高等职业教育的教育类型逐渐被人们所认识，并在法律层面得以确认，1998 年制定的《中华人民共和国高等教育法》明确将其作为高等教育的一个类型。经过近四十年的发展，我国高等职业院校已经发展到 1300 余所，在校生已超过 1000 万人，高等职业教育被称为中国高等教育的"半壁江山"。在这种背景下，人们确实也开始关心和重视其文化特征的研究，不少院校已开始探索构建文化体系。高职教育文化概念自提出至今也已有十年时间，然而，不无遗憾的是，高职教育文化建设虽有很大进展，但推进过程十分艰难。但我们也同样认为，虽面临困境，但必须基于可持续发展的理念进行积极探索、实践和理论总结，本文拟对此问题做些思考与探讨。

一、高职教育文化建设必须摆上重要位置

高等职业教育文化建设的重要性,主要是可以从以下几个方面来分析。

(一)高等职业教育规模发展使然

经过近四十年的发展,我国的高等职业教育已经有了长足的发展,据2015年教育部公布的数据,我国的高等职业院校已达1341所,年招生数达368万,毕业生为322万,在校生达1048万,规模超千万,占据中国整个高等教育"半壁江山"已经成为真实写照。在这一背景下,我们应当分析和思考,高等职业教育如何形成特有的文化特质,从而推动其实现可持续发展。

(二)高等职业教育类型特征研究使然

近四十年来,我国高等职业教育的发展路径虽然发生过认识上的偏差和实践上的摇摆,但总体上是循着作为高等教育的一个类型和一个层次来进行的,特别是突破"压缩饼干式"人才培养模式,更加从类型角度认识和发展高等职业教育以后,其文化的建设尤显必要。也就是说,既然高等职业教育是高等教育的一个类型,这个类型是否应当有其自身的文化,更明确地说,既然是一个类型,我们是否应该有与其类型特征相适应的文化自觉和文化自信,对此,值得我们认真思考和研究。

(三)高等职业教育人才培养目标定位使然

在长期的办学实践中,国家和高等职业教育战线在实践发展中,对高等职业教育人才培养目标定位认识逐步深化,从20世纪80年代

至今,先后经历技术型、实用型、应用型、高技能、技术技能型等探索和深化,这一方面反映了我国高职教育实践的快速发展,另一方面也反映了我们对高等职业教育办学规律的认识逐步深化。高等职业教育人才培养目标"技术技能型"新定位也需要我们建设与之相适应的文化,引领高职教育办学,引领高职人才培养。

(四)高等职业教育创建一流目标使然

我国的高等职业教育从 20 世纪 80 年代以短期职业大学的身份开始发展,到 21 世纪统一为高等职业教育这一概念,不仅发展迅猛,而且迅速确立了创建一流的目标,尤其是中国特色、世界水平高职教育目标的提出,鼓舞了整个战线,凝聚了各方力量,但也提出强烈的挑战和需求,尤其是文化建设需求。进入新世纪后,高等职业教育领域先后经历了国家示范高职院校建设、国家骨干高职院校建设,确立了一批重点创新和标杆性学校。2015 年,教育部发布了《高等职业教育创新发展行动计划(2015—2018 年)》(教职成〔2015〕9 号),对今后一个时期高等职业教育发展提出了明确要求,全国一流、国际知名乃至国际一流和先进水平的建设目标已经成为一批学校的发展方向。正是从这个意义上讲,高职教育文化特征、文化内涵是什么,高职教育文化体系如何构建等问题必须引起我们足够重视和认真思考。

二、正确分析高职教育文化建设的困境

不容置疑,在我国高等职业教育大繁荣、大发展的背景下,也面临着诸多矛盾和挑战,这既影响着高等职业教育的可持续发展,也对高等职业教育文化建设产生明显的挑战,更成为我国有高职特色的文化建设难以突破的困境,对此,我们必须正视和重视。

(一)高教性和职教性双重属性的挑战

关于我国高等职业教育的地位和定位,事实上至今尚未有统一的认识。在过去的四十年间,我们一直是秉承着学习借鉴的态度来建设和发展我国高等职业教育的,从澳大利亚的 TAFE 到加拿大的能力为本模式,从英国的"三明治"教学模式到德国的"双元制",从美国的社区学院到我国台湾地区的技职教育,回顾这个历程,可谓博采众长、融合提炼。然而,近期有学者则认为,我国的高等职业教育是对世界的一个重大贡献,因为除了瑞士(2014)以外,世界上仅中国(1996)有高等职业教育这一正式概念。与此同时,1996 年制定的《中华人民共和国职业教育法》,明确高等职业教育为职业教育的一个层次,而 1998 年制定的《中华人民共和国高等教育法》则明确高等职业教育为高等教育的一个类型。这实际上是说,我国的高等职业教育既是高等教育也是职业教育,这给高职教育发展创造了无穷机遇和机会,但必须承认的是,它给文化凝练、积淀和建设带来了不少挑战甚至出现了困境。

(二)高等职业教育面临"本"文化的挑战

不容忽视且必须承认的是,在我国教育领域,"本"文化是一个重要的社会文化心理特征,从前些年一直延续至今的招生中的一本、二本、三本、四本、五本的分类就是一个很好的例证。虽然近几年强调高等教育分类管理,鼓励各个类型和层次的学校办出特色、办出水平、创造一流,但与高等职业教育形成挑战的是本科情结十分突出。有人曾经坦言,现在的高等教育文化特征是:高职高专求本心切,新建本科谈职色变,这从全国上百所较高水平高职院校借壳本科院校举办本科专业,应用型本科院校不承认职教本科中就能明显地反映出来,对此,我们无须讳言。正因为这样,我们认为,要确立起高职教育作为类型和层次的文化非常之难。

（三）高等职业教育面临重技轻文发展方向的挑战

技术与人文的冲突是现代大学教育面临的基本矛盾之一。现代技术对人的"异化"以及对人类生存环境的破坏有目共睹。高职教育作为培养生产、建设、管理、服务一线需要高素质技术技能型人才的教育类型，在近 40 年的发展实践中，对技术负面效应的关注较少。纵观 40 多年我国高职教育人才培养定位的各种表述，基本都是"社会本位"，培养专门化人才服务区域经济社会发展是其核心价值、本体价值，尤其是学生人文价值的缺失已经引起高职教育战线的广泛关注。随着经济社会的发展以及学生主体意识的增强，满足学生全面发展及个性化需要将是未来我国高职教育发展的"另一极"。作为职业教育的一个层次、高等教育的一种类型，高职教育发展也必须强调对学生自身发展价值的关注，技术与人文融合，应成为科学定位高职教育人才培养目标的核心理念。

（四）高等职业教育面临自身发展的挑战

我国高等职业教育经历了一个大发展过程，特别是高职院校设置审批权下放进而改为备案制以后，地方政府尤其是地市一级政府推动高等职业教育发展动力增强。因此，我们可以看到，在省会城市，中专升格成为一种常态，在地市一级多所中专合并成综合性高职同样成为一种常态，还有以民营机制和社会力量办学起家的高职院校也不在少数。因而，在管理体制不顺、经费投入不到位、保障条件不到位的情况下迅速崛起的高职教育在其发展初期就面临了挑战，至少表现在以下三方面：一是师资严重不足的挑战，二是办学场地不足的挑战，三是招生就业困难的挑战。不少学校已经出现了生存和发展的严重困难，这既影响了高职教育的品牌声誉，也挫伤了高职教育的文化自信。通过进一步的分析我们可以看到，在高职院校发展过程中，还存在一些学校办学不规范、重规模轻特色、不切实际的校名,中职高职一体化的混合式校园等问题,同样给高职教育文化建设带来不可小视的大挑战,对此,我们必须认真分析并加以研究。

三、共同探寻高等职业教育的文化特征

尽管我们分析和讨论了高职教育文化建设的困境,但我们还是应该认为,建设高等职业教育文化仍然是十分重要的,我们既要从高等教育的一般性中找规律,也要从高等职业教育的特殊性中找元素。当然,每一个学校也应该研究、培育、积淀自身的文化。

(一)从高等教育的分类中找定位

随着我国高等教育大众化的不断推进,我国高等教育大众化程度正在不断提高并逐步向普及化迈进。在这一背景下,原先精英教育的概念正在发生变化,因而人们对我国的高等教育也正在进行新的科学的分类。借鉴联合国教科文组织有关分类理念和方法,人们对高等教育大致可分为学术型、工程型、技术技能型三个类型。

所谓学术型又称科学型和理论型,它一般以客观规律为研究对象,以基础科学为研究重点,以培养科学家为主要目标,为社会打开一扇扇通向自由王国的门扉。

所谓工程型,也称设计型、应用型,它一般以工程技术应用、科研成果转向为目标,其工作重点是为社会谋取直接利益,推进科学技术和现代服务业发展进步,所谓应用型大学就是这样。

所谓技术技能型,它主要是在生产建设管理服务技术一线从事社会分工的工作,主要是把科学决策落到实处,把产品和业务扩大到客户手中,从而为社会直接创造价值。

应该说,高等职业教育是培养生产建设管理服务技术第一线人

才,因此,高等职业教育具有区域性、行业性、实践性等特点,依托行业(区域)、服务区域(行业)、强调实践性教学是重要特征,这就为我们研究高职教育文化明确了基本方向。

(二)高职教育的文化特征分析

关于高职教育的文化特征,专家学者从不同层面对其进行过不少探索和总结,当然大部分学者是从物质、精神、制度、行为等方面进行描述和分析的,它符合文化分析的一般规律,也有利于将文化建设落到实处。鉴于这种分类和分析,理论界已有许多建树和成果,本文不再赘述。从高等职业教育作为高等教育的一个类型、职业教育的一个层次以及具有高教性和双教性双重属性的综合角度来看,我们认为,高等职业教育的文化具有以下特征:

1.高等教育规律与大学精神引领。也就是高职教育也要围绕人才培养、科学研究、社会服务、文化传承与创新、国家交流与合作等职能和使命来考量自己的身份和角色,研究如何体现追求真理、重视学术、经世济民、引领风尚的情怀和责任。

2.职业教育规律与职业化运行机制。也就是说,要贯彻职业教育面向市场、服务发展、促进就业的基本要求,贯彻面向人人、校校成功、人人出彩的原则,努力在高等教育大众化、普及化的背景下建设高职教育文化,把专业化、职业化等要求落到实处。

3.综合考虑物质、精神、制度和行为四个维度。既要考虑文化的物质形态、物质载体,考虑楼宇和参观及其设施设备,更要注重总结凝练办学理念和文化思想,同时要重视和加强学校制度建设,加强师生文化行为规范建设,形成在物质、精神、制度和行为上的特征。

四、科学设计高等职业教育文化建设的路径

高等职业教育的文化是长期积淀的结果，需要全体师生和广大校友坚持不懈的努力。然而，文化既是一个不断积累和积淀的过程，也是一个主动建设、持续推进的过程。我们要创建优质重点高职院校，建设一批高水平高职院校，打造中国特色、世界水平的高职教育，必须在文化建设上积极作为，加强理念认同，加大研究力度，加快路径探索。

(一)主动建构理念

无论是源于内部自觉，还是源于外部引导，我们需要从决策部门到院校等多方面主体达成共识，抛弃文化建设顺其自然、可有可无的错误认识，而必须用主动积极的理念来加以推进。第一，从教育行政和决策部门看，我们需要根据有关行动性文件导向，明确把文化建设纳入工作重点。如果说 2006 年启动的国家示范性高职院校建设计划和 2010 年启动实施的国家骨干高职院校建设计划主要关注了专业建设和人才培养模式改革，抓住了必需和急需尚情有可原外，在当前的新一轮优质高职建设特别是即将启动的高水平高职院校建设，必须因势利导、积极而为，把培育形成有特色的先进的文化作为引导重点，并以此作为考量高水平的优质高职院校的重点之一乃至重中之重。第二，从学校层面看，一定要把加强和重视文化建设、重视文化凝练和培育，纳入党政领导班子特别是党委的办学理念和重要工作职责，真正把党育文化与党抓发展、党要管党、党主育人、党主队伍、党谋幸福一起作为党委职责，以此来推进学校文化建设。第三，从学界层面看，应该关注和重视对高职教育文化建设的研究，不仅要重视对专业建设、人才培养模式、课程与教学模式、校企合作体制机制建设研究，也需要且更应把高职教育文化建设作为重点来抓，注重发掘各地各校在文化建设方

面的有益做法和成功案例,并加以推广,同时,也要鼓励用立项支持等途径推进学校文化建设。

(二)凝聚师生共识

辩证唯物主义认为,人民群众是历史的创造者。学校文化是全校师生和广大校友创造的物质财富和精神财富的总和。也就是说,学校文化应该也是师生共同在实践中创造的,正因为这样,凝聚师生智慧和共识十分重要。为此,我们建议三条路径并重:第一,立足自下而上。高职教育文化建设要充分发挥师生主体作用,充分激发和调动二级院系的主动作用,通过二级院系主动适应市场、适应需求、适应行业、适应企业、适应社会,在具体实践中积累文化、形成案例、产生故事,进而形成文化。第二,自上而下推动。自下而上是一种理想模式,但发展到一定阶段也有困难,特别是当高职教育类型和层次以及顶层设计等尚未完全明确的情况下,难以有效进行。自上而下通过学校设立文化建设专门机构来进行规划、设计、推动和实施,有时也能取得积极的效果,如学校领导宣讲文化建设目标,职能部门规划文化建设路径,以此鼓舞士气、阐释未来,进而推进文化建设朝着与学校规划相一致的方向前进。第三,自上而下与自下而上相结合。既要从学校决策及职能部门层面积极推进,也要注重二级学院自下而上实践跟进。学校在人才培养、科学研究、社会服务、国际交流与合作、文化与传承与创新等各方面依靠职能部门规划推动,同时,各二级学院(系)根据学校总体思路创造性实践,形成学校建设发展和文化建设的各种案例,从而使文化建设凝结在学校发展之中,产生综合效用。

(三)激励个体创新

文化建设既要类型共识,也要个性彰显。各个学校从自身特点出发,遵循和把握高职教育规律探索性建设文化应该鼓励和尊重。在这方面,自 2008 年以来,已经有一批高职院校在实践创新。教育部文化素质教育指导委员会因势利导,已在组织编撰高职文化建设首批丛书,作为代表性学校文化建设的案例,这项工作正在启动实施。首批著作有望在 2018 年出版,笔者所在的浙江金融职业学院就是其中之一。作为国家首批 28 所示范性高等职业院校建设单位之一,浙江金融职业学院从 2008 年开始结合示范建设发起了全国高职教育文化建设与可持续发展论坛,每两年举办一届,至今已成功举办了五届,参与高职院校超过 600 余所。同时,学校适时提出示范建设的真谛是机制创新和文化引领,并明确把大学精神引领、职教规律办学、企业理念管理作为高职类型文化建设的基本路径,把尚德重能作为高职文化建设的重点任务等理念,产生了积极而广泛的影响。从学校自身层面看,浙江金融职业学院坚持传承金融文化,服务区域经济,培养实用人才的定位,确立了"做学生欢迎之师,创社会满意之校,育时代有用之才"的价值理念,积极践行特色鲜明、人民满意、师生幸福的办学宗旨,推进文化建设。从文化建设具体思路看,从金融类高等职业教育特点和条件出发,积极构建以诚信文化、金融文化、校友文化为主要内容的文化建设体系,诚信文化重立人、金融文化重立业、校友文化重立世,从而推动了"金融黄埔、行长摇篮"良好声誉的产生和传播。从一定意义上说,浙江金融职业学院已经成为我国高职院校文化建设的典范和样板,既推动了学校的建设和发展,又引领了高职教育改革与创新。学校在获得众多文化建设品牌的同时,也被列入浙江省首批文化校园试点建设单位,大大推进了文化育人工作深入开展。

参考文献

[1] 周建松,唐林伟.高职教育人才培养目标的历史演变与科学定位

［J］.中国高教研究,2013(2):94—98.

［2］刘洪一.中国特色高职文化的建构与实践［J］.中国高教研究,2008
(12):54—57.

［3］刘楚佳.高职文化的生成:制约因素及路径选择［J］.中国大学教
学,2012(7):85—87.

基于内涵发展的高职院校文化建设研究

周建松

摘　要：当前，我国高职教育进入内涵发展的新阶段。在高职院校内涵发展诸多要素中，文化建设是一项十分重要的内容。在分析高职院校文化建设的内容和结构的基础上，分析高职院校文化建设的作用及其机理，并以浙江金融职业学院为例，提出基于共性特点和个性特质的高职院校文化建设路径。

关键词：高职院校；内涵发展；文化建设

文化在中国古代就有"以文教化""以文化人"之意，表示对知识的积累，性情的陶冶，品德的教养。高职教育作为我国高等教育的新类型，从 20 世纪 80 年代开始摸索和探索，逐渐从无到有、从小到大，从确定性到相对定型，成为推进我国高等教育大众化的重要载体和主要抓手，成为高等教育的重要组成部分，成为现代职业教育体系的重要环节，已初具规模。据统计，截至 2015 年，我国的高等职业院校已达 1341 所，在校生规模已达 1048 万，占高等教育的 41.2%，其院校数量更是超过了普通高等教育。因此，高职教育被誉为高等教育的"半壁江山"，同时，从生源等多方面条件看，规模扩张已不太可能。在这些背景下，我国的高等职业教育如何建设、如何发展，必须进行认真思考，不失时机地推进内涵发展和质量提升，应当是正确的选择。而在内涵发展诸多要素中，文化建设是一个十分重要而又不可或缺的内容。

一、高等职业教育发展新阶段与文化建设

经过 30 多年尤其是新世纪以来我国高等教育的大发展,无论从事物发展规律,还是发展条件看,我国的高等职业教育都应该也必须进入内涵发展阶段,其原因在于:

(一)国家关于高等职业教育的大致方针已经清晰明了,这为内涵发展提供了前提

我国的高等职业教育起步于 20 世纪 80 年代初,从短期职业大学起步,期间经过了"三不一高",即不发统一内芯的毕业证书,不转户籍关系,不包分配和较高学费收费上学,甚至经历了被改革、被调整和被整顿的折腾。20 世纪 90 年初,国家开始明确高等职业教育的发展政策,逐渐明确以"三改一补",即改革高等专科学校、改革成人高校、改革短期职业大学及符合条件的中专学校作为补充,我国高等职业教育真正迎来大的发展。而世纪之交的中国推进高等教育大众化的政策和教育部下放专科层次高等职业院校设置审批权,使高等职业教育在我国得到了快速而迅猛的发展,逐渐成为一个重要类型和重要力量,国务院和国家教育行政主管部门也采取了有力措施加以持续推进。在这过程中,国务院先后召开多次全国职业教育工作会议,发布相关文件,明确了大力发展、加快发展的方针,明确高等职业教育为我国高等教育的一个类型,明确普职大体相当,明确构建现代职业教育体系。所有这一切都说明了我国高等职业教育的方针政策已十分明确并基本定论,这为我们探索规律、打造特色和提升质量创造了有利条件和极大可能。

（二）当前经济社会发展的种种条件，决定了高职内涵发展的必要性

改革开放以来，我国实施高等教育连年扩招政策，特别是世纪之交高等教育大众化的政策，更使我国的高等教育得到空前大发展，我国高等教育的毛入学率迅速从 10% 左右上升到 40% 多，一些发达省份已达到甚至超过 50%，进入普及化阶段，高考招生录取率接近 90% 甚至更高，这就形成了我国高等职业教育的几种情形：一是学校教育教学及后勤保障条件已经饱和甚至超负荷，教师和教室等资源相对紧张，难以再扩大；二是中班大班教学已成常态，小班教学、分类培养、个性教学事实上成为不可能；三是从生源等具体情况看，高等教育再扩招的可能性已经不存在，一些地区如江苏、湖北等出现了部分学校零投档等新现象。正因为这样，无论从外部可能条件还是自身资源要素等分析，我国的高等职业教育从总体上应该从外延发展转向内涵发展，必须研究如何优化结构，提高质量，必须进入内涵发展新常态。

（三）抓好以文化建设等为主要内容的内涵建设是一项系统工程

高等职业教育从外延发展转入内涵发展是一项革命性的变革，关系到教育思想、教育观念、管理理念等一系列的变化和调整，包含十分丰富的内容，如专业结构的优化和专业建设水平的提升，特别是特色专业和专业特色的凝练和形成；科学研究和社会服务能力的提升，特别是以立地式应用型研究和区域经济社会发展以及中小企业技术和产品开发为主要内容的社会服务，应该有新的加强和提高；教师队伍特别是青年教师的培训和双师结构教学团队的建设必须提高到一个新的水平；校企合作体制机制应该从框架协议进入具体深入阶段并有更加深刻深入的成效；学校的文化建设无论是从类型特色打造还是学校文化育人等视角都应该有更加扎实的成果，也就是说，包括文化建设在内的系统工程必须有新的加强和推进。

(四)为什么要在内涵发展中重视学校文化建设

党的十七届六中全会指出,推动社会主义文化大发展大繁荣。当今时代,文化越来越成为民族凝聚力和创造力的重要源泉,越来越成为综合国力竞争的重要因素,越来越成为经济社会发展的重要支撑。因此,学校在内涵发展时期,必须重视和加强文化建设。正因为这样:学校文化是学校的生命基因,作为一个有机体,学校的发展状态和生命周期往往是由基因决定的,需要把好的文化传统定格、传承下去。学校文化是一种管理方式,在学校这座巨大冰山中,文化是根基,其他才是有形的管理,文化在管理中起着潜移默化的影响。学校文化是学校品牌和形象的灵魂,决定了学校的特色、地位及社会影响力,必须始终重视和加强。从某种意义上说,文化更是学校的竞争力所在,而文化既是软实力,也是硬实力,在竞争发展中意义重大,作用明显,因此,必须正确理解、科学把握。

二、正确把握高职院校文化建设的内容和结构

从广义看,文化是人类社会所创造的物质财富和精神财富的总和。具体来讲,人们对文化的理解各有不同,可谓仁者见仁、智者见智,不同视角也有不同理解和认识。高等职业教育作为高等教育的重要组成部分,人们一般从高等教育即大学文化着手,分析文化建设的内容和结构。

(一)大学文化及其引领作用

大学文化是大学在长期教育和办学实践过程中形成的理想追求、遵循准则、思维方式和行为习惯,以及蕴含在物质成果中的理念与意

境。站在不同的角度,人们对此也有不同的分类,有二分法、三分法、四分法、五分法等。二分法是指物质文化和精神文化,这比较少见;三分法指物质文化、精神文化、制度文化,赞同这种分类的专家学者不少;四分法是物质文化、精神文化、制度文化和行为文化,赞同这种分类的也比较多;五分法是物质文化、精神文化、制度文化、行为文化和活动文化,但这比较少见。一般而言,采用四分法的比较普遍。

大学精神文化是大学文化的内涵和最高表现形式,是大学在长期的发展过程中形成的独特气质和价值规范体系,具体表现为大学的办学理念和价值追求等,具有凝聚、激励、导向和保障作用,属于最高层次的文化。

大学制度文化是大学在办学和发展过程中一系列权利、义务及责任的综合,是大学存在和发展的规范、规则,同时也表现为大学在长期的发展和实践中形成的观念、习惯等等,一方面,它约束着大学的行为,同时,也为大学发展提供保障。

大学的物质文化是大学和大学精神文化存在的物质基础,是大学文化的物质形态和综合实力的重要标志,它主要是指办学条件,也包括积累起来的办学成果,也是大学实力的重要的最为显性的体现和标志。

大学的行为文化是大学师生员工在教育教学、科学研究、学术交流、学习生活、文化活动中所表现出来的精神状态、行为操守和文化品位,具体又包括教师、管理服务人员及学生的行为。

一般而言,从结构分析看,大学文化应包括这样几个方面,当然这四者之间又是互相联系、相互影响的。

(二)学校文化建设的相关概念研究

1.校园文化与文化校园。在现实生活中,我们经常会碰到这样一组概念即校园文化和文化校园,有人认为,它不必加以细分,我们认为,它们两者之间还是值得区分的。校园文化强调的更多是一种文化活动,而文化校园更多强调的是一种文化氛围;校园文化讲的是局部的某个具体内容,而文化校园是带有全局和整体性的文化行为;校园文化可以说是一种现象,一种并不成熟的状态,而文化校园则是学校文化过程中相对稳定的形态和理想状态。从校园文化到文化校园有一个较长的建设过程,有一个系统和整体的推进,是人财物和思想行为的综合和提升。

2.校园文化和学校文化。我们认为,学校文化和校园文化既有联系,也有差异。学校文化是一个学校长期办学实践过程中形成的独特价值观,信仰信念、历史思维、行为方式、语言环境等特质和风范,也广泛体现在物质、精神、制度和行为之中。而校园文化则是校园环境建设和校园活动中所体现出来的风尚与氛围,有时候,校园文化更与第二课堂紧密相连。

3.职教文化与大学文化。高等职业教育既具高教性又具职教性,既是高等教育的一个类型,也是职业教育的一个层次,这种双重属性,决定和影响着其文化特征和文化建设要求。作为高教属性,它必然要继承大学文化传统,以大学精神为引领;作为职教性,它又必须有职业化氛围,体现产业文化、企业文化和行为文化的特质。正因为这样,大学精神引领和职业文化融合,会构成高职文化建设的重要内容。

4.类型文化与学校文化。高等职业教育作为高等教育的一个类型,它具有高等教育的一般特征,要遵循高等教育的一般规律。与此同时,它作为一个特殊的新的类型,也具有自己的特质,被誉为"半壁江山"的高等职业教育,在规模上取得发展和突破后,必然要形成自身的文化,这就是类型特色文化。它具有高职教育的共性,体现了高等教育与职业教育的结合,有了这样的文化,高职教育才会自尊、自信、自律、自强,才会实现可持续。而学校文化又是基于高等职业教育类型特征基础上的个性化探索,与学校的区位特征、行业背景、历史积淀有关,是进一步具体化,这也是需要各个学校努力探索和实践的。

文化这么大,涉及的问题非常多。需要我们探索和研究,我们研究高职院校文化建设,应当关注宏观、着眼微观,关注类型、着眼自身,积极践行,努力创新,而立足学校研究文化建设似乎更有意义。

三、充分认识高职院校文化建设的作用及其机理

(一)从学校文化建设的形成分析

作为一种独特的社会文化形态,高职院校的文化建设也有其形成规律,其大致轨迹如下:

1.高职院校文化是长期办学过程中逐渐积淀形成的。尽管从名称上看,高等职业教育发展时间不长,但树有根、水有源,高等职业院校大多有其前身,一代又一代教师和学生长期积累形成的习惯、经验,都为今天的文化建设提供了实践经验,并成为重要依据。正因为这样,我们需要追根溯源,尽管高职院校大多经历了迁校、经历了合并,经受过停办、经历过升格,但文脉是相通的,也是割不断的。

2.高职院校文化是人积淀创造的。正因为这样,有人说,文化是环境、是历史,更是事件、是故事,特别是人、事件和事的综合和结合。尤其是一些学术大师的远见卓识和先进的办学理念,往往上升为文化,形成文化和传统。因此,我们必须尊重人,必须重续昨天故事。

3.高职院校的文化是以专业和知识为基础的。专业是我国高职教育存在的基础和土壤,这是区别于其他社会组织的一个根本特征。从这一点出发,高职院校的文化往往会呈现出育人为本、探索真理、服务社会、追求卓越等特点。

4.关键(重要)人物的价值观可能会对院校文化产生重大作用。我们是唯物论者,我们必须承认人民群众尤其是广大师生创造了文化。

但我们也必须看到,在一所学校的形成和发展过程中,名人包括知名专家、主要领导人的价值观念,有时会起着重要的乃至决定性的作用,中国如此、外国如此,过去如此、今后也如此。

5.学习交流也是高职院校文化形成和发展的助推力量。当今社会是一个开放社会,学习压紧不仅对事业的发展作用,更对文化的形成和发展作用巨大。文化既具有国际性,又具有区域性、行业性、本土性,交流和交互十分重要,学习借鉴更有意义。因此,我们在研究文化建设过程中,必须重视学习交流的作用,在相互学习交流中提升和推动文化建设,促进文化发展和繁荣。

(二)高职院校文化建设的作用表现

文化建设既是内涵建设的重要内容,也是高职院校推进发展的重要力量,主要表现在:

1.文化增强自信。一所高职院校探索形成和积累文化以后,为师生共同遵守和执行,并渗透到学校发展和运行的方方面面,有利于增强大家的认同感、自豪感和自信心,从而有利于更加同心同德的创新创业,推动学校各项事业持续健康发展。

2.文化彰显特色。一所高职院校形成什么样的文化物质,既与历史发展有关,也与人物贡献有关。但一个学校的文化尤其是高职院校的文化与地域和行业密切相关,如浙江金融职业学院的诚信文化、浙江建设职业技术学院的鲁班文化就具有十分明显的行业特征,所到之处、所见之事、所阅之人,明显有其特色和特征,便于传承和创新,它有利于学校特色化发展。

3.文化推动育人。文化建设本身也是手段,学校是一个文化组织,更是一个育人机构,文化建设的目的是更好地育人,因此,一方水土养育一方人,用在文化建设上,就是有什么样的文化就培养什么样的人。浙江金融职业学院的毕业生以"动手能力强、岗位适应快、实践水平高"

而享誉业界,就是传承的结果,也是文化育人的成效。

4.文化促进发展。一个学校的发展和壮大,需要强大的硬实力,更需要足够的软实力,关键时候需要巧实力。一般而言,文化属于软实力的范畴,但软实力有时候尤其是关键时候会变成硬实力,对事物的运行和发展起支撑乃至决定性作用,它关系到人们的精气神,关系到人们能否克服困难、战胜困难、争取胜利。

5.文化铸就品牌。一个学校的文化既是特色和特征,也是品牌的显示。从某种意义上说,文化就是品牌,而且还有文化品牌,如浙江经济职业技术学院的诗教品牌,浙江金融职业学院的校友文化品牌,浙江商业职业技术学院的创业教育品牌等等。

(三)重视发挥各类主体在文化建设中的作用

文化是一个十分复合的系统,需要众人拾柴,需要众志成城,但各类主体在文化形成和发展确实具有不同的作用。

1.校长(领导者)的作用。学校领导人在文化建设中的作用从不同角度可以有不同表现和作用方式,在初创时期是奠基者,在发展时期是引领者,他可以通过个人影响力和组织影响力发挥双重作用,尤其是其个人思想和信念、人格魅力、道德品行的作用不可低估。

2.学校教师。一般而言,大学教师具有三重角色,因而也具有三重文化功效:作为知识分子,他具有人文情怀;作为专家学者,他研究文化;作为人民教师,他引领文化。大学教师在文化建设中的作用,也有特殊的方面,如官本位文化、功利主义文化,那是不良文化,而优秀文化的独特人格魅力,则具有重要引领作用,我们必须研究。

3.学生和校友。学生和校友是学校最广泛和重要的主体,我们往往忽视其作用,其实,一所学校的文化最终是由学生和校友所积累起来的,也是由一届又一届学生提升起来并不断传承下来的。而社会对一所学校文化的认识,往往也是来自这个学校的学生和校友,对此,我们应予以重视。

四、基于共性特点和个性特质的高职院校文化建设实践

高职院校文化建设既是一个整体,体现类型特色,同时又是由个体所组成的,具有鲜明的院校特色,促进了高职文化建设的整体繁荣。浙江金融职业学院作为全国首批国家示范性高等职业院校,作为全国高职首次文化建设论坛的发起和组织单位,在这一领域做了一些努力和探索,也取得了一些成效。

(一)早动手,有序推进文化建设

浙江金融职业学院坚持传承和创新的结合,在探索学校事业发展过程中,坚持学校建设发展与文化建设同步同行。在学校历史发展进程中,大家认为,浙江金融职业学院名为金融、历史在金融、情在金融、成果在金融,因此,在文化建设中必须做足金融这一金字招牌,并充分彰显其特点。早在 2001 年建校之初,他们就着力学校发展规划,明确提出"办第一流高职、建有特色品牌、创示范性院校"。2002 年规划建设新校区时,就提出要把代表金融品格的诚信要素充分体现出来,把学校办学最为显性的成果充分体现出来,并把金融文化做足做透。2003 年新校区建设,学校就把构建有特色的文化校园,诚信、金融、校友三维文化进一步布局和外显,概括为:每一个重要地方都体现诚信要素,每一幢建筑都体现金融风骨,每一个景观都体现校友烙印,形成诚信、金融、校友三维文化缩影的校园。2005 年,学校结合建校三十年,充分发挥金融行业、广大校友和社会各界力量,推动了具有三维文化特色的校园基本建成。

(二)早培育,创新培育文化品牌

文化建设有了规模后,学校就抓住各种时机进行文化建设,结合学校特点进行文化品牌培育。学校较早建立了文化建设领导小组和文化建设指导委员会,设立了文化建设处,统筹研究学校文化建设工作。当时,恰逢教育部和中共浙江省委推出文化建设品牌评比活动,学校坚持硬件建设和软件建设、文化活动和文化育人一起做,先后把金手指工程(代表金融文化),诚意铸诚信(代表诚信文化),校友文化与高职发展(代表校友文化)作为文化品牌来建设和打造,经过几年努力,三项文化活动先后被省委教育工委和教育部评为优秀文化品牌,使文化建设和文化品牌有机呈现。

(三)早领悟,积极推进三维文化育人活动

在文化建设和文化品牌建设的同时,学校充分发挥文化建设的积极功效,深刻把握高职院校主要任务是立德树人,及时把成果转化为育人载体和路径。早在 2007 年,学校党委就下发了《全面构建三维文化育人体系的若干意见》,强调诚信文化重精神塑造,是育人体系之精髓;金融文化重职业养成,是育人体系之主干;校友文化重职场发展,是育人体系之天地。三维文化既有交融,又有互动,共同推进育人工作全面发展。这几年,结合中央提出的涵盖社会主义核心价值观的要求,结合全面加强素质教育和创新创业教育的要求,学校通过创设明理学院、淑女学院、银领学院,结合第一、第二、第三课堂建设,适时提出"品德优化、专业深化、技能强化、形象美化"的四个化的要求,全面实施学生千日成长工程,有力地推动了三维育人体系的完善和工作的深化,文化育人进一步巩固和深入。2015 年,学校被列入浙江省文化校园建设首批试点单位,学校抓住有利时机,在全力打造文化校园的同时,大力推进文化育人向纵深发展。

（四）多硕果，文化建设促进和推动了学校品牌发展

浙江金融职业学院早谋划早启动学校文化建设，组织召开全国性文化建设论坛，不仅使学校文化建设成为自觉，而且也带动了全国高职战线文化建设的开展，更为重要的是，对学校自身建设和品牌发展产生了巨大推动力。

1.文化育人成果显著。由于文化建设和文化育人的巨大功效，十多年来，学校招生考分均为全省第一，促进了优质生源加盟，通过三维文化培育，学生品行端正、学业进步、素质提升，毕业率达99％以上，就业率达98％以上，深受用人单位好评。且毕业生在岗位上捷报频传、发展健康，为行长摇篮、金融黄埔不断增添光彩。

2.学校声誉不断美化。近年来，全国高职各类组织分别推荐学校担任领导职位，学校目前是全国高职研究会会长单位、全国高职教育工作委员会主任委员单位、浙江省高职教育研究会理事长单位、浙江省高职党建研究会会长单位。全国高职院校当中，约有600所学校前来学校交流参观和取经，彰显了学校在全国高职教育界的巨大声誉。

3.学校品牌发展顺利。学校积极践行办特色鲜明、人民满意、师生幸福的宗旨，积极构建行业、校友、集团共生态办学模式，全面推进高品质幸福金院建设，先后获得全国职业教育先进单位、浙江省劳动模范集体、全国高等教育就业竞争力50强等一大批荣誉。学院教师在各类教学、科研评比中频频获奖，进一步丰富和提升了学校品牌，彰显了中国高等职业教育的魅力。

应该说，高职院校的文化建设才刚刚起步，与历史悠久的大学校相比差距不小，与"半壁江山"的规模发展状况相比急需努力，尤其是如何从以物质、精神、制度、行为为主要结构内容的文化建设走向文化育人，从落小落细落实的要求推动教室、寝室、教学等文化的系列化、精细化，更需要进一步花大力气。而从文化建设到文化育人再到文化治校，

正需要我们长期不懈努力。

参考文献

[1] 周建松,褚国建.基于文化视域的高职教育内涵发展研究[J].中国高教研究,2013(8).

[2] 蒋赟,陈云涛.高职文化转型:目标及路径构建[J].职教论坛,2015(5).

[3] 何兴国,王炜波.技术文化:高职文化建设新视野[J].江苏高教,2015(5).

[4] 李祥国.关于高职院校文化育人功能的思考[J].教育探索,2014(8).

（来源:《天津职业大学学报》2016 年第 4 期）

高职院校文化建设实现机制研究

周建松

摘　要：大学的精神在于文化，高职院校内涵式发展需要强大的文化引领。建设一所高水平的高职院校，必须正确把握高职教育文化特征，在文化理念和文化积淀的基础上，开展文化建设推动文化育人的同时，努力向文化治理方向前行，以真正彰显学校作为文化机构的别样韵味和独特魅力。

关键词：高职院校；文化建设；文化育人；文化治理

当前，我国高等职业教育的发展环境正发生着深刻的变化，其发展既要经受普通本科高校向应用型转变的挑战，也要经受来自中等职业教育重质量、重市场、重就业改革的压力，还要承受着高中段生源下降但高等教育招生能力扩大、高考录取率持续攀高的挑战。在这一系列的挑战面前，高等职业教育的转型发展，尤其是内涵建设、质量提升势必成为高职院校工作的主旋律和基本工作主题，而这其中既包括产教融合、校企合作等体制机制建设，也包括教育教学改革和人才培养创新，还包括专业建设、师资队伍建设、治理体系和能力建设等等，其中具有引领和促进学校可持续发展和长远发展的文化建设则更应摆上日程并不断加以推进。

一、关于高职院校文化建设不同视角的分析

文化是一个复杂的概念，也是一个复合的范畴，带有综合性。广义地说，文化即人类所创造的一切物质财富和精神财富的总和。同时，文

235

化又是具体的,在不同的视阈下呈现出不同的文化特征和文化现象,针对高等职业院校进行分析,我们可以做如下考查:

(一)高职院校文化建设的相关视角分析

从与高职院校相关的角度看,高职院校的文化建设具有以下一些概念。一是区域文化,因为高等职业教育的主要任务是为区域社会经济发展培养技术技能人才,因此,区域文化对高职院校具有十分重要的作用和影响,许多高职院校就承担着传承和发展区域文化的使命。而区域文化一般是指在一定区域内,处在一定经济社会背景下,经过一段时间甚至较长时间的积淀和培养形成的具有鲜明特色的生活方式、行为方式、价值观念、区域精神等。二是职业文化,高职院校坚持以就业为导向,以职业本位培养技术技能和专业化人才,必然与职业发展和职业建设连在一起,因此,包括职业理想、职业道德、职业良心、职业纪律、职业习惯等在内的文化特征必然要影响甚至成为学校主旋律。三是企业文化,高等职业院校直接为生产、建设、管理、服务第一线的企业培养人才,因此,如何引入和传播企业文化成为其重要职责,尤其是在探索订单培养的背景下,企业文化更显得直接和具体。而企业文化是企业共同遵守的价值观、信息和行业文化,因为企业之间价值观和行为文化有不同,因此,不同企业有不同文化要求,但诚信、忠诚、敬业、爱岗、团队合作、创新、自强等最为普遍。四是大学文化,高等职业院校既是职业院校,也是高等院校,因此,其在发展过程中必然带上高等教育的烙印,尤其是在精神文化培育方面更加突出,这在教育部经常性组织高校文化品牌评选的背景下更为显著。大学文化是指大学在长期发展和建设过程中形成的激励大学师生前行的制度和行为文化等等。正因为这样,高职院校的文化建设从外部相关角度看已经十分立体和复合,如要进一步分析,它与整个时代和整个社会更密切相关,不可分割。

（二）高职院校文化自身层面分析

从高职院校文化建设的发生发展和运行来看，其自身也是一个综合体，一般包括四个层面。一是物质文化，它是全校师生员工创建的各种物质标志、物质设施、物质环境等文化基础，也彰显着高职院校的文化特质和楼宇文化、景观文化及各种文化建筑，在高职院校各种教学、实习、实训楼宇和建筑就显得十分明显。这说明，物质性文化有时也很重要，能产生记忆、回忆和追忆。二是制度文化，它是指在学校教育实践过程中总结形成的管理制度，进而成为文化，是学校师生共同遵守的活动准则，对规范师生员工行为具有重要约束作用，对建立健全学校工作、生活秩序作用明显。三是行为文化，它是指学校在长期教育实践过程中形成影响师生行为的文化特征，有时称为活动，如教学活动、科研活动、社团活动、工会活动，它对维持和维护学校运行和发展，打造学校特色作用巨大，如工学交替、工学结合就成为高职院校重要的行为文化。四是精神文化，它是指在学校长期办学实践过程中，受社会文化、意识形态影响而成为全体师生员工认同和遵循的文化观念，处于深层次状态，如学校价值观、学校精神、学校校训校风等，一旦形成，长期坚持、影响深远。当然，从学校运行角度看，也还可以做其他文化分析，如程序性文化、物质性文化、价值性文化等，但也可以归入到前述四个层面上来。

二、高职院校文化建设是一个立体渐进的过程

随着我国高等职业教育转型发展的深入，许多高职院校开始重视和加强文化建设，然而，如何研究和把握其规律和策略，也是一门功课和学问。笔者从几十年的办学实践尤其是文化建设实践中体会到，文化建设是立体渐进的过程，必须整体设计，逐步推进，全面形成并走向

成熟。

（一）正确把握高职教育文化特征

从总体上把握高职教育文化类型和特征，这是文化建设的始点。如前所述，高等职业教育既是高等教育的重要组成部分，也是职业教育体系的重要组成部分，高教性和职教性的相互统一、相互促进是其基本特征。从国家政策层面看，也经历了从基于精英化的高等教育到基于高等教育大众化的高等职业教育和基于现代职业教育体系建设的高等职业教育的变化，但高教和职教双重属性和特点，上大学和学习技术技能并重，学历教育和职业培训融合是其基本规律。正因为这样，高与职的复合（复姓）是其重要文化特征，我们要坚持大学精神引领职教规律办学、企业理念管理，坚持开放合作，尚德重能。

（二）全面理解高职院校文化内涵

从院校层面看，其文化建设需要宏观蓝图，也需要微观作业，在正确把握高等职业教育文化总特征的同时，要研究院校自身的历史和资源。你的历史在哪里，你的身份是什么，你的资源有哪些，你的发展朝什么方向？不同学校之间存在着明显的差异。一是要从历史看文化建设，即办学一路走来，你是什么出身，积累了什么，传承了哪些？如浙江金融职业学院从浙江银行学校走来，浙江商业职业技术学院从浙江商业学校走来，杭州职业技术学院从杭州机械职业大学等合并而来，要研究文化基因和文化历史。二是要从定位看文化建设，学校在建设过程中总有相对稳定的定位，根即办什么样的学校、怎么办学校、培养什么样的人、怎样培养人、为谁培养人等既是一个政治立场和观点问题，也是一个文化理念和发展定位问题。三是要从未来发展看文化建设，高职院校文化建设一定要传承历史、观照现实、展望未来，要注意研究高职教育发展趋势和未来，研究学校建设规律和未来定位，然后再系统确定学校文化定位,根据现实找定位,给历史留空间。如浙江金融职业学院打造"诚信文化、金融文化、校友文化"三维文化育人体系,诚信文化引领立身处世、金融文化引领立业处事、校友文化引领立世合作,无论从过去、现状还是未来都有科学性、合理性、创造性,也具有传承性和发展性。

(三)有序推进高职院校文化建设

我们要站在不同视角分析、认识和看待文化建设,但更重要的是要站在综合立体角度推进建设。就文化建设的规律性而言,一是要重视整体设计,形成文化建设框架,即形成总体思路和理念,便于实践操作和有序推进。二是形成物质文化架构,如房屋建筑文化、楼宇文化、景观文化,包括物质化形式体现的一些雕塑,并形成系统化观念。三是确定一些程序性文化,如开学典礼日、校庆日及若干重要节庆活动等。四是探索研究实现学校长期可持续发展的制度和精神文化,如校训、校风、校歌等,确立学校发展的愿景、价值理念等等精神性文化。如浙江金融职业学院在构建诚信文化、金融文化、校友文化三维文化的框架下,曾明确学校每一个关键地方布局诚信文化,如大门口的诚石(实)、二号门的信玉(誉),走入校门第一道的诚信(大)道,建设有明理亭、笃行桥等;又明确学校每一幢建筑物有金融机构,以设奖学金、奖教金等名义捐资冠名,以营造务实易见的金融文化,如兴业行政楼、华夏田径场、广发文体中心、浦发图书信息中心、金葵花艺术中心、光大教学实训楼等;还明确学校每一个文化景观由各地校友会捐建,以彰显校友对学校建设发展和文化形成的重要性和力量所在,现在学校20余个景观均由校友捐建,包括由中国工商银行董事长易会满校友领建的"茁壮成长"就很有育人意义。在诚信文化、金融文化、校友文化三维文化理念引领下,学校的文化理念进一步明晰,文化建设不断走向深入。

三、高职院校从文化建设走向文化育人

文化是一个大概念,也是一个综合概念,不仅包括了文化规划、文化设计、文化实践,还包含了文化建设,而文化建设的推进就是为了推动和实现文化育人。

(一)以文化人是文化建设的基本要求

高等职校要重视文化,形成一个体现类型特征和富有自身特色的校园氛围,以彰显学校作为文化机构的魅力、实力及影响力。但我们认为,文化建设的本义不仅是建筑和物质形态本身,传唱校歌、传承校训也不是其真正的目的,学校的本质特征是立德树人、人才培养。因此,一定要回归学校推进文化建设的初心,那就是以文化人、文化育人,让一代又一代学子在文化环境下启发自觉、滋养心灵、陶冶精神、传承文脉、外化于形、内化于心,体现此时无声胜有声的作用,达到文化育人的功效。与此同时,学校通过主动的行为方式和相关的政策措施来推动文化育人工作,打好主动仗、弘扬主旋律、实现好发展,关于这一点,每一所学校都可以从自身条件和特点,从文化建设的不同阶段推出和实施相应的方案。

(二)浙江金融职业学院三维文化育人的实践

浙江金融职业学院作为国家首批 28 所示范性高等职业院校,办学42 年来累计为金融经济战线培养了近 6 万名专门性职业化人才,其中有近 5000 人成为支行副行长(支公司副经理)以上管理人才。学校不仅重视专业、课程建设,也重视培育和践行社会主义核心价值观,深化文化建设及文化育人。学校于 2008 年在全国提出高职院校文化自觉的倡议,高职战线给予积极响应。学校在 2002 年新校区建设时就开始规划三维文化校园,待 2003 年、2005 年、2007 年三次集中性推进建设后,学校抓住机遇,于 2007 年发布了《中共浙江金融职业学院委员会关于全面构建三维文化育人体系的若干意见》(浙金院党〔2007〕26 号,以下简称《意见》)就推进和践行诚信文化、金融文化、校友文化育人做了系统部署。《意见》明确强调,坚持诚信文化育人,正确把握学生的职业人格定位,强调金融文化育人,深度发掘我院的专业校本特色,推进校友文化育人,积极营造和谐开放的办学生态。与此同时,学校在校友文化育人上积极创新实践,于 2007 年相应发布了《浙江金融职业学院关于积极开展"2300"活动的实施意见》(浙金院〔2007〕85 号),倡导在全校范围内开展以"千百学生访校友、千百校友回课堂、百名校友上讲坛、百名校友话人生、百名教师进企业"为主题和主要内容的"2300"文化育人活动,推动"行业、校友、集团共生态"办学模式的深化,推动文化育人活动的深入开展。为此,学校还进一步丰富了文化育人载体和景观,如诚信讲学堂、明理报告厅、笃行创业园,撰写发放诚信文化、明理人生、笃行创业等读本,开设诚信文化、明理人生、笃行创业等课程,丰富尚德池、爱生林、精业馆等文化景观内涵,推动文化育人活动在实践基础上广泛深入开展,收到巨大成效。

四、高职院校要从文化建设走向文化治理

党的十八届三中全会提出推进国家治理体系和治理能力现代化,这是以习近平为核心的党中央在四个全面战略布局的重要内容之一。随着高等职业教育在规模上占据高等教育的"半壁江山",也随着高职院校个体上正在向"千亩校园、万名学子"发展,无论从宏观、中观,还是微观上看,高职院校的治理体系和治理能力建设也即治理现代化都十分必要。而推进治理现代化的路径很多,依法治理、建章立制都十分必要,且必须加强,制度建设是当前治理体现体系建设的基础,也是提高

治理成效的重要条件。然而,我们认为一所高水平的高职院校,应该在文化建设推动文化育人的同时,向文化治理方向前行,以真正彰显学校作为文化机构的别样韵味和独特魅力。

(一)文化治理要有文化理念和文化积淀

衡量一所高职院校是否成熟和成功,文化理念和文化积淀是很重要的因素。虽然文化不论优劣好坏,但其文化特征十分重要,关键在于引人积极向上,具有自身特色。为什么北大不是清华,清华不是北大,北大就是北大,清华就是清华,就在于不同的文化培育和造就不同文化特质和气质的人,其中文化积淀十分重要。浙江金融职业学院经过42年的连续办学,经过主动建设、自觉培育,已形成师生共识、校友认同、社会认可的学校文化,其文化特征已经初步形成,如特色鲜明、人民满意、师生幸福的办学宗旨观;做学生欢迎之师、创社会满意之校、育时代有用之才的办学价值观;就业立校、服务强校、合作兴校的学校发展观;关爱学生进步、关注学生困难、关心学生就业的学生服务观;尊重教师个性、倚重教师德才、注重教师发展的教师主体观;共同描绘校友美好人生、共同描绘祖国美好未来、共同描绘母校美好前景的校友事业观;毕业与上岗零过渡、教学与实践零距离、教师与学生零间隙的人才培养观;专业特色化、课程精品化、实训真实化的教学管理观;等等。这不仅成为学校办学治校的理念,也成为学校管理和治理的重要行为准则,即办学治校文化,起到了以文化治理学校,以文化引领学校建设,以文化引领学校发展的作用,推动了浙江金融职业学院在创建中国金融高职第一品牌,打造中国高职教育标杆校方向努力前行。

(二)文化治理要有文化认同做支撑

一所高职院校办学治校要实现并达到文化治理的境界,必须建立全体师生和广大校友的文化认同,并体现在学校物质、制度、活动、行为的方方面面,最终真正上升到精神层面。一个节日的设计,一个庆典安排,一项制度规定乃至一个电话号码分布就是文化内涵,就是岗位职责,就是管理规范。如学校学生处长的电话号码为86739011,就表明学生事务是第一要务,学生处长要带头践行第一要务;教务处长电话为86739055,就说明学校工作以教学为中心,教务处要努力践行好教学工作中心地位;人事处电话为86739099,宣示办好学校以人为本,事业要长久、队伍建设要长长永久;办公室主任电话为86739090,隐含着学校工作运转要实现外灵内灵上灵下灵,办公室主任就是灵敏运转的标志;86739000是浙江金融职业学院公开的招生就业咨询电话,"三个零"就寓意着毕业与上岗零过渡、教学与实践零距离、教师与学生零间隙,易记、易懂、好要求、好实践。这些在广泛理念认同基础上的文化符号便于长久记忆传承,就是文化自觉的印记,必然推进文化治理有效推进。

(三)努力形成文化建设良性循环机制

文化建设是一项系统工程,"文化自觉—文化规划—文化建设—文化育人—文化治理"既符合循序渐进的逻辑,也是一个不断推进的过程,而且相互之间起着相互促进、循环往复、螺旋上升的作用,并且每一个环节也是不断丰富的。文化建设既具历史继承性,又有时代创新性,既要传承中华优秀传统文化,传承办学治校历史文化,也要适应时代要求、与时俱进,适应世界发展、创新发展。我们必须增强自觉、增强自信,不断实践、不断创新,努力探索形成文化建设良性循环体系,为建设中国一流、世界水平的高水平高职院校而努力。

参考文献

[1] 周建松.基于本科转型视阈的高职教育创新发展研究[J].中国高

教研究,2017(2):102—105.

[2] 刘洪一.中国特色高职文化的建构与实践[J].中国高教研究,2008 (12):54—57.

[3] 刘献君.论文化育人[J].高等教育研究,2013(2):1—8.

[4] 吴理财.文化治理的三张面孔[J].华中师范大学学报:人文社会科 学版,2014(1):58—68.

[5] 陈云涛.高职院校文化育人的要素分析[J].中国高教研究,2017 (1):104—106.

[6] 教育部关于印发高等职业教育创新发展行动计划(2015—2018 年) 的通知[Z].2015-10-19.

(来源:《高教探索》2017 年第 12 期)

第六篇

领导力建设

高职院校治理体系建设的理念与实践

周建松

摘　要：高等职业教育已经成为我国高等教育的"半壁江山"和重要类型。如何构建与高职院校发展相适应的治理体系,既是党和国家宏观治理战略的基本要求,也是高职院校提高办学水平的根本需要。本文从当前的形势和要求出发,遵循国家法律法规和高职院校特点,以国家举办的专科层次的独立设置高职院校为例做些分析和思考,提出相应的对策和建议。

关键词：高职院校;治理体系;运行

经过三十多年的发展,我国高等职业教育有了长足发展。据统计,截至 2015 年,我国高等职业院校数已达到 1341 所,在校生为 1048 万,占到了高等教育的 41.2%,已成为高等教育的"半壁江山"。校均规模近 8000 人,不少地区和学校,"千亩校园、千名教师、万名学子、万人培训"已成为常态。从理论上看,我国高等职业教育既是高等教育的一个类型,又是现代职业教育体系中的一个层次,既受《中华人民共和国高等教育法》调整,也受《中华人民共和国职业教育法》的规范。如此规模,具有鲜明特色的高等职业教育如何推进治理体系建设,特别是如何解决好高教性与职教性的关系以及学校层面运作机制与两级(院系)等问题,显得十分迫切,值得我们认真研究和思考。

一、充分认识高职院校治理体系建设的现实意义

当前,高职院校治理体系建设是一项十分紧迫而重大的任务,这不仅关系到四个全面战略布局的推进,也关系到高等职业教育类型特色打造,更关系到各项改革建设任务在高职院校的落地,具有重要的现实意义。

(一)这是落实四个全面战略布局任务的战略要求

高等职业教育是我国高等教育的重要组成部分,必须认真贯彻四个全面战略布局,在全面建成小康社会中积极作为,在全面深化改革、全面依法治国中积极回应,尤其是中央提出全面从严治党,高职院校如何在治理体制体系中充分体现。国家提出全面建成小康社会,提出人民对美好生活的期待就是我们的追求,高职院校在办学成果和机制上也应该有充分的显现。因此,四个全面战略布局对高职院校治理体系建设有战略层面上的要求。

（二）这是推进国家教育治理体系与能力现代化的要求

党的十八大以来，以习近平为总书记的党中央提出了一系列治国理政新思想，十八届三中全会提出了治理体系和治理能力现代化的新要求。[1]据此，国家也正在制订推进高教现代化的新战略。高等职业教育如何按照国家治理体系和能力建设的要求，积极构建适应其发展要求的体制和机制，以提高自我管理的能力，提高财政资金使用绩效，提高人才培养质量和水平，同样显得十分重要。

（三）这是实现高职院校特色办学的要求

时至今日，我国的高等职业院校已初具规模，号称中国高等教育的"半壁江山"，如何探索和形成其特色和亮点，真正实现高等职业教育的不可替代性，推进中国特色、世界水平现代职业教育体系的形成，既需要借鉴国外先进的经验，更需要研究自身的特点和规律，把具有高等教育和职业教育双重属性的高职教育抓好并抓出特点、形成特点，真正探索具有高职特色的治埋体系。

（四）这是提升管理高职院校水平的要求

经过多年的发展，不仅高等职业教育总体上初具规模，成为"半壁江山"，而且就每一所高职院校而言，也已经达到了一定规模。现在全国高职院校校均规模近 8000 人，不少学校在校生超过 10000 人甚至20000 人，因此，如何提高学校的管理水平，就显得十分重要和必要。这就是说，一切规模较大的组织需要管理，高职院校发展规模越大，越需要加强管理、重视治理。

（五）这也是教育行政主管部门对高职院校的新要求

随着高等职业教育进入内涵发展新阶段，学校工作重心转移，领导人思维属性发生转移是必然的选择。在这一过程中,教育部适应发展新要求,及时提出了加强院校管理的一系列要求。2015 年以来,更是下发了教育部《关于深化职业院校教育教学改革,提高人才培养质量的若干意见》《创新发展高等职业教育行动计划》《提高职业院校管理水平行动计划》,对学校治理体系建设、管理制度建设、管理能力建设提出了具体要求,并列出了相应项目和任务,需要我们认真落实,切实在管理实践中提升我们的水平。

二、正确把握高职院校治理体系建设的法律依据

既属于高等教育体系,也属于职业教育范畴,这是我国高等职业教育最大的特点,也是研究高职院校治理体系和制度建设的重点和难点。从现实情况看,国家对高等教育有更多的从严管理要求,而对职业教育则有更多的优惠和倾斜。从这种意义上说,高等职业教育的治理规范化和现代化,必须立足高教性、兼顾职教性,具体来说:

(一)遵守《高等教育法》和《职业教育法》的双重调整

为了发展高等教育,实施科教兴国战略,我国于 1998 年制定并颁发了《中华人民共和国高等教育法》,并于 2015 年进行了修订。《高等教育法》对我国高等教育的基本制度、学校的设立、学校的组织和活动、学校的教师和学生、投入和保障等都做了规定,明确了领导体制和运行框架,还对若干重大治理组织提出了要求,因而对每一所高等学校(包括高等职业学校)都具有约束性。[2]

与此同时,为了实施科教兴国战略,发展职业教育,提高劳动者素质,促进社会主义现代化建设,国家于 1996 年制定了《中华人民共和国职业教育法》,就职业教育体系、职业教育的实施、职业教育的保障条件等做出规定,凡是从事职业教育的主体,都必须遵守。

上述两部基本法律对高等职业教育机构都做出明确的规定,《高等教育法》对学校内部体系及治理框架都有涉及和要求,而《职业教育法》则主要是针对整个体系而言的,关于学校内部组织及运行问题涉及不多。因此就具体治理框架而言,《高等教育法》更具体,更好遵照。

(二)贯彻《中国共产党普通高等学校基层组织条例》

我国《高等教育法》明确要求,国家举办的高等学校实行党委领导下的负责制,党委的建立和运行,应该按照《中国共产党普通高等学校基层组织条例》(以下简称《条例》)的要求来实施,对此,中共中央在其印发的《条例》中有明确要求。《条例》是《中国共产党章程》在高等学校的具体化,这是中国特色的社会主义高等学校不同于其他国家的重要特点,也是确保办学社会主义方向的重要保障。与此同时,中办还印发了《关于坚持和完善普通高等学校党委领导下的校长负责制的实施意见》,这是高等学校党委和校长工作运行的重要办法,便于具体操作。

(三)遵守《高等学校学术委员会工作规程》,正确处理学术权力和行政权力关系

高等学校管理的一个具体难点和特点就是它具有行政性和学术性双重属性,学校具有学术权和行政权双重权力。[3] 如何处理好这两者的关系,在高等职业院校治理体系建设中显得十分重要。为此,《高等教育法》第 42 条明确,高等学校要建立学术委员会,履行学术事宜。教育部据此制定了《高等学校学术委员会工作规程》,并以中华人民共和国教育部 35 号令的形式公布,明确其作为内部治理结构的重要组成部分,对基本作用、组成规则、职责权限、运行制度等做了具体规定。应该说,这是我们在研究和落实学校治理体系建设的重要遵循,据此制订规则和规定。

（四）制订《教职工代表大会实施办法》，切实解决民主管理机制问题

《高等教育法》第 43 条规定，高等学校通过以教师为主体的教职工代表大会等组织形式，依法保障教职工参与民主管理和监督，维护教职工合法权益。相应地，教育部制定了《学校教职工代表大会规定》，并以中华人民共和国教育部 32 号令的形式发布，对建立教职工代表大会的要求、教职工代表大会的职权、教职工代表大会的代表、组织规则、工作机构等做了规定。应该说，它是各学校建立民主管理制度的基本要求，我们必须在此框架内制订各校特点的《实施办法》，确保教师和其他教育工作者当家做主。

（五）遵循以法治校理念，制定并贯彻好学校《章程》

依法治校、科学发展是高等职业院校治理的基本要求。[4]为完善中国特色现代大学制度，指导和规范高等学校章程建设，教育部对国家举办的高等学校章程的起草、审议、修订、核准及备案等做了规定，并以中华人民共和国教育部 31 号令的形式发布了《高等学校章程制定暂行办法》（以下简称《办法》），全面明确了高等学校章程制订的规则，对章程内容、制订程序、核准与监督等提出了明确要求。近年来，《办法》对指导各学校章程的制订起了很好的指导作用。对于每一所高等学校而言，我们必须按《办法》的要求重视和加强章程建设，并认真遵守好章程。因为对于高等学校而言，《章程》相当于学校的宪法，其一经程序制订和上级审定，就具有法律效力，必须以此为依据，推进学校工作规范化和法制化，提高学校治理能力和水平。

（六）高职院校治理体系建设要充分体现职业教育的具体特点

如前所述，我国的高等职业教育既具高教性又具职教性特点，除了必须同时以《高等教育法》和《职业教育法》调整外，在构建以高教性为基本要素的治理框架的同时,必须充分体现高等职业教育的职业教育属性。[5]我们认为,产教融合、校企合作、工学结合、知行合一是职教教育的基本特征,合作发展、合作育人、合作就业、合作办学是职业教育的基本要求,探索建立职业教育集团化办学、现代学徒制和订单式人才培养,建立混合所有制办学体制等应是其重要特点,而这些内容和要素,对学校治理体系建设也提出了要求。如何在校政(政府)、校行(行业)、校会(协会)、校企(企业)等方面探索建立合作发展机制乃至利益分享机制,值得我们思考和研究,期待、探索和创新。

三、科学界定高职院校治理体系建设的基本职责使命

我们之所以要研究高职院校的治理体系建设,其目的是要办一所好学校,为打造百年品牌,实现基业长青奠定基础,这是我们研究有效治理的重要职责和使命。

(一)努力建设一所好学校

高等职业教育是高等教育的一个新的类型,衡量学校好坏的标准与其他学校具有相通性,又有其自身特点,我们认为,一所好的高职院校,必须具备以下一些条件要素。

1.满足国家需要。这个目标看似抽象,实则明确。因为国家举办的高等职业院校,投入了大量人财物力,从绩效角度看,必须体现国家意志,即源源不断地培养适应社会主义现代化建设生产管理服务领域需要的高素质高技能人才。这些人才必须适应市场和岗位需要,有较快且较强的适应能力,并且具有一定的发展潜力和发展能力。[6]正因如此,《国务院关于加强发展现代职业教育的决定》明确将服务发展、促进就业作为高职院校基本任务,正是从这种意义上讲,从培养合格公民,到合格建设者和可靠接班人的培养最为重要。

2.推动学生增值。学校以培养人才为根本任务,而人才培养体现在学生身上。因此,为适龄合格青年创造学习条件,并通过一定的学制达成培养目标是学校的最基本任务。这就是说,学校的目的就是让学生增值,包括了学生人生观、世界观、价值观的形成与升华,专业知识的获得、专业技能的强化。就职业教育而言,从某种意义上要实现从普通中学生到和谐职业人的飞跃,实现最大可能的综合增值或特长增值,从学生最大增值中为社会创造最大价值。

3.实现教师发展。教师是学校办学的主体,对学校事业发展和学生培养成长起着极为重要的作用。教师的发展既是以人为本理念的重要体现,也是学校资源的重要组成部分,对提高人才培养质量,对学校又好又快的发展起着重要作用。因此,实现主体最好发展,意义十分重大,学校治理体系建设的重要目的也在于此。

4.学校和谐运行。学校治理体系建设的出发点就是要处理好各类主体、各个方面的关系,处理好内部与外部、上级与单位、教师与学生、学校与行政、民主与集中等各种矛盾,从而达成最大公约数,在实现事业发展的同时实现平稳有序的运行。[7]

5.锻造优质品牌。追求好的治理,除了保持常规和常态以外,从更高的要求和标准看,还是要推动办特色鲜明的高职教育,以不可替代的人才培养和追求一流的学校建设推动学校由小到大、由弱到强、从平到优的发展,最终成为本领域、本区域的先进学校,推动特色和品牌的形成,成为一所好学校。

(二)正确处理各方面关系

我们研究治理体系及制度建设,就是要从高职院校的实际出发,根据国家法律法规,探索研究具体的工作机制,形成正确工作程序,具体来说,主要有以下关系。

1.民主和集中的关系。民主和集中是治理中最为敏感的话题。一般而言,现代学校都具有一定规模,一元化的集中管理显然难以为继,两级管理成为必然,这就形成了集权还是分权,集中还是民主的管理。民主基础上的集中,集中指导下的民主,统一制度下的分权,分权基础上的相对统一等等,如何形成一个度、一套机制,必须研究好、落实好,这其中要充分发挥教职工代表大会的作用,科学划分两级的职权。

2.党委和行政的关系。国家举办的高职院校,实行党委领导下的校长负责制。党委和行政的关系如何协调,具体又包括党委书记和校长、党委书记和党委、校长和副校长等等,需要建立一个党委统一领导,校长依法独立行使职权的机制。

3.行政权力和学术权力的关系。学校是一个学术组织,学术权力是其重要的权力组成。学术权力如何分配,其与行政权力是什么关系,教授在学校治理中发挥怎样的作用,学术权力如何有效行使和保障,避免行政权力包办和代替学术权力等等,必须要认真研究,并界定好校长与学术的关系。

4.学生主体和教师主体的关系。通俗地说,教学以学生为主体,办学以教师为主体,但在现实运行中,这两大主体的地位有时也是有矛盾的。学校要确保学生主体地位,坚持以生为本,但为了推进学生发展,必须重视和加强教师队伍建设,提高教师的能力和水平,调动和保护教师的积极性,两者必须和谐处理,坚持以生为本,确保教师主体地位。

5.制度和文化的关系。每一所学校都有其历史和文化积淀,形成治理过程中的许多习惯和惯例,而治理又必须遵循道德和法治原则,必须以制度建设为前提,两者之间如何协调,同样显得重要和必要。既要重视制度功能,又必须重视文化培育。

(三)研究好创新下的治理

研究高职院校的治理体系问题,必须从高等学校出发,同时也要体现职业教育的特点,因此,在治理体系构建中,应该在依法办学前提下研究创新。如前所述,既然高职教育是一个新的类型,必须在治理体系中赋予新意。

1.集团化办学的治理问题。按照教育部关于推进职业教育集团化办学的要求,必须保证集团成员尤其是参与企业有一定的权利和义务,而权利和义务往往也是对等的,责任和利益也是协调的,这应当在治理框架中有所体现,以更好地推动学校发展。

2.校企合作方责权问题。校企合作办学是职业教育的特色和生命力所在,探索形成良好的校企合作体制机制,是办好职业教育的关键,在治理体系中嵌入这些因素,充分发挥校企合作理事会的作用,也是必须研究和探索的机制。

3.研究混合所有制办学模式。混合所有制是经济领域的新理念,用改革的办法把职业教育做大做强,需要研究其有效途径,混合所有制被实践证明行之有效,如何在国家举办的高等院校中吸入并消化吸收混合所有制,值得我们认真探索。

四、切实推进高职院校治理体系建设的有效路径

研究高等职业院校的治理问题,不仅要关注和研究体系建设框架,更要关注治理体系和框架下的运行机制。[8]从实践和有效治理角度看,下列问题必须引起我们的重视。

(一)必须制订和落实好一部章程

章程是高等学校依法自主办学、实施管理和履行公共职能的基本准则,高等学校应当以章程为依据,制订内部管理制度及规范性文件,实施办学和管理活动,开展社会合作。章程在学校运行中的地位相当于宪法之于国家治理,它是母法,是总指引,对学校各项活动具有约束

和指导作用。章程也是学校实行自治的基础,因此,必须以章程为依据开展各项活动。根据教育部规范要求,按程序制订好章程,是研究和落实治理体系建设的重要的和首要的任务,也是全部办学活动的基础,如《浙江金融职业学院章程》就包括了序言和八章 77 条,对学校各方面活动进行了全面的界定和规范。

(二)必须具体制订好一批规章制度

按照章程的框架和治理思想,围绕党委会、校长办公会与行政管理、教职工代表大会、学术委员会、各项工作专门委员会和校企合作理事会等方面系统地进行制度设计和制度建设,使学校各项工作有法可依、有制可循,在一个好章程的指导下,制订形成一批好制度,是确保学校各项工作顺利运行的重要保障,必须切实重视和加强。制订的制度要遵守章程,要符合上级精神,要经过合法程序,要注意相互衔接,更要具有可操作性,必须常抓不懈。

(三)必须探索形成一脉好的文化

一所学校既需要从章程出发,靠制度保证,更需要文化传承。学校在办学实践过程中形成的校训、校风、教风、学风等是学校文化建设的重要组成部分,也是学校治理体系建设的重要内容,同样必须重视和加强。"一训三风"的建设既是学校文化建设的重要内容,也是学校治理体系建设的重要环节,在高等职业教育内涵建设新阶段,我们必须贯彻和落实。

(四)必须探索形成一些好的机制

其实,从细节上形成具有较强操作性的工作机制,对提高学校的治理能力和水平也是十分有意义的,如规范的教代会制度、年度工作计划、财务预决算必须经教代会批准,学校改革发展重大举措和关系教职工切身利益的问题必须经教代会讨论审定。在具体运行中,一些好机制如党委书记和校长主动协调工作机制,即重大工作共同牵头,常规工作分别牵头,即时工作相互补台等机制,在实践中十分有效。而学校的日常工作机制,如分管校领导协调统筹工作制,职能处室负责人主谋工作制,院系(主任、院长)相对独立面向市场工作制等的建立,对实施日常运行帮助和促进较大。这些都应该积极探索,及时总结,并加以推广。

(五)必须始终坚持善治的目标追求

科学完善的治理,必须以自治为基础、法治为保障,同时必须以善治为目标。在研究治理体系建设、落实治理机制、梳理治理关系过程中,坚持从善治目标出发,坚持以人为本,尊重教师、学生、校友主体地位,尊重和维护合作方的权益,努力实现各方利益诉求的平衡,努力以最小的投入取得最大的绩效,努力推动和推进学校各项事业持续快速健康平稳发展,实现教师发展与学校发展的良性互动。

总之,高职院校治理体系建设是一篇大文章,只有体系健全,才有助于推进治理能力和水平现代化。我们要与时俱进、探索创新,以确保"特色鲜明、人民满意,师生幸福"高等职业教育目标的实现。

参考文献

[1] 俞可平.治理与善治[M].北京:社会科学文献出版社,2000:12.

[2] 张建.教育治理体系的现代化:标准、困境及路径[J].教育发展研究 2014(9):27—33.

[3] 褚宏启.教育治理:以共治求善治[J].教育研究,2014(10):4—11.

[4] 李立国.大学治理转型与现代化[J].大学教育科学,2016(1):

24—40.

[5] 崔炳辉.整体性治理视域下高职院校治理体系研究[J].江苏高教，
2016(3):148—151.

[6] 周建松,陈正江.高职院校治理体系现代化:理论意涵与实现机制
[J].现代教育管理,2016(7):6—12.

[7] 陈光臻,王郁葱.基于院系两级管理的高职院校内部治理研究与实
践[J].中国职业技术教育,2016(7):49—52.

[8] 余华.高校治理体系完善与治理能力提升探析[J].湖南师范大学
教育科学学报,2015(3):58—62.

（来源:《黑龙江高教研究》2017 年第 3 期）

高职院校领导班子内涵发展能力提升途径研究

周建松

摘　要：经过十多年的发展，我国的高等职业教育已从数量扩张发展转向内涵发展阶段。高职院校领导班子的内涵发展能力直接影响到学校改革发展的水平。本文从主体、结构和环境等角度讨论了切实提升领导班子领导内涵发展能力的途径，以期达到优化领导班子结构和提升内涵发展能力水平的目标。

关键词：高职院校；领导班子；内涵发展

经过新世纪以来大规模扩招和发展，我国高等职业教育在规模上已占据高等教育的"半壁江山"，"千亩校园，万名学子"成为许多学校的真实写照。就整体而言，高等职业教育大规模扩张的阶段已经基本结束，提高质量将成为新一轮发展的重心和重点。也就是说，内涵发展将是今后相当长时期高等职业教育的主旋律，也是构建中国特色、世界水平高等职业教育的题中之义。而内涵发展是一个综合性的命题，包含了校企合作与办学体制机制改革、专业建设与人才培养模式、课程改革与教学创新、师资队伍建设与教育教学能力提升、教风学风的优化和提升等。而作为高职院校发展的领导者、指路者的领导班子，其内涵发展的能力将直接影响到学校改革发展的水平。本文针对如何提升领导班子内涵发展能力进行了思考与研究。

一、选准一名好班长：提高内涵发展领导力的核心

根据《中华人民共和国高等教育法》和《中国共产党高等学校基层

工作条例》的规定,我国的公办高等学校实行党委领导下的校长负责制,要求高等学校的各方面工作在学校党委统一领导下进行。根据这一体制,高校既不是党委和行政两个班子,也不是党委一个班子,而是基于党委领导的党政一个班子,党委书记就是班长,校长则是行政主要负责人。选准一名好班长,实际上就是选配好党委书记。

邓小平同志曾经指出:"任何一个领导集体都要有一个核心,没有核心的领导是靠不住的。"在日常工作和领导班子运行中,一把手在一个地区、一个部门、一个单位的领导班子建设和全局工作中,处于核心地位,起着关键作用,负有全面责任。一个领导班子的能力水平,在很大程度上取决于班长的能力水平。高职院校领导班子中的班长在学校领导工作和运行工作中的重要性是由以下三点决定的。

第一,由高职教育所处的发展阶段所决定。在我国,高职教育既是高等教育的重要组成部分,也是职教体系的较高层次。虽然探索发展已有一定时间,但大规模发展起步于 21 世纪。对大部分院校而言,升格办学的经历大致在 8—12 年之间。高职院校发展规模迅猛,任务艰巨,国家对于高职教育的政策、高职院校的管理体制和运行机制依然存在不确定性。此外,如何实现从规模发展向内涵发展的转型更具挑战性和探索性。正因如此,班子和班长对于学校发展就有明显的影响力和作用力,甚至在一定程度上决定了学校的前途和命运。

第二,由高职院校自身运作机制所决定。在我国,中小学一般实行较为集权的一级管理,校长具有直接的管理权限。因此,校长对中小学校的影响非常大。而我国的高等学校,则实施校(院)或者院系二级管理,教学二级单位相对独立,可对外开展协作和发展,而学校则相当于集团公司层面,不管校级层面如何变化,都不会影响学校运行的大格局,带有相对稳定性的特点。但高职院校不同,受建校时间短、社会认同度低等因素的影响,二级教学单位还难以相对独立对外,因此,二级管理体制也未真正建立,学校一级层面影响力巨大,班长职责所在,责无旁贷。

第三,由高职院校文化建设的相对滞后性所决定。高等职业教育是高等教育大众化的产物,如今更是被赋予现代职教体系引领者的地位。在这一系列的变革中,高职教育的属性问题仍然模糊,因此,其文化也就难以真正科学建立。基于此,高职教育中人治就显得相对重要和必须,班长的影响力自然也不能低估。综上,配好领导班子、配强班长对一所高职院校的发展,无疑非常重要。党委书记应该是政治意识强、理论水平高、组织能力佳、廉洁自律好、开拓精神优的优秀人才,以真正成为一班之长。

二、组建一个好团队:提升内涵发展领导力的关键

提高高职院校领导班子领导科学发展、内涵发展的能力,个人智慧、威信和作为非常重要。然而,团队的智慧往往是高于个人智慧的,一个高素质、高水平、高效能的高职院校领导班子,需要有一个坚强有力、团结协调的好的班子集体即领导团队,因此,班子整体建设同样重要。班子整体建设主要应考虑以下几个方面。

第一,较好的整体素质和水平。这是对班子每一个成员的整体性要求,作为领导班子的一员,承担着分管一片、联系一线、影响一面的职责,对班子整体能力起着重要影响。班子的每一位成员也在一定程度上代表着学校的形象。因此,班子每一位成员需要在政治水准、道德素养、业务能力、敬业精神、行为操守等方面保持较高水准,在建设领导班子时应有统一、规范的标准与要求。对此,浙江金融职业学院提出建设"学习创新型、服务示范型、廉洁自律型领导班子,争做高品质幸福金院建设的领头雁"。这"三型"是一般的基础性要求,"雁"就是一个团队的概念,要求每一位成员必须做到。

第二,有一定合理化的结构考虑。这个结构包括了专业结构、智能

结构、气质结构、年龄结构,有时也包括性别结构和党派结构。一方面,现代高等教育的管理工作大多是一些专业性工作,班子中必须有懂专业的成员。与此同时,高校管理中面临不同专业的领域,需要有不同专业的人才。而且,高职学校的管理,要与行业企业打交道,领导班子成员中的行业企业经历和专业知识就显得相对重要。由于管理包括了科学决策、组织指挥、协调运行等功能,要求主要领导应该有较强的决策能力,而副职应该协调好各方面关系,当好足智多谋的参谋,完成好分管的工作,因此在智能结构上也对领导提出了具体要求。从某种意义上来说,现代的领导能力更多体现在结构上:结构出效能,结构出水平。

第三,较强的互补性和协同精神。结构解决的是互补的问题,但事物是发展变化的,预先设想好的结构也并非一成不变,这就要求班子成员在认真执行统一的法律法规和条例情况下,与时俱进加以改进、完善,以适应发展变化着的形势。领导班子成员要在一把手的协调下,起拾遗补阙的协同作用。互补,既是素质,也是水平,更是品格;协同,既是境界,也是责任,更是奉献。有了这些精神,高职院校的领导班子就必然会形成强大的集体能力,起到"1+1>2"的作用力,带领整个学校不断从胜利走向胜利。研究结构有时比研究个体素质更重要,结构会产生乘数效应,支持和支撑素质的形成。这一点,无论于个人还是集体,都必须认真加以重视。

三、营造一个好氛围:提升内涵发展领导力的基础

在任何时候、任何情况下,要做好工作,必须在纵向横向间、上下左右间形成一个良好的氛围,氛围决定做事的积极性和效度,影响做事的主观能动性和速度。因此,建设好高职院校领导班子、提高领导内涵发展的能力,必须注重氛围的营造。

第一，民主集中制原则的建立。这是形成良好的领导班子工作氛围的基础和前提。有了民主集中制这一原则，领导工作中的问题就能找到解决的方法和路径，就可以充分发挥每个班子成员的主观能动性，发挥班子成员的专业优势和行政能力优势，调动班子成员的积极性；同时，才可以使一把手在纷繁复杂的事务和工作中做出决定和选择。属于校长办公会议层面的，可由校长在听取意见基础上决定；属于党委会议层面的，可在党委书记主持下，充分发扬民主，最后根据少数服从多数原则来决定。这样既保证充分发扬民主，又能维系工作的正常运行。

第二，事业精神和事业心的引领。能否形成一个好的氛围，还取决于领导班子整体的精神状态。如果一个领导班子能够以事业心为重，具有较强的为事业而奋斗和献身的决心和勇气，就容易统一思想、达成共识、便于操作。早在10年前，浙江金融职业学院党委就提出"一心一意谋发展、聚精会神抓质量、真心诚意爱学生、同心同德干事业、意气风发奔小康"的理念，以此来确定领导班子的行为准则和处事规范，比较好地营造出"善谋大事、能做小事、敢碰难事、愿做善事、多做好事、会合作共事"的氛围，从而推动学校在创新发展目标下不断前进。

第三，进取精神和进取心的激励。从心理学上讲，人都有惰心，也会有厌倦感，如何始终保持"奋发有为、瞄准主流、勇创一流"的进取心，需要有与时俱进的进取精神。10多年来，浙江金融职业学院一直以"先人一步、快人一拍、高人一筹"的理念激励班子成员和教职员工，从而较好地推动了学校各项工作和事业的发展。如浙江金融职业学院在国家示范性高职院校建设过程中，明确提出"打造中国金融高职第一品牌，引领高职教育改革创新"，以此明确工作定位，统一思想认识，实践证明，其成效十分明显。在领导班子中，个体的能力和水平虽然重要，但不绝对。形成民主和谐的氛围，并始终有高度的事业精神引领、进取精神激励，从而激发每位班子成员的创造力，推动各项工作始终走在前列才更为重要。

四、建立一套好机制：提升内涵发展领导力的路径

提升高职院校内涵发展领导力，除了领导班子成员的个体素质和结构效能以外，还必须真正形成制度化、规范化的工作机制。关于这一点，应包括以下几个方面。

第一，建立一整套严格规范并切实可行的制度。制度建设的重要性在于可遵循，有利于构建长效机制；制度的有效性在于全面系统协调可操作。当学校从粗放管理、规模发展转入精细管理、内涵发展以后，就必须重视和加强制度建设。通过系统化的制度建设，推动制度的良性运行和执行，为构建有效的运行机制创造前提性条件。

第二，建立较为完善的督导督查体系。从高职院校运行角度看，有三个方面的问题值得重视：①党委运行系统中，应有纪委来全面行使监督任务，以确保党委决策和运行的规范化；②行政系统运行中，应有监察部门来行使督查工作；③教育教学工作中，应由督导室来负责对教育教学、管理秩序进行督查和纠正。

第三，民主管理机制的建设。民主管理的路径是多方面的，工会、教代会、教授委员会、学生会、团委、校友会等都十分重要。从当前高职院校的实际情况看，必须注意的是：①要加强教职工代表大会及其规范化制度建设，应明确规定，涉及教职员工切实利益的问题，必须经过教职工代表大会讨论审定，包括学校工作报告、学校财务预决算等；②加强教授委员会工作，贯彻落实好"党委领导、校长负责、教授治学、民主管理"的现代大学制度，重视和加强教授委员会工作，切实发挥教授的作用；③加强和重视学生会工作，坚持以生为本，把培养和教育引导学生作为第一责任，做好学生工作。

浙江金融职业学院经过25年的探索实践，形成了规范化的教代会

制度,实施"三个一定":校长工作报告一定要经教代会讨论审定;学校年度财务预决算一定要经教代会审批同意;学校改革发展和涉及教职工切身利益问题一定要由教代会讨论决定。实践证明,这对构建学校良好的发展氛围和实现"永创永续金融黄埔"的愿景、"共建共享幸福金院"的目标具有重要作用,产生了良好效果。

五、创设一个好环境:提升内涵发展领导力的条件

高等职业教育既是我国高等教育的重要组成部分,也是我国职业教育的较高层次,它的基本特征是开放办学、开门教育,其办学模式主要是校企合作、产教融合,人才培养强调工学结合、学做统一。正因如此,学校内涵发展的领导力必须处于开放的氛围和环境中,好环境应包括:

第一,形成一个政府重视职业教育发展的机制。高等职业教育需要市场的认同和支持,更需要政府的重视和政策的倾斜。高校领导班子应通过自己的努力,把发展的任务转化为党政部门的理解和支持,并争取支持职业教育发展的相关政策。

第二,形成一个良好的校企合作环境。职业教育的校企合作涉及政府、企业、学校、师生等相关主体,若不能形成庞大的校企合作网,高职院校的发展就会受到阻碍,优秀毕业生难以对口、优质就业,双师型教学团队建设、兼职教师队伍规范化建设、教师调研和学生社会实践都会受到影响。因此,构建校企合作的长效机制非常重要。

第三,形成校友支持母校发展的生态。高职院校培养出数以万计的高素质人才。然而,毕业生是否认同母校、支持母校、回馈母校则有较大差别。一般而言,好的学校是校友集中认同母校,充分肯定母校,全力支持母校的学校。高职院校的领导者,应重视和加强校友会工作,把校友会当作品牌和平台来建设。浙江金融职业学院近年来以"凝聚

全中国校友力量、建设高品质幸福金院"为宗旨,形成了良好的发展生态,值得推广。

六、建设一个好体制:提升内涵发展领导力的保障

要不断提升高职院校内涵发展水平,必须切实加强学校发展的环境建设,同时,必须理顺多种体制和机制。从当前高职院校面临的矛盾和挑战来看,以下几个方面值得重视:

第一,正确处理党委书记和校长的关系,形成高层合力。在我国目前实行的党委领导下校长负责制的框架下,党委书记是班长,校长是法人代表,两者即为党政一把手。两者关系处理好了,就可以形成合力,实现"1+1>2"的效应。很多专家学者已经从较高的定位和视角判断,党委书记和校长由一人担任的条件已经具备,但现实中这种情况尚不多见。正因为这样,处理好党委书记和校长的关系,就成为首要的保障条件。

第二,切实解决发展进程中的财政投入保障问题。学校要发展,内涵建设水平要提高,必须有相应的财政保障条件。一个学校,既要有较强的自我筹资和创收能力,也应有必要的财政保障,以期为高职教育内涵发展提供环境和条件。

第三,在更大平台上支持高职院校师资队伍建设。近年来,高职院校师资队伍发展较快、形势较好,但学校在用人、分配和建立激励机制等方面的自主权仍然受限,这既不利于解决好专任教师队伍建设问题,也不利于推动专兼结合教师队伍的形成。因此,应扩大并保障学校相应的自主权,从而更好地推动队伍建设,为内涵发展奠定基础,提供根本保障。

参考文献

[1] 毛泽东.毛泽东选集:第 2 卷[M].北京:人民出版社,1991.

[2] 谈纪军.提升高职院校领导班子整体功能合力的思考[R].高中后
教育人力资源开发.

[3] 周建松.基于党委领导制度的高职院校班子建设[J].高校党建与
思想教育,2012(5).

(来源:《中国职业技术教育》2015 年第 34 期)

高职院校领导班子整体能力建设研究

周建松

摘　要:在高等职业教育占当今高等教育"半壁江山"的背景下,如何加强新形势下高职院校领导班子整体能力建设,是当前高职教育内涵建设的重要内容。加强新形势下高职院校领导班子整体能力建设是高等职业教育发展进入新阶段的新要求,是贯彻落实中央全面从严治党战略布局在学校工作的具体行动要求,是高等职业教育这个特殊类型创新发展的内在要求;领导班子整体能力建设必须从个体开始,在信念、修养、知识、能力、心态、作风等六个方面着力;领导班子整体能力建设应有全局谋划,要坚持党委领导下的校长负责制的领导体制,坚持民主集中制的根本领导制度,科学设计领导班子成员结构,选好配强党委书记和校长,系统研究治理体系和制度架构,加强对领导人员的培训培养。

关键词:领导班子;高职院校;能力研究

当前,全国高等学校正在按照中央"四个全面"战略布局和"创新、协调、绿色、开放、共享"的"五大发展理念"部署和推进各项工作。特别是如何按照全面从严治党的要求,认真研究和切实加强领导班子领导学校事业发展的整体能力建设,以推动学校各项工作又好又快持续健康发展,为深化教育教学改革、提高人才培养质量、全面履行高等学校的各项职责而创新工作。高校领导班子是高校事业改革发展的领导者、组织者和推动者,是加快推进治理体系和治理能力现代化进程的关键因素。其实,领导班子建设并非只是一个抽象的概念,而是有具体的内容,不仅仅是个体的素养,而且是一个整体的能力问题。本文就如何提高高等学校领导班子整体能力做些思考和探索。

一、新时期加强高等职业院校领导班子建设的重要性

当前,我国经济社会发展进入新状态,高等职业教育发展进入内涵发展新阶段,党中央提出全面从严治党新要求,在这一背景下,包括以领导班子建设等为主要内容的内涵建设显得十分重要。

(一)高等职业教育发展进入新阶段后提出的新要求

我国的高等职业教育经过三十多年的发展,特别是经过新世纪十多年的大发展已经取得了令人瞩目的成绩。随着高等教育从大众化向普及化的迈进,随着高等教育毛入学率的大幅度提高,整个高等教育的规模发展已趋于平和。相应地说,内涵建设的任务就摆在了我们的面前,特别是高等职业院校,近几年快速发展以来,可谓一路小跑甚至一路快跑。不少学校从几十亩校园、千人以下规模的中等专业学校一跃成为拥有"千亩校园、万名学子"的大学校;一些学校甚至白手起家,从无到有、从有到大、从大到超大,发展状况非常乐观,成绩应予以充分肯定。但是,我们在充分肯定其对推进高等教育大众化,缓解人民群众接受高等教育难,满足适龄青年接受高等教育的愿望等方面作用的同时,必须看到,当前我们所肩负的任务,就是要加强管理,提高治校水平,以确保学校运行高效有质量,而领导班子的领导水平和领导能力则是其中重要内容之一。

(二)贯彻落实中央全面从严治党战略布局在学校工作的具体行动要求

党的十八大以来,以习近平为总书记的党中央提出了治党治国治军的一系列新理念、新思想、新战略,其中全面建成小康社会、全面深化

改革、全面依法治国、全面从严治党的"四个全面"战略布局具有特殊重要指导意义。学习贯彻"四个全面"战略布局、战略思想，就必须坚持中国共产党在高等学校的领导地位，牢牢把握意识形态领域的话语权、领导权和主导权，必须提高基于党委领导下校长负责制的领导体制和机制建设，加强领导班子成员尤其是党委书记和校长的思想作风建设、领导能力建设，注重从整体上提高领导班子的能力和水平，关于这一点，中共中央曾发布了《中国共产党普通高等学校基层组织工作条例》，中办曾发布了《关于坚持和完善普通高等学校党委领导下的校长负责制的实施意见》，我们需要认真理解，并坚决贯彻落实。

（三）高等职业教育这个特殊类型创新发展而提出的要求

众所周知，高等职业教育是高等教育的一个类型，它同时也是职业教育的一个层次，它兼具高教性、职教性特点，同时还有经济和民生的特性，正因为这样，办好高等职业教育，办出特色和水平，必须坚持"开放合作"的理念。习近平总书记在 2014 年为全国职教工作会议所作的批示中就明确坚持"产教融合、校企合作、工学结合、知行合一"，这为我们办出高职教育的特色、提高办学水平指明了方向。因此，高等职业教育要发展好，不仅要调整好内部资源，而且要善于整合外部资源、善于开拓外部市场，在外部市场和内部管理的有机结合中构建治理体系、建立运行机制、搭建发展平台，这就对学校领导班子在结构、能力、水平等方面提出了更高的、更为特殊的要求，需要我们统筹运行、协调和落实。

二、领导班子整体能力建设必须从个体开始

从前面分析我们可以看出，从当前和今后长期任务看，在高等职业教育全面进入打造内涵和特色发展的新阶段以后，我们必须审时度

势,把建设高素质、高水平,具有整体领导力的班子摆上重要位置。而领导力的建设,基础在于每一个个体素质的提升,就个体看,我们认为以下几个方面值得重视。

(一)信念:领导干部成长的统帅灵魂

作为高职院校的领导班子成员,首先必须有信念,如果没有信念,等于精神上缺了钙,为此必须予以重视。第一,主义信念。这就是,作为一个领导干部,必须坚持马克思主义的指导地位,必须坚持共产主义的信仰,必须坚持中国特色社会主义的信念,坚持走中国特色社会主义道路,对发展中国特色社会主义事业充满道路自信、理论自信和制度自信,这是政治品格之基。第二,党性信念。必须毫不动摇、坚定不移地坚持、拥护和完善中国共产党的执政和领导,旗帜鲜明地把握只有中国共产党才能解放中国、才能发展中国、才能建设新中国的道理,自觉地跟中国共产党走。第三,事业信念。作为一个领导干部,要有干好事业的光荣感、责任感和使命感,热爱事业、忠诚事业、一心一意干事业、想做事,能谋大事、肯做小事、敢碰难事,会合作共事,以事业成就人生。

(二)修养:领导干部成长的立身之基

修养是领导干部水平的综合体现,也是领导干部能力的综合体现。作为高校的领导干部,肩负着领导学校培养中国特色社会主义合格建设者和可靠接班人的重任,必须有较好的修养。一是法律修养。也就是说,作为领导干部必须学法、知法、守法、用法、护法,自觉做到依法办事,努力把学校建造成以法治校的典范,在全校形成良好的依法治校氛围。二是政策修养。就是说,作为一个学校领导必须有较高的政策水平,既要有贯彻好党的路线方针政策的意识,也要有科学准确解理政策的能力,还要有创造性把各项政策落到实处的艺术。第三是道德修养。作为一个领导干部,德才兼备是正品、道德操守是关键,一定要有良好的社会公德、政治品德、职业道德和家庭美德,还要能从执政实践中不断积善行德。

(三)知识:领导干部成长的重要条件

作为一个领导干部尤其是学校的领导干部,知识是极为重要的。学校是一个知识密集型机构,是知识分子会集的地方,一个领导干部如果知识上有严重缺失或者基础知识非常薄弱,是很难成为一个合格的领导者的。就此而言,作为高校领导者,至少必须有三个方面的知识。一是基础知识。主要是人文科学和自然科学等基础知识,包括马克思主义基本原理,这是领导干部认识问题、分析问题、解决问题的基本钥匙。二是管理知识。领导和管理既是实践和艺术,也有十分重要的理论和方法。作为领导干部,学习好管理知识,包括教育学、教育心理学、青年学的知识更有益处。三是专业知识。就有效实施领导而言,高职院校的领导应学习和把握与高等职业教育发展以及所在高等职业教育密切相关的专业知识,以便于更有针对性地分析和解决好问题,实施更好的领导,提升领导的绩效。

(四)能力:领导干部成长的关键

领导干部是要干事的,领导干部的成绩是干出来的,而不是说出来的,在很多情况下,必须以事业成败论英雄。因此,在体、德合格的前提下,能力显得相当重要。领导干部的能力,至少应包括:一是谋划全局的能力。即善于分析内部环境和条件,分析把握形势和趋势,做出分析和判断,谋划好全局工作、分管工作和重要时期的关键工作。二是学习研究的能力。当今社会,科学技术日新月异,各种新知识、新技术层出不穷,发展很快,因此,如果不学习,原有知识再丰富、原有学历层次再高,恐怕也不能适应甚至落伍,因此,学习的能力是干部适应、成长和进步的重要台阶,对高校领导干部来说尤其重要。三是协调落实的能力。做好工作关键要抓落实,谋事要实、做人要实、创业要实、做事也要实,因此,把上级的方针政策贯彻好,把本单位谋划的事情落实好,这就是最大的本事。

(五)心态:领导干部成长的重要条件

积极乐观和良好的心态,是做好一切工作的重要前提,也是成就事业和人生的重要基础性条件之一,做一个称职的领导干部把握三个心态至关重要。一是积极乐观的心态。这就是我们通常讲的阳光心态,它使人产生积极向上、奋发有为的力量,使人有理想、有抱负、有追求、有干劲、有作为、少计较、多奉献。二是百挫不折的心态。人生既要乐观,又要有很强的抗挫折能力,胜不骄、败不馁,无论顺境逆境,始终保持平和心态,并且遇到挫折,要有克服困难、抵御挫折、解决问题的办法和钥匙。三是宁静致远的心态。这对高校的领导尤为重要,教书育人是千秋伟业,所谓十年树木、百年树人,说明要立足长远,宁静才能致远,无论何时何地,学校的领导干部增加一点书卷气,也很有意义。

(六)作风:领导干部成长的重要保证

党的十八大以来,中央抓领导干部队伍建设,是从作风建设抓起的,从党的群众路线教育实践活动到"三严三实"专题教育,从"八项规定"到克服"四风"都在其中,而且,中央反复强调,作风建设永远在路上,充分表明了作风建设的重要性。我们认为,作风建设是一项宏大的系统工程,但以下几个方面至关重要。一是勤奋清廉的作风。也就是说,领导干部既要勤奋工作、朝气蓬勃,又要清正廉洁,努力做到干成事、不出事。二是求真务实的作风。求真务实是党的思想路线的重要组成部分,更应该成为领导干部作风建设的自觉遵循,我们应该坚持实事求是,做到脚踏实地,努力恪尽职守,积极做好各项工作。三是开拓创新的作风。开拓创新既是共产党人的品格,也应该是高校领导干部作风建设的重要内容,防止按部就班,反对墨守成规,努力成为开拓创新、不断作为的带头人。

三、领导班子整体能力建设应该有全局谋划

领导班子成员的个体素质,是建设高水平领导班子的基础条件。但从提高领导效能和实效角度看,全面谋划、系统研究领导班子的整体能力建设十分必要和重要,从这一视角看:

(一)坚持党委领导下校长负责制的领导体制

高等职业教育虽然有其特点,强调产教融合、校企合作和开放办学,但高等职业教育也属于高等教育,它担负着为中国特色社会主义培养合格建设者和可靠接班人的重任。高校领导者应充分把握高等教育事业发展的全面性,发展的最终目的是在实现教育事业全面进步的基础上使学生的综合素质提高与全面发展。育人为本、德育为先、立德树人是根本任务,加强意识形态和思想政治教育工作十分重要,正因为,党章和法律明确规定高等学校实行党委领导下的校长负责制,作为一种根本的领导体制不能变,必须加强和改善党的领导,必须强调党要管党、从严党政,必须坚持党主育人、党育文化、党管干部、党管人才,在党委的集体领导下充分发挥校长主观能动性,办出高职特色和水平。

(二)坚持民主集中制的根本领导制度

民主集中制是我党的一项根本领导制度,从全部意义上讲,它包括下级服从上级,少数服从多数,全党服从中央,关于这一点,在高等学校的管理和班子建设中非常重要。民主集中制既可细化为党委领导、

校长负责、教授治学、民主管理,也包括要正确界定学术权力与行政权力的关系,要处理好党的领导与教职员工当家做主之间的关系,充分发挥教职工代表大会的作用。当然,从领导班子建设角度来说,如何做到广开言路、科学民主,尤其是在干部任免上坚持个别酝酿、集体讨论、会议决定等程序是非常必要,以利于最大限度地发挥个体积极性,释放群体综合力量,推进各项工作和谐顺畅又好又快发展。

(三)科学设计领导班子成员的最优结构

领导班子要提高整体效能,个体素质是基础,组织制度是保证,而结构优化相当重要。从某种意义上说,它是领导效能得以最佳释放和发挥的润滑剂,这就必须高度重视干部的结构,至少应考虑:一是年龄结构。要强调老中青,即要有老马识途的老年,也要有奋发有力的青年,更要有中流砥柱的中年,实现后继有人、继往开来。二是知识结构。一个领导班子必须强调由不同专长、不同学科门类的各方面同志组成,有自然科学、中外语言、财经管理等领域,因为是学校,有教育管理学习与实践经历也很重要,因为是职业院校,相关专业也显得必要。三是智能结构。也就是说,班子成员中要有不同性格特征和智能特点的同志,既有比较开放活泼、开拓外向的同志,也要有沉着稳重、内向缜密的同志,既要有轰轰烈烈者,更要有扎扎实实者,便于在决策和实施时充分发挥作用。四是性别结构。性别结构既是我们党和国家干部政策的重要内容,同时也是现实生活中的实际需要,学校是为学生服务的,学生一般都是男女参半,因此,保持一定数量的女性领导也显得必要和需要。

(四)选好配强党委书记和校长

毛泽东同志曾经说过,政治路线确定之后,干部就是决定的因素。实际上,就一所学校而言,党委书记和校长作为主要领导更起着十分重要的决定性作用,必须选好配强党委书记和校长。在高校科学发展中,领导班子建设要遵循的规律是政治家和教育家相统一。第一,按懂教育的政治家的要求选好书记。党委书记应该成为党建工作专家、群众工作大家、教育工作行家,具有特别强的政治意识、政权意识和阵地意识;具有政治上的敏感性、方向上的坚定性以及把握上的全局性。第二,按懂政治的教育家的要求选好校长。校长应该是懂市场的内部管家、懂实务的理论专家、懂专业的教育行家,具有较强的沟通协调能力、执行落实能力和演说鼓动能力,能够有力有效地把党委的决策执行好,把上级方针政策贯彻落实好,把群众的需求落实好。第三,研究党委书记和校长的互补,注意两人的年龄性格、专业乃至性别结构,有利于把各自的优势发挥到最佳,把环境营造到最佳。

(五)系统研究高职院校治理体系和制度架构

要切实有效地提高高职院校的领导力,必须系统构建学校的治理体系和制度框架,除了坚持党委领导下的校长负责制,坚持民主集中制以外,我们还必须坚持:第一,学校各项工作必须坚持以生为本,一切为了学生、为了学生一切、为了一切学生;第二,学校一切工作必须坚持教师主体,全心全意依靠全体教师办学、尊重教师个性、倚重教师德才、注重教师发展,维护和保障教师的权益,把教师培养好、发展好、成就好;第三,要充分发挥教授及高层次专家学者的作用,建立真正有权威的、以教授为主参加的学术委员会,实现学校校长行政权的分权协同;第四,要建立健全教职工代表大会制度,把关系学校发展、关系教职工切身利益的问题交给教职工,做到从群众中来,到群众中去;第五,要制订好章程,章程是学校的大法,是学校运行和治理的依据,必须把章程建设好、维护好;第六,要构建好学校文化,尤其要把"一训三风"凝练好,把高校精神培育好,促使其成为学校发展强大的治理力量。

(六)加强对高职院校领导人员的培训培养

由于复杂多重的管理体制和运行机制,我们对高等学校特别是高职院校领导班子的培养培训尚缺乏系统化的制度化设计。地方党校有省管干部的轮训班,但针对性不强,国家教育行政学院有类似的培训班,但专门性不够,而且也没有形成制度。高职教育已经成为我国高等教育的一个类型和"半壁江山",其领导班子的培养提高必须摆上重要日程,建议是:第一,中组部会同教育部党组织联合制订一个专门办法或条例,明确职责和要求,以便遵照和执行;第二,国家教育行政学院作为大本营,定期举办高职院校党委书记、校长和领导班子成员研修班,建议三年左右为一轮,每一次为一个月左右;第三,实行上岗或岗位必训制度,即凡拟担任或担任后一年内的高职院校领导必须参加适应性培训班,作为任职要求;第四,充分利用国家示范和骨干高职院校有利条件,建立高职院校领导班子挂职锻炼和实践培养机制;第五,积极创造条件,建立高职院校领导与行业企业轮岗、交流锻炼制度,以增强院校领导实务能力和行业企业经验。

参考文献

[1] 王颐. 加强高校领导班子建设——推进高校治理能力和治理体系现代化[J]. 知识经济,2016(2).

[2] 沈犁,李彭. 科学发展观视域下的高校领导班子建设问题思考[J]. 科教文汇,2009(11).

[3] 蔡永生. 简论科学发展的高校领导班子建设规律[J]. 学校党建与思想教育,2011(3).

(来源:《黑龙江高教研究》2016年第9期)

牢记使命　强化担当　努力创建全国一流重点名优高职院校

——重温习近平总书记对浙江金融职业学院的办学指示和勉励

摘　要: 加快发展现代职业教育是党中央和国务院的一项重大决策部署,习近平总书记对职业教育做出重要指示后,构建现代职业教育体系,提高职业院校管理水平已经成为全社会的共识。本文回顾了习近平同志任中共浙江省委书记、浙江省人大常委会主任期间对浙江金融职业学院的办学指示和勉励,对如何办好高等职业院校,如何创建名优高职院校进行了思考。

主题词: 重点;名优;高职;建设

2015 年,为贯彻全国职业教育工作会议精神,教育部发布了《高等职业教育创新发展行动计划(2015—2018 年)》(教职成〔2015〕9 号),其中明确提出鼓励地方建设 200 所优质专科层次高等职业院校。应当说,这是继 2006 年教育部、财政部实施国家示范性高等职业院校建设计划和 2010 年进一步实施国家示范性高等职业院校建设计划后又一项重要的高等职业院校质量建设工程,它吸引了全体高职人的心,激起了高职界的情,人们都在翘首期待方案出台和文件落地,我们也在认真研究优质高职院校建设。最近,我们在进一步认真学习习近平总书记系列重要讲话之时,重温了习近平同志时任浙江省委书记时,对我校建校三十周年之际的指示,既感到十分亲切,又感到豁然开朗,应该说总书记早已为高等职业教育发展,为优质高职院校建设明确了方向和重点。

一、重温习近平总书记对浙江金融职业学院的办学指示和勉励

高等职业教育既是高等教育的重要组成部分,也是职业教育的重要层次。总书记在担任浙江省委书记、浙江省人大常委会主任时,就给予高职教育热情关心和亲切勉励。2005 年 11 月 2 日,在浙江金融职业学院建校三十周年前夕,习近平充分肯定了我校办学成绩,并就下步如何办好高等职业教育做出了重要批示,习近平同志如是说:"希望你校坚持社会主义办学方向,牢固树立和全面落实科学发展观,继续发扬优良传统,全面推进素质教育,不断提高教育质量和办学水平,努力把学校建设成为具有自身特色的示范性高等职业院校,为社会培养出更多高素质的应用型人才。"应当说,这是习近平同志专门就高等职业教育办学治校所做出的比较系统全面的指示,虽然为浙江金融职业学院建校三十年而做,但充分表达了习近平总书记对办好高等职业院校的重要思想,领会其精神要旨,对科学认识高等职业教育办学规律,推动高等职业教育建设和发展具有极其重要的指导意义。

党的十八大以来,以习近平为核心的党中央提出了治国理政新理念新思想新战略。习近平总书记对加快发展现代职业教育做出了重要指示,对高等学校思想政治工作、党的建设,对如何确立正确的学生

观、教师观、人才培养观都做出了重要指示。习近平总书记在与北京大学、北京师范大学师生座谈时,分别对青年学生提出了修德、明辨、笃实的要求,对教师提出了有理想信念、有道德情操、有扎实学识、有仁爱之心的要求,在全国高校思想政治工作会议上,更系统地提出并回答了培养什么样的人、怎样培养人、为谁培养人等重大问题,并明确指出,我们要在中国共产党领导下扎根中国大地办中国特色社会主义高校,培养中国特色社会主义合格建设者和可靠接班人,这些论述和思想,都是指导我们办学治校的指导方针和思想武器,我们一定要认真贯彻落实。

二、贯彻重要指示,准确把握优质高职院校办学之要

习近平同志对浙江金融职业学院的指示,虽仅有 202 个字,却已经全面阐述了高等职业教育办学的基本规律,回答了办什么样的学校,怎样办学校的大问题,也提出了培养什么样的人,怎样培养人等关键问题。我们的体会主要有以下几个方面:

(一)坚持社会主义办学方向

方向就是立场,方向至关重要。坚持社会主义办学方向是办学治校的基本前提,也是办什么样的学校,培养什么样的人的重要前提。总书记明确要求,必须扎根中国大地,在中国共产党领导下,办中国特色社会主义高校,为培养中国特色社会主义建设者和接班人服务,为人民服务,为巩固和发展中国特色社会主义制度服务,为中国共产党治国理政服务,为社会主义现代化建设服务。

(二)牢固树立和全面落实科学发展观

科学发展观是马克思主义中国化的重要成果,其本质是以人为

本,第一要义是发展,基本要求是全面协调可持续,根本方法是统筹兼顾。在高等职业教育领域贯彻科学发展观,既要正确合理定位,更要把握服务面向,也必须正确处理规模、质量、结构、效益之间的关系,积极探索类型特征,形成类型文化,并认真处理好人才培养与科学研究和社会服务的关系,推进学校和谐协调发展。

(三)继续发扬优良传统

继续发扬优良传统是一个综合性的命题。对于高等职业教育而言,既要巩固和发扬职业教育的传统,也要充分利用为行业和区域服务的体制优势,同时要大力弘扬艰苦创业的优良传统,突出面向市场、服务发展、促进就业的工作导向,也要积极积淀和培育职业教育文化。

(四)全面推进素质教育

高等职业教育以专业建设为龙头,以培养德才兼备的职业化专门人才为主要任务,必须回答好培养什么样的人、怎么培养人、为谁培养人的大问题。总书记多次明确,必须坚持立德树人、育人为本、德育为先、德才兼备,必须坚持素质教育与专业建设相融合,积极构建多样性立体化素质教育体系,重视思想政治教育、解决好做人的高度,重视业务素质培养、解决好做人的深度,重视人文素质教育、解决好做人的厚度,重视心理健康教育、解决好做人的宽度,重视身体素质培养、解决好做人的长度,重视创新创业教育、解决好做人的强度。

(五)不断提高人才培养质量

人才培养质量是学校工作的出发点和归宿点,高等职业教育从发展以来,经历了急需质量观、规模质量观,当前正在向适需的质量观转变。因此,提高人才培养质量,我们既要解决好人才培养总定位问题即为谁培养的问题,也必须研究和分析行业企业、区域经济社会对人才培养的需求,优化好专业结构布局,解决好学生适需性问题。与此同时,我们还要在构建科学系统的人才培养体系上花大气力、出大成效。

(六)不断提高办学水平

较高的人才培养质量,就是学校办学水平的重要标志。当然,办学水平涵盖的范围更加广泛、更加综合,包括学校办学体制机制优化、治理体系和能力建设、制度建设、文化建设、投入产出绩效等。与此同时,它也是一个渐进的、复合的过程,提高办学水平,应当是一所高水平重点名优学校建设的重要内容。

(七)努力打造自身办学特色

高等职业教育最重要的特征不在大而全、小而全,更不应千校一面。学校要生存谋发展并具有竞争优势,必须从国家和经济社会需求出发,从学校建设发展历史着眼,研究特色所在,探寻特色之路,以特色求生存,以特色求发展,以特色彰显高等职业教育的实力、魅力和影响力。

(八)为社会培养出更多高素质的应用型人才

培养人才是学校的基本职能和使命,这里所说的为社会培养出更多高素质的应用型人才有三层要义,首先,为社会就是指办学面向和出发点即社会需求;其次,就是要充分发掘潜力,积极创造条件,尽最大努力和可能;再次,高素质应用型人才是高等职业教育培养人才的规格和特色,既需要较高素质,又需要较强应用能力,也就是我们通常所说的面向生产建设管理服务第一线需要的,用得上、下得去、留得住的高素质人才,要突出基层、一线、应用理念。

(九)充分发挥示范引领作用

2015 年 11 月 2 日,《国务院关于大力发展职业教育的决定》(国发〔2005〕35 号)下发不到一周,建设 100 所示范性高职院校的号角刚刚吹响,习近平同志就明确提出希望浙江金融职业学院努力把学校建设成为具有自身特色的示范性高等职业院校,这既是对学校办学治校的目标要求,也是对一所好学校的希望和信任。这与我们今天所说的,干在实处、走在前列、勇立潮头的理念是完全一致、一脉相传的,也成为十余年来浙江金融职业学院创先争优、争夺一流的强大的思想武器和精神力量,今后必须进一步巩固和加强。

三、强化责任担当,积极探索重点名优高职院校建设之道

认真学习习近平同志对浙江金融职业学院办学的指示和勉励,结合学习党的十八大以来习近平总书记治国理政新理念新思想新战略的体会,我们要不断增强对高等职业教育办学规律的把握,同时,也更加清晰了我们办学治校的目标,坚定了我们创建全国一流重点名优高职院校的信念,具体来说:

(一)坚定"特色鲜明、人民满意、师生幸福"的办学宗旨

浙江金融职业学院升格办学以来,坚持认真学习贯彻党的教育方针,在实践中探索形成了自己的办学特色和办学理念,始终践行"特色鲜明、人民满意、师生幸福"的办学宗旨,立足于人民满意目标,着力打造办学特色,不断探索师生幸福之道,全心全意依靠全体教师办学,真心诚意爱护关怀学生,坚持以生为本、以教师为基、以校友为宗,不断提升和追求办学品质,全面推进更高品质幸福金院建设。下一步我们要

着力抓好以生为本榜样学校、尊师重教模范学校、改革创新先行学校、内涵建设先进学校、素质教育领先学校、文化建设特色学校、和谐建设典范学校和社会责任引领学校建设，努力把党的宗旨和教育方针落到实处，不断增强教师获得感、学生增值感和师生幸福感。

(二)坚持"全国一流、重点名优"高职院校的建设目标

自 2006 年入选国家示范性高职院校建设计划项目院校以来，浙江金融职业学院就坚持争先创优、勇夺一流的目标不动摇，先后提出打造中国金融类高职第一品牌，引领财经类高职改革创新的创建目标，取得了示范建设的优异成绩并获得诸多奖励和荣誉。2015 年教育部启动优质高职学校建设，浙江省提出实施优质暨重点高职院校建设计划之后，学校党委认真分析机遇和条件，综合各类项目和计划，概括提出全国一流、重点名优的目标计划，表达了我们对学校高目标的追求，也表明了我们抢抓机遇的态度，应该是合理的、有基础的，经过努力是可能达到的，既符合办学规律和发展要求，也符合广大师生和校友心愿。为此，我们一定要咬定青山不放松，持之以恒抓到底，抢抓机遇建重点，满怀豪情创名优。

(三)正确把握并践行高等职业教育规律

高等职业教育既是高等教育的一个类型，也是职业教育的一个层次，有其自身独特的规律，我们既要积极探寻，也要认真遵循。我们认为，习近平总书记对浙江金融职业学院办学的指示和勉励，既是运行规律之要，也是提升品质之要。结合总书记 2014 年 5 月 30 日对全国职业教育工作的重要指示，我们认为，在新的历史发展时期，我们要办好高等职业院校，必须做到：一是坚持服务发展，促进就业的方向，既要立足于服务经济社会发展，瞄准区域和行业企业需求，也要坚持就业工作导向，努力推进优质就业、顺利就业、对口就业；二是坚持产教融

合、校企合作,坚持工学结合、知行合一,不断推进产教深度融合,努力构建校、政、企合作发展机制,践行知行合一,培养知行合一的高素质职业化技术技能人才;三是坚持以立德树人为根本任务,努力做到育人为本、德育为先,努力培养德才兼备、又红又专的中国特色社会主义合格建设者和可靠接班人,在抓好人才培养工作的同时,全面承担科学研究、社会服务、文化传承创新和国际交流合作等各项职能,努力增强学校的社会吸引力和社会认可度,真正把办学宗旨落到实处,把办学目标落到实处。

在新的历史条件下,我们将认真学习贯彻习近平总书记系列重要讲话和治国理政新理念新思想新战略,秉持浙江精神、干在实处、走在前列、勇立潮头,努力做中国特色高等职业教育创新发展的引领者,为"两个一百年"的中国梦和中华民族的伟大复兴做出新的更大的贡献。

参考文献

[1] 王继平.加快发展现代职业教育的行动指南——习近平总书记关于职业教育的重要论述[J].中国职业技术教育,2016(25).

[2] 葛道凯.习近平重要教育论述对教育改革发展的重大意义[J].中国职业技术教育,2016(19).

[3] 周建松,陈正江.我国高职教育的政策演进——基于1996到2016年三个重大事件的分析[J].中国人民大学教育学刊,2016(4).

(来源:《职业技术教育》2017年第9期)

必读文件目录

1.《决胜全面建成小康社会　夺取新时代中国特色社会主义伟大胜利——习近平总书记在中国共产党第十九次全国代表大会上的报告》

2.李克强总理代表国务院在十三届全国人大一次会议上所做的《政府工作报告》

3.《中共中央关于加强和改进新形势下高等学校思想政治工作的意见》(中发〔2016〕31号)

4.《中共中央　国务院关于全面深化新时代教师队伍建设改革的意见》(中发〔2018〕4号)

5.《国务院办公厅关于深化高等学校创新创业教学改革的意见》(国办发〔2015〕36号)

6.《国务院办公厅关于深化产教融合的若干意见》(国办发〔2017〕95号)

7.《国务院关于印发统筹推进世界一流大学和一流学科建设总体方案的通知》(国发〔2015〕64号)

8.《教育部、国家发展改革委、财政部关于引导部分地方普通本科高校向应用型转变的指导意见》（教发〔2015〕7号）

9.《教育部关于印发〈高等职业教育创新发展行动计划（2015—2018年）〉的通知》（教职成〔2015〕9号）